Ntailan Lolkoki

Flügel für den Schmetterling

Der Tag, an dem mein Leben neu begann

Besuchen Sie uns im Internet:
www.knaur.de

© 2017 Knaur Verlag
Ein Imprint der Verlagsgruppe
Droemer Knaur GmbH & Co. KG, München
Alle Rechte vorbehalten. Das Werk darf – auch teilweise – nur mit
Genehmigung des Verlags wiedergegeben werden.
Aufgezeichnet von Barbara Rieger
Covergestaltung: ZERO Werbeagentur, München
Coverabbildung: Frank Rothe
Satz: Adobe InDesign im Verlag
Druck und Bindung: CPI books GmbH, Leck
ISBN 978-3-426-78860-8

2   4   5   3   1

Inhalt

Unser Weg erfordert Mut

Es war mit dem Gedanken an Frauen wie Ntailan Lolkoki, dass ich beschlossen habe, mein Schicksal öffentlich zu machen. Mir ging es immer darum, den anderen Frauen zu helfen, denen, die auch so etwas durchmachen mussten. Deshalb habe ich vor Jahren begonnen, über meine Erfahrungen mit Beschneidung zu sprechen, auch wenn ich dann immer an meine eigene denken muss: daran, wie ich als fünfjähriges Mädchen auf einem Felsen saß in meiner somalischen Heimat. Wie viel Angst ich hatte, an dem Morgen, als meine Mutter mir ein Stück Wurzel in den Mund schob und sagte: »Sei tapfer.«

Um das Grauen bei anderen zu verhindern, das auf ihre Worte folgte, bin ich tapfer, allerdings in einer Weise, die sich meine Mutter damals nicht hat vorstellen können. Ich spreche über mein eigenes Leid, um vielen anderen Kindern und Frauen die Schmerzen und die folgenden emotionalen Probleme zu ersparen, die die grausame Beschneidung bei mir – wie bei allen anderen, ob sie es sich eingestehen oder nicht – verursacht hat.

Allmählich bin ich daran gewöhnt, dass jeder weiß, was mir widerfahren ist, egal, wo ich hinkomme. Und ich befürchte, dass Ntailan eine ähnliche Zukunft bevorsteht, jetzt, wo sie mit ihrem Schicksal an die Öffentlichkeit geht.

Daher möchte ich sie zu ihrem Mut beglückwünschen. Denn keine afrikanische Frau ist bisher dazu bereit gewesen, auch über das zu sprechen, was nach der Beschneidung unweigerlich folgt: ein verändertes Empfinden und ein buchstäblich beschnittenes Fühlen. Wie oft habe ich mich geweigert, darüber Auskunft zu geben, ob ich heute ein erfülltes Sexualleben habe. Ich habe mich doch schon genug entblößt, war dann mein erster

Gedanke, wenn Journalistinnen mir diese Frage stellten. Seid doch ein wenig feinfühlig. Erspart uns Frauen bitte die nächste Grausamkeit: unsere emotionalen Probleme in die Öffentlichkeit zu tragen.

Es hat sich so viel getan, und doch ist es längst nicht genug. Viele Menschen auch in Europa wissen heute, dass es Beschneidung gibt, sie haben verstanden, was für ein Schrecken sich hinter den Buchstaben FGM verbirgt, und sie kennen vielleicht sogar Unterschiede einzelner Beschneidungsformen. Und doch ist wenig darüber gesprochen worden, wie sich das Fühlen durch FGM verändert. Warum Probleme beim Sex auftreten und welcher Art diese Schwierigkeiten sind, die die betroffenen Frauen so anders machen. Welche von ihnen hätte je gewagt, sich auch nur mit anderen Betroffenen auszutauschen? Mit Unbeteiligten darüber zu reden, nein, das erschien ganz unmöglich.

Ein großes Tabu, das war es bis heute. Selbst unter uns Frauen. Und dann das: Eine von uns geht an die Öffentlichkeit mit einem Buch, in dem sie ihre Schwächen und ihre Schwierigkeiten im Alltag und beim Sex offenbart. Eine, die erzählt, wie lange es gedauert hat, den Entschluss zu fassen und sich rückoperieren zu lassen. Und die zudem von ihrem durch die Operation veränderten Empfinden und Erleben berichtet.

Es ist ein neuer Schritt und sehr wichtig für uns Betroffene. Das Buch wird hoffentlich viele Frauen auf diesen Weg führen, den Ntailan Lolkoki vorausgegangen ist, und ihnen die Möglichkeit aufzeigen, sich rückoperieren zu lassen. Vielleicht hilft es Frauen, die FGM erlitten haben, auch die mutige Entscheidung zu treffen, noch einmal ein Messer an dieser so empfindlichen Stelle ihres Körpers zuzulassen. Das Vertrauen aufzubringen, sich betäuben, verletzen und erneut vernähen zu lassen. Mit hormonellen Schwankungen umgehen zu lernen, mit einem bis dahin vielleicht unbekannten emotionalen Ungleichgewicht und mit Gefühlen wie Lust. Dafür bin ich Ntailan Lolkoki dankbar, dass sie stellvertretend für viele andere diesen Mut aufbringt, über all dies zu sprechen.

Wie schön, dass ich gleichzeitig ein kleines bisschen mitverantwortlich dafür bin, dass es Ntailan heute so gutgeht. Mein Beispiel und die Arbeit der Desert Flower Foundation haben dazu beigetragen, ebenso das Team des Krankenhauses Waldfriede in Berlin und das Desert Flower Center. Es ist gut, dass wir heute wissen, wie das geht: den beschnittenen Frauen ihr Fühlen zurückgeben. Und dass wir jetzt und auch in Zukunft vielleicht offener reden können über die anderen Folgen von Beschneidung: Narben, Depressionen, Traumata.

Ntailan Lolkoki bringt die Kraft auf, ein Tabu zu brechen. Ich habe früher einmal gedacht und auch oft gesagt: »Nur eine Afrikanerin kann einer Afrikanerin helfen«, weil wir denselben kulturellen Hintergrund haben, dieselben Geschichten teilen, die definieren, was ein gutes Frauenleben ist und wie es auszusehen hat. Mit Ntailan Lolkoki ist endlich diese Afrikanerin gefunden, die sich darauf einlässt, auch ihre körperlichen Gefühle zu beschreiben – und dadurch unser aller Bild vom Frausein zu erweitern. Sie steht nicht zuletzt auch für eine Frau, die nach der Rückoperation ihre Kreativität, ihren Lebensmut, kurz: ihr Glück, gefunden hat, unabhängig davon, wie andere Menschen oder gar ihr kulturelles Umfeld das beurteilen mögen.

Wie sehr wir Betroffenen davon profitieren, wenn die Öffentlichkeit und damit die eigentlich Unbeteiligten aufmerksam werden auf das Problem, haben wir in den letzten Jahren erfahren dürfen. Mit dem gewonnenen Verständnis wächst auch die Bereitschaft, sich gegen Beschneidung einzusetzen und aufmerksam zu machen auf drohende Gefahren. Ich bin sicher, dass Betroffene nun leichter den Weg zu Einrichtungen finden, in denen ihnen geholfen werden kann. Hoffentlich geht es dann vielen so wie Ntailan Lolkoki, und sie können davon berichten, wie sie erfolgreich Beschneidungen in ihrem Umfeld verhindert haben – oder von den positiven Auswirkungen einer Rückoperation auf ihr Leben.

Unser Weg erfordert Mut, doch am Ende teilen wir ein Glück.

Waris Dirie im März 2017

Prolog

Etwas war anders. Ich war noch nicht ganz bei Bewusstsein, schaffte es kaum, die Augen zu öffnen, doch ich spürte sofort, dass sich etwas für immer verändert hatte. Mein Körper fühlte sich anders an, und für einen Moment dachte ich sogar, ich sei eine andere. Eine wunderbare Energie durchströmte mich von den Fingerspitzen bis in die Zehen. Sie floss durch den Rücken, sammelte sich im Nacken, suchte sich ihren Weg durch meinen Kopf und über mein Gesicht hinweg. Ich verspürte ein herrliches Prickeln, das sich im gesamten Körper ausbreitete, und ich konnte es kaum glauben, dass dies mein Körper war und dass diese Frau auf dem Krankenhausbett tatsächlich ich war, Ntailan Lolkoki.

Es waren Wellen von Glück, die meinen Körper fluteten, und ich fühlte eine unbändige Freude, wie ich sie zuletzt als Kind gekannt hatte, in meiner wunderbaren Kindheit in Maralal, damals, als ich noch glücklich und unversehrt gewesen war.

1. Kapitel

Kindheit in Kenia

Unterwegs mit Vater

Die tief stehende Abendsonne tauchte unser Haus in ein rotes Licht. Wir wohnten inmitten einer kleinen *Manyatta*, eines traditionellen Dorfes. Ein paar Häuser aus Lehm und Stroh, nicht viel mehr als Hütten waren es. Die Rinder grasten noch draußen, deshalb war innerhalb der schützenden Dornenhecke genug Platz für mich und die anderen Kinder, und so spielten wir mit dem getrockneten Kuhdung, einem uns sehr vertrauten Material. Sogar die Hütten unserer Manyatta waren damit gedeckt. Mit einem Ohr hörten wir auf die Kuhglocken, die wir unseren Rindern umbanden. Wurde das Geläut lauter, wussten wir, dass sich die Rinder aufgemacht hatten auf ihren allabendlichen Weg in den heimischen Stall. Doch an diesem Tag ließen wir uns davon nicht stören. Erst als sich ein anderes Geräusch unter die tiefen Glockentöne mischte, horchte ich auf. Voller Freude sprang ich auf, denn ich kannte dieses Brummen.

Aus allen Richtungen strömten wir Kinder zusammen und riefen uns begeistert zu: »Gari ya trac!«, was so viel hieß wie: »*The tracking land rover!*«, heute, wo ich groß bin und mein Deutsch so viel besser ist, würde ich wohl ganz automatisch rufen: »Der Geländewagen der Wildhüter!« Denn es war unverkennbar das Dienstauto meines Vaters, das wir gehört hatten. Er war damit oft für längere Zeit unterwegs. Es war seine Aufgabe, mit seinen Gehilfen Viehdiebe, Wilderer und Banditen in ganz Kenia zu verfolgen.

Unser kleines Dorf war umgeben von einem Zaun aus Gestrüpp, und wie die anderen schlüpfte ich hindurch, um auf den

Geländewagen zu warten, den wir nun schon deutlich erkennen konnten, jeden einzelnen der Soldaten in Uniform darin. Der Motor dröhnte gewaltig, als der Fahrer noch einmal Gas gab, um den Land Rover an uns vorbei in die Manyatta hineinzusteuern. Meine vielen Cousins und Cousinen konnten es wie ich kaum erwarten, die Türen des beeindruckenden Gefährts aufzureißen und seine Insassen zu begrüßen.

»*Gari ya trac! Gari ya trac!*«, riefen alle laut durcheinander und stürmten auf das Auto zu.

»Vorsicht! Vorsicht!«, rief es wie ein Echo aus dem Kreis der Mütter und Tanten, die ebenfalls herbeigeeilt kamen.

Schließlich drängte sich eine Schar Kinder um das Auto und hieß Vater und seine Leute willkommen. Die anderen stürzten sich auf die Soldaten in ihren tarnfarbenen Uniformen. Meine älteste Schwester Esther, Hellen, die zweitälteste, und ich liefen voller Freude auf unseren Vater zu und schlangen unsere Arme um seine Beine.

»*Habari zenu?* – Wie geht es euch?«, begrüßte er uns auf Kiswahili, meiner Muttersprache.

Natürlich ging es uns gut. Ich wusste genau, dass es uns immer wunderbar ging, wenn Vater zu Hause war. Unsere Mutter war dann in besonders guter Stimmung und kochte Vaters Lieblingsgericht: *Managu na matumbo* – eine Art grünen Spinat mit Innereien. Sie schimpfte nicht mit uns, wenn wir etwas falsch machten, dazu war sie viel zu beschäftigt, denn sie musste sich anschließend um Vaters Kleidung kümmern. Und er hatte Zeit, sich uns zu widmen – obwohl niemand von uns Kindern in unserem Stamm ein besonders inniges Verhältnis zu seinem Vater hatte, jedenfalls nicht wir Töchter. Doch als ich und meine Schwestern noch klein waren, kannten wir unseren Vater nur als einen höflichen und sanften Mann, den wir liebten.

Nachdem die Soldaten aus seiner Truppe einiges an *Chai*, unserem Milchtee mit reichlich Zucker, aus dem besten Porzellangeschirr meiner Mutter getrunken und sich damit gestärkt hatten, verabschiedeten sie sich und machten sich auf den Weg in ihre Unterkunft im Stadtzentrum von Maralal.

Unser Zuhause, das Haus und die Manyatta, der Ort, an dem ich die glücklichsten Stunden meiner Kindheit verbrachte, lag nur einen Kilometer außerhalb der Hauptstadt des heutigen Samburu County: Maralal, eine kleine Stadt auf 1965 Metern Höhe im windigen Hochland im Norden Kenias auf dem Laikipia Plateau.

Wenn ich an meine Kindheit zurückdenke, sehe ich Maralal genau vor mir: die Hütten im Schutz der Dornenhecken mitten in der Savanne und an allen Seiten umgeben von Hügeln. Ich sehe unser Haus. Sehe unsere Manyatta. Sie lag ein wenig außerhalb der Stadt, aber noch nicht tief in der Wildnis, wo viele Samburu und Angehörige anderer Stämme lebten. Ich sehe die mit Kuhdung gedeckten Hütten meiner Tanten und ihrer Kinder, die Rinder und Ziegen und die tiefrote Sonne am Horizont. Ich sehe das grüne Gras und die bunten Blumen vor unserem Haus, meine beiden älteren Schwestern Esther und Hellen und meine Mutter, eine wunderschöne Massai, die sich um uns kümmerte. In meinen Augen war sie für alles zuständig.

Die Besuche unseres Vaters waren immer etwas Besonderes. An jenem Abend, nachdem die Soldaten gegangen waren, genossen wir es sehr, dass er da war. Meine beiden großen Schwestern und ich wichen nicht von seiner Seite. Während er noch einige Gespräche mit den Alten und Ältesten des Clans führen musste, die mit ihren Anliegen eigens zu ihm gekommen waren, sprangen wir um seine Beine herum wie kleine Äffchen oder hielten sie fest umschlungen.

Er hatte uns einige besondere Leckereien mitgebracht, Essen, wie es die Soldaten im Dienst zu sich nahmen. Aber was noch viel wichtiger war: Er hatte Geschichten gesammelt, die er uns im schwindenden Abendlicht erzählte und denen wir voller

Spannung und Ehrfurcht lauschten. Mein Vater arbeitete für eine Spezialeinheit der kenianischen Polizei, die für das Ergreifen von Viehdieben und Wilderern zuständig war. Seine Geschichten spielten im Busch, wo er sich mit seinen Leuten auf die Pirsch nach gestohlenem Vieh und Viehdieben machte. In seinen Geschichten kamen Löwen vor, die schlafende Soldaten angriffen und einen von ihnen fortzerrten. Sie handelten von Landminen, davon, wie ein Land Rover in die Luft gerissen und einige der Soldaten schwer verletzt wurden.

Wir konnten heraushören, wie sehr unser Vater die Natur liebte und wie gut er sie kannte. Wir bewunderten ihn und hingen an seinen Lippen, wenn er von seinen Abenteuern im Busch berichtete. Und so sagte meine Schwester Hellen, die Vater immer am leichtesten um den Finger wickeln konnte, auf Kiswahili: »*Baba kesho utatupeleka kutembea?*«

Vater lächelte und nickte wortlos. Er wollte uns wirklich am nächsten Morgen auf eine Wanderung durch den nahen Busch mitnehmen!

Gleich in der Morgendämmerung wurden wir wach, so aufgeregt waren wir, es war noch sehr früh, aber wir konnten es kaum erwarten, dass es losging. Schnell schlüpften wir in unsere Kleider, wuschen uns Hände und Füße und machten uns mit unserem Vater auf den Weg. Ich erinnere mich, dass er an jenem Tag eine schwarze Hose anhatte. Wenn er nicht in Uniform war, trug er immer schwarze oder graue Hosen und dazu weiße Hemden, die unsere Mutter in die beste Form gebracht hatte. Als wir uns mit ihm auf den Weg machten, blieb sie mit unserer jüngeren Schwester Naserian zu Hause.

Zuerst folgten Esther, Hellen und ich unserem Vater durch ein Tal gleich neben einem Wäldchen aus Buschwerk und Bäumen, das ich gut kannte. Schon oft hatte ich hier gemeinsam mit meinen Cousins und Cousinen auf die Ziegen aufgepasst, wie es die Aufgabe der kleineren Kinder war. Daneben lag der dichte, der tropische Wald, den ich aus den Geschichten meiner Tanten und der älteren Cousins und Cousinen kannte und der auf mich eine große Faszination ausübte. In ihm lag das Abenteuer, dort lauerte die Gefahr. Das Brüllen eines Löwen, das hin und wieder aus dem Buschwerk drang, hatte mich schon mehrmals in Todesangst versetzt und mir in der Nacht den Schlaf geraubt. Doch diesmal waren wir gemeinsam mit unserem Vater unterwegs und fühlten uns sicher, während wir darauf zusteuerten. Das leuchtende Grün der Savanne unter den Füßen, wurden wir von bunten Schmetterlingen begleitet.

Schließlich erreichten wir den dicht wuchernden Wald, der von allen Lebensräumen Kenias die größte Vielfalt an Tieren und Pflanzen aufweist. Von unserem Vater hatten wir die Namen vieler dieser Pflanzen gelernt. Wenn wir *Imisigiyoi*, *Lamuria* und *Imorijo* sahen, dann wussten wir, dass wir uns im Tropenwald befanden. Doch Vater kannte nicht nur die Pflanzen, sondern auch die Tiere. Er erklärte uns, wie er verschwundenes Vieh und auch Wilderer in der Wildnis aufspürte. Dabei dienten ihm zertretenes Gras und abgebrochene Zweige von Büschen und Bäumen zur Orientierung. Keine Fußspur eines Wilderers, kein Huf- oder Tatzenabdruck entging ihm, und er konnte darin lesen, wusste sie zu deuten. An Geruch und Aussehen des Kots, den die Tiere hinterlassen hatten, stellte er fest, wann ein Tier an der Fundstelle gewesen war, und er schloss daraus, wie weit es inzwischen entfernt sein musste. Natürlich kannte er alle Tiere, die dort lebten, er verstand ihre Laute und konnte genau einschätzen, wann und wo Gefahr drohte. Er spürte, wenn Raubtiere, Elefanten, Giraffen und Gazellen in der Nähe waren, und stöberte sie auf, bevor sie ihn entdeckten. Mit unserem Vater stellte weder Regenwald noch Busch eine Gefahr dar, sondern der Aufenthalt dort war ein aufregendes Abenteuer, das wir genossen.

Wir wanderten durch eine Schlucht, in der es kühl und feucht war und ein wenig modrig roch. Felsblöcke lagen übereinandergetürmt, Lianen hingen von oben herab. Unser Vater nannte uns die Namen der Farne und Moose und der in verschiedenen Lilatönen blühenden Schlingpflanzen. Auch hier gab es große schillernde Schmetterlinge, und wenn man stehenblieb und den Kopf in den Nacken legte, dann konnte man am Ende der grünen Schlucht noch den blauen Himmel erkennen. Immer wieder stiegen uns neue Gerüche in die Nase, und unser Vater erklärte uns, was es damit auf sich hatte. Doch als uns plötzlich ein besonders stechender Geruch in die Nase biss und wir Vater fragend ansahen, sagte er nichts und bedeutete uns zu schweigen. Er schlich nun langsamer, dann blieb er stehen. Wir hielten uns hinter ihm und blickten nur vorsichtig an ihm vorbei auf die kleine Lichtung, die sich vor uns erstreckte. Der Atem stockte uns, nicht nur wegen des Gestanks.

Ich blickte erst meine Schwester Hellen an, dann Esther. Dann schauten wir alle drei mit vor Panik geweiteten Augen Vater an. Wir konnten nicht glauben, was wir sahen: Vor uns am Boden lag ein tonnenschwerer Elefant. Ganz offensichtlich war er schon eine Zeitlang tot. Wo einmal die Stoßzähne gewesen waren, klafften zwei blutige Löcher.

Auf dem Elefanten kletterten Männer, Frauen und Kinder der Turkana herum; sie hielten Messer in den Händen. Tatsächlich war ein ganzer Turkana-Clan damit beschäftigt, den Elefanten zu häuten. Die Turkana, Hirten, die vor allem im Norden Kenias leben, waren bei den anderen Stämmen nicht besonders beliebt. Sie galten als aggressiv und gefährlich. Als sie uns entdeckten und erkannten, dass wir sie aus großen Augen beobachteten, fingen sie sofort an, heftig zu schimpfen.

»Ejok«, sagte mein Vater ruhig und begrüßte damit höflich die Turkana-Ältesten. Doch die Turkana dachten wohl, wir wollten etwas vom Fleisch des Elefanten haben, und waren verärgert.

»*Nyamunen!*«, riefen sie, und es klang aggressiv. Dann fuhr einer der älteren Turkana mit seinem Messer schwungvoll durch die Luft und setzte es unterhalb des Ohrs des Elefanten an. Gespannt verfolgten wir, was er tat. Er bohrte das Messer tief ins Fleisch. Vor unseren Augen griff er in die Öffnung, dort hinein, wo sich das Gehirn des Elefanten befinden musste, holte eine Handvoll der halbverwesten Masse heraus und leerte sie in einen Becher. Dann führte er den Becher zu seinem Mund und verzehrte schlürfend ein Stück des Elefantenhirns. Die Masse im Becher sah aus wie eine Mischung aus Kürbissuppe mit Blut, und einen Moment lang wurde mir schlecht vor Furcht und Ekel. Ich sah zu meinen Schwestern, die meinen schockierten Blick erwiderten. Doch unser Vater schien keine Angst zu haben. Da er selbstsicher stehenblieb, waren wir beruhigt. Wir wussten, dass uns nichts passieren würde. Er verhielt sich ruhig und diplomatisch und führte uns einfach wieder fort vom Elefantenkadaver, als ob nichts Besonderes vorgefallen sei.

Der Elefant ist das Schutztier unseres Clans, daher hätten wir ihn niemals getötet. Außerdem war es illegal, einen Elefanten zu töten. Doch dieser Elefant war schon tot, und so unterließ es mein Vater einzugreifen, obwohl er im Dienst der Regierung stand.

Stattdessen führte er uns tiefer in den Wald in Richtung Barsaloi. Ich fühlte mich wie ein Abenteurer und wartete gespannt, was wir als Nächstes erleben würden. Plötzlich blieb Vater erneut stehen und bedeutete uns, es ihm nachzutun. Dann wies er mit der Hand ein wenig nach rechts auf eine Gruppe von Bäumen, zwischen denen sich eine Paviansippe niedergelassen hatte. Unser Vater erklärte uns, dass Paviane sehr aggressiv sein konnten, wenn es um Nahrung ging, und er schärfte uns ein, immer vorsichtig zu sein, wenn wir alleine unterwegs waren und ein Pavianrudel entdeckten. Aus der Ferne beobachteten wir die Paviane, von denen viele größer und schwerer waren als ich. Zum Glück schienen sie mit sich selbst beschäftigt. Sie befreiten sich gegenseitig von Läusen, paarten und zankten sich, und wir sahen ihnen mit großem Interesse zu.

Schließlich mahnte unser Vater zum Aufbruch. Auf dem Rückweg wies er uns auf den Fußabdruck einer Raubkatze hin: »*Simba*«, sagte er und beruhigte uns gleich darauf, als er fortfuhr und erklärte, der Fußabdruck sei schon mehrere Stunden alt und der Löwe daher höchstwahrscheinlich nicht mehr in der Nähe. Dennoch war ich froh, als wir unsere Manyatta und die Hütte erreichten, wo unsere Mutter bereits dabei war, das Abendessen vorzubereiten.

Bald darauf wurde unser Vater von seinem Fahrer im Land Rover abgeholt, und es herrschte wieder ganz normaler Alltag.

Wo ich herkomme

Gleich nach der Geburt nannte meine Mutter mich »Ntailan«. Es bedeutet: »die Gesalbte«, und es schwang darin der Wunsch mit, dass alles, was ich berührte, zu Gold werden sollte. Als ich geboren wurde, waren meine Eltern noch glücklich miteinander, und mein Name spiegelt dieses Glück wider.

Mein Vater, damals ein junger Samburu-Krieger, arbeitete seit 1956 für die »Anti-stock-theft unit« (ASTU) der Kenianischen Polizei, die als paramilitärische Einheit und schnelle Eingreiftruppe für das Ergreifen von Viehdieben zuständig war. Im Jahr 1960 führte ihn seine Arbeit eines Tages nach Athi-River. Die heutige Industriestadt in der Nähe von Nairobi war damals noch ein kleines Zentrum auf dem Gebiet der Massai. Die Stadt ist nach dem gleichnamigen Fluss benannt. Der Fluss namens Athi kommt aus den Athi-Plains südlich von Nairobi, fließt durch die Stadt und verbindet sich danach mit dem Nairobi-River, wo er in Thika die bezaubernden Wasserfälle »Fourteen Falls« bildet. Je nach Wasserstand sind dort ein oder sogar mehr als vierzehn kleine Wasserfälle zu sehen.

Vor Jahrhunderten waren die Massai gemeinsam mit den Samburu aus dem Gebiet des heutigen Sudan oder aus dem heutigen Äthiopien Richtung Süden gewandert. Während die Samburu an den Rändern des Zentralen Hochlands Kenias und in den Wüsten des Nordens blieben, zogen die Massai weiter nach Süden und erreichten im 18. Jahrhundert das Grenzgebiet der heutigen Staaten Kenia und Tansania. Sie waren Nomaden und kriegerische Viehzüchter und verteidigten das Gebiet sehr erfolgreich. Es wurde als eines der letzten in Ostafrika von Europäern in Beschlag genommen. Die Massai verdrängten auch andere ansässige Ethnien oder vermischten sich mit ihnen. Im 19. Jahrhundert führten die Massai Raubzüge auf Karawanen durch und bedrohten sogar große Küstenstädte wie Mombasa. Bis heute gelten sie daher als stolze Krieger und werden von den anderen Ethnien Kenias sowie von den Europäern dafür bewundert.

Tatsächlich wurde die große Macht der Massai gebrochen, als mit den europäischen Siedlern zuerst die Rinderpest und dann die Pocken nach Ostafrika eingeschleppt wurden und 1899 schließlich eine verheerende Hungersnot in Kenia herrschte, von der alle in Zentralkenia lebenden Menschen betroffen waren. Zu dieser Zeit etablierten sich die Briten als Kolonialmacht im Land, und es kamen zahlreiche Missionsgesellschaften nach Kenia. Anfang des 20. Jahrhunderts wurde ein Großteil der Massai enteignet, und ihre Gebiete wurden der britischen Kolonialverwaltung zugesprochen, die das Land an europäische Siedler verkaufte. Später waren es die von der Regierung geschaffenen Tierreservate, die den Massai ihren Lebensraum streitig machten.

So stellen die Massai heute nur mehr etwa zwei Prozent der

Einwohner Kenias. Sie leben vorwiegend im Süden des Landes und im Norden des Nachbarstaats Tansania und versuchen großteils ihre traditionelle Lebensweise als Hirten weiterzuführen. Landwirtschaft wurde von den meisten Massai generell geringgeschätzt, während die Rinderherde traditionell ihr Lebensmittelpunkt war. Nach dem alten Mythos hat der Gott Enkai den Massai die Rinder geschenkt. Daher verstanden sie sich als alleinige und rechtmäßige Eigentümer allen Viehs auf der Erde.

Als mein Vater 1960 nach Athi-River kam, grasten die Rinder der Massai im flachen Tal, das von den Ngong-Hügeln umgeben war. In dieser Zeit waren die Massai auch als Viehdiebe bekannt. Viehraub spielte sogar eine wichtige Rolle im Stammesleben, denn so konnten die jungen Massai-Krieger einen Nachweis ihrer Männlichkeit erbringen. Illegal war Viehdiebstahl natürlich trotzdem.

Mein Vater hatte gerade einiges gestohlene Vieh wiedergefunden und lieferte die Wilderer in das Gefängnis in Athi-River ein, als er einer wunderschönen jungen Massai begegnete, die dort als Gefängniswärterin arbeitete. Sie sollte meine Mutter werden. Doch das war nicht sofort einfach und klar, denn sie war zu dieser Zeit bereits mit einem anderen Mann verheiratet. Er war Massai wie sie und arbeitete ebenfalls als Wärter im Gefängnis. Mit ihm gemeinsam hatte sie schon einen Sohn, doch offenbar war sie nicht sehr glücklich, denn sie erlag sofort dem Charme des jungen Samburu-Kriegers und verliebte sich in ihn. Als mein Vater wenige Tage später mit seinen Männern ins Hauptquartier nach Gilgil zurückkehren musste, begleitete meine Mutter ihn. Gemeinsam mit ihrem Sohn wurde sie, versteckt auf der Ladefläche des Land Rovers, von meinem Vater aus der Stadt geschmuggelt.

Leider starb der erste Sohn meiner Mutter, für den mein Vater das Sorgerecht übernommen hatte, zwei Jahre später. Ich hätte es geliebt, einen großen Bruder zu haben. Stattdessen hatte ich zwei ältere Schwestern: Esther war fünf Jahre älter als ich. Und zwei Jahre vor mir war meine Schwester Hellen zur Welt gekommen. Ich wurde in Gilgil geboren, wo die »Anti-stocktheft unit« ihren Hauptsitz hat.

Gilgil liegt im heutigen Nakuru County, nicht weit von Nakuru, auf dem Highway Richtung Nairobi. Das Hauptquartier der ASTU befindet sich nur vier Kilometer westlich des Stadtzentrums. Da die Einheit als Transportmittel früher Pferde statt Land Rover benutzte, verfügt sie über eine riesige Pferdefarm, in der noch heute Pferde gezüchtet werden. Außerdem beherbergt die Stadt zwei große Baracken der kenianischen Armee (Kenya Defence Forces, kurz KDF) und das Zentrum des »National Youth Service« (NYS). Bis heute ist das Verteidigungsministerium der größte Arbeitgeber in der Stadt, und das Militär prägt das Stadtbild.

Mein Vater war damals die meiste Zeit über in verschiedenen Teilen des Landes unterwegs. Meine Mutter blieb alleine mit uns in dieser Stadt. Als ich drei Jahre alt war, beschlossen meine Eltern daher, dass es besser für uns Kinder sei, in Maralal aufzuwachsen, damit wir nicht in der Stadt, sondern wie Samburu aufwuchsen und mit unserer Kultur in Berührung kommen konnten. Wie viele Samburu-Krieger, die Soldaten geworden waren, schickte mein Vater seine Familie also zurück auf das Land der Samburu.

Meine Mutter, eine Tochter der Massai, zog also mit uns in den Norden von Kenia, um unter Samburu zu leben. Samburu und Massai sprechen eine ähnliche Sprache und sind eng miteinander verwandt. Schließlich wanderten sie gemeinsam ins heutige Kenia ein und trennten sich erst im 17. Jahrhundert auf dem Turkana-Gebiet im Norden Kenias in die beiden Volksgruppen auf. Wie die Massai leben die Samburu als halbnomadische Hirten und gehören zu den traditionsbewusstesten der über vierzig großen Ethnien in Kenia. Während Maralal für die meisten Touristen, die Kenia besuchen, einfach der Ausgangspunkt für Reisen in den wilden Norden ist, bedeutet er für die Samburu, was der Name besagt: »Haus der Götter«.

Maralal

Meine Mutter, Esther, Hellen und ich zogen also nach Maralal, als ich drei Jahre alt war. Meine jüngere Schwester Naserian wurde bereits dort geboren. Im ersten Jahr wohnten wir in einem Haus in der sogenannten Changaa-Siedlung, einem Stadtteil, der nach dem damals illegalen alkoholischen Getränk *Changaa* benannt war. Wir lebten zwischen Menschen aus den verschiedenen Stämmen, die allerdings ihre traditionelle Lebensweise und damit auch ihren Stolz aufgegeben hatten. In der Changaa-Siedlung hatten wir einen Raum mit zwei Betten: eines für meine Mutter und die kleine Naserian – und eines für mich und meine beiden großen Schwestern. Dazwischen stand der *Jiko*, unser Metallofen, der uns zum Kochen diente. Es gab eine Toilette, die sich außerhalb in einem eigenen kleinen Gebäude befand. Wenn wir allerdings in der Nacht dringend aufs Klo mussten, dann gingen wir nicht unbedingt bis dorthin, sondern erledigten unser Geschäft einfach irgendwo draußen in der Dunkelheit.

Ich erinnere mich an einen Abend, an dem unsere Mutter *Chapati*, die typischen dünnen Pfannkuchen, für uns zubereitete. Esther, Hellen und ich liefen hinaus, hockten uns der Reihe nach draußen hin und ließen unserem Pipi freien Lauf. Hellen war als Erste fertig und lief wieder Richtung Haus, gefolgt von Esther. Ich hockte noch immer in der Dunkelheit, als mich plötzlich die Angst überkam, dass nicht mehr genug Chapati für mich übrig sein würden, wenn ich noch länger brauchte. Ich musste meinen beiden Schwestern so schnell wie möglich folgen, und so beendete ich mein Geschäft und lief, so schnell ich konnte, zum Haus. Wie ein Pfeil schoss ich in den Raum und landete direkt im Jiko, an dem meine Mutter stand und kochte. Mein Arm wurde mit voller Wucht gegen den brennend heißen Ofen gepresst, und mit großen Augen starrte ich auf die Reihe von riesigen Brandblasen, die sich in Sekundenschnelle bildeten. Es tat nicht nur furchtbar weh, sondern sah auch schrecklich aus. Erfüllt von Schmerz und Panik fürchtete ich, dass ich mein Leben lang entstellt sein würde. Ich versuchte, die Tränen zu unterdrücken, und blickte hilfesuchend zu meiner Mutter.

»Mach dir keine Sorgen, ich kümmere mich darum«, sagte sie seelenruhig und griff nach der richtigen Medizin. Meine Mutter verwendete *Ndulele,* ein Heilkraut, das ein bisschen wie eine Tomatenpflanze aussah. Es wuchs überall in der Umgebung, und meine Mutter sammelte und trocknete es. Dieses Heilkraut legte sie nun täglich auf meine Wunde auf, die schon bald nicht mehr weh tat. Das Heilkraut führte dazu, dass sich über der Wunde schnell neue Haut bildete und dass heute nicht mehr die kleinste Narbe zurückgeblieben ist. Wie dankbar bin ich meiner Mutter, dass sie mich richtig zu behandeln wusste. Jedes Mal, wenn ich Leute mit Brandwunden sehe, dann frage ich mich, warum noch niemand das Heilmittel aus Kenia entdeckt und weltweit zur Anwendung gebracht hat.

Doch die Zeit in der Changaa-Siedlung im Stadtzentrum von Maralal war nur eine kurze Übergangsphase. Meine Mutter begann sogleich, für uns ein eigenes Haus ein wenig außerhalb der Stadt, in Shabaa, zu bauen. Jeden Tag begab sie sich nach Shabaa, um den Bau zu beaufsichtigen und selbst mitzuhelfen. Manchmal nahm sie uns mit, und wir bekamen kleine Aufgaben zugeteilt. Der Baugrund lag nur einen Kilometer entfernt vom Stadtzentrum neben dem Übungsplatz der kenianischen Armee und direkt am Rande der wilden Natur. Ganz in der Nähe befand sich auch das »Ministry of works«, kurz MOW, also das Ministerium für Öffentliche Arbeit und Verkehr, das die Samburu allerdings nur »*Lopurdi*« nannten, was so viel heißt wie: die Diebe. Als wir um 1970 in unser Haus zogen, begannen die Maschinen des MOW gerade die Straße Richtung Barsaloi neu zu asphaltieren.

Vom Fenster aus konnten wir beobachten, wie die Soldaten auf dem Übungsplatz im Tal miteinander kämpften, wie sie rannten und aufeinander schossen. Wenn sie wieder verschwunden waren, liefen wir auf das Feld, um die Plastikgeschosse einzusammeln, die sie für ihre Übungskämpfe benutzten. Einige der Kugeln wurden zu Schmuck für die Samburu-Krieger verarbeitet. Von unserem Fenster aus konnten wir aber auch Elefanten beobachten, die aus dem angrenzenden Waldstück kamen und die Straße versperrten, so dass zuweilen sogar die kenianische Armee ihre Manöver unterbrechen musste.

Von unserem Haus hatte ich einen weiten Blick über die Hügel rund um Maralal. Als Kind fragte ich mich immer, was wohl hinter den Hügeln lag. Sie waren groß und wunderschön, ähnlich den Hügeln im bayerischen Voralpenland, wo ich erst viel später in meinem Leben einmal hinkommen sollte. Ich verbrachte Stunden damit, von dem Land hinter den Hügeln zu träumen und davon, es zu entdecken.

Hinter den Hügeln erstreckte sich der wilde Norden Kenias. Dort lebten die Stammesleute. Er werde uns hinter die Hügel an alte Männer verkaufen, drohte unser Vater, wenn wir uns nicht benahmen. Dies war ein Ort, den wir fürchteten und der dennoch eine ungeheure Faszination auf mich ausübte.

Das neu gebaute Haus, in dem ich die glücklichste Zeit meiner Kindheit verbrachte, war wunderschön. Es war aus Holz gezimmert und hatte einen Boden aus Zement. Die Schlafzimmerwände hatten wir mit Lehm abgedichtet, wodurch sie eine rot-bräunliche Farbe erhalten hatten. Für das Wohnzimmer hatten wir zusätzlich Asche in den Lehm gerührt, so dass die Wände weißlich leuchteten. Die Wohnzimmereinrichtung war aus Holz: Es gab Stühle und einen Tisch mit wunderschönen Tischdecken, die meine Mutter selbst gemacht hatte. Sie konnte ohne jede Vorlage richtig komplizierte Stickereien anfertigen. Sie hatte das Muster im Kopf und übertrug es zur Bewunderung aller punktgenau auf ein Stück Stoff.

Es gab zwei Schlafzimmer, eines für meine Mutter und die jüngeren Kinder, das andere für den Rest der Kinder und unsere Großmutter, die Mutter unserer Mutter, die für einige Zeit bei uns wohnte. Dieses Zimmer diente auch als Küche, doch es gab eine zweite Küche vor dem Haus, wo wir abends oft zusammen saßen.

Neben unserem Haus hatte unsere Mutter einen Kaktus gepflanzt, rund um unser Haus standen Blumen, und es gab eine grüne Wiese, auf der wir spielten. Wir hatten auch einen Garten, in dem wir Mais anpflanzten, und einen, wo wir Gemüse zogen und den wir die *Shamba* nannten. So wie viele andere Massai und Samburu lebten wir nicht mehr nur von der Milch und dem Blut der Rinder, sondern aßen auch Getreide und Gemüse.

In manchen Nächten wachten wir auf, weil sich Elefanten in unsere Shamba verirrt hatten. Um sie zu vertreiben, verwendeten wir Trommeln. Wir Kinder standen gemeinsam mit unserer blinden Großmutter da und trommelten, so laut wir nur konnten. Mit dem Lärm konnten wir Elefanten glauben machen, dass wir stärker wären als sie. Natürlich wussten wir, dass das nicht wahr war. Der afrikanische Elefant ist immerhin das größte Landtier der Welt. Im Unterschied zu den Elefanten in Asien besitzen meist die männlichen und die weiblichen Tiere Stoßzähne, die zum Graben, Stochern, aber natürlich auch zur

Verteidigung eingesetzt werden. Doch wir waren die Elefanten vor unserer Haustür von klein auf gewohnt und hatten keine große Angst vor ihnen.

Gleich hinter unserem Haus und hinter der Shamba befand sich die Manyatta, in der unsere Verwandten lebten. Die Siedlungen der Samburu sind ähnlich denen der Massai, nur dass sie bei ihnen eigentlich *Enkang* heißen.

Im Enkang hausen mehrere Großfamilien. Nur die aktiven Krieger der Massai, die *Elmoran*, leben in den eigenen, Manyatta genannten Unfriedungen. Rund um den Enkang oder die Manyatta wird ein Schutzzaun aus dornigen Ästen errichtet, der Wildtiere und Diebe abhalten soll. Innerhalb der Umfriedung findet sich ein Kreis von Hütten oder Häusern. Sie werden meist aus einem Skelett aus Holzlatten gebaut. Dies wird dann mit weichem Lehm, manchmal mit Gras vermischt, bestrichen. Die Dächer sind flach, meist mit Stroh gedeckt und häufig mit einer Lehmmischung verstärkt. Die Gehege der Rinder und Ziegen befinden sich in der Mitte der Ansiedlung und sind noch einmal von dornigen Zweigen umgeben. Der Erdboden im Enkang ist vom Vieh festgetreten und durch die Sonnenbestrahlung meist steinhart gebacken.

Die Manyatta, in der unsere Samburu-Verwandten lebten, sah ganz ähnlich aus: Im Zentrum befanden sich die Tiere. Jede Familie in der Manyatta hatte ihren eigenen Bestand an Kühen, die morgens und abends gemolken wurden. Rund um die Pferche der Tiere standen die einzelnen Lehmhütten. Ziegen und Schafe gingen in den Hütten ein und aus, in denen meine Tanten und Cousinen lebten. Die Hütten der Manyatta wurden ausschließlich von den Frauen gebaut. Dazu verwendeten sie Zweige und Blätter von Bäumen und getrockneten Kuhdung für das Dach.

Vergleiche ich sie mit den anderen Frauen, so stach meine Mutter als echte Massai hervor wie eine Prinzessin. Sie war eine elegante und vornehme Frau und trug europäische Kleidung, die allerdings bunt war wie der Regenbogen. Sie strahlte große Stärke und Würde aus. Sie lehrte uns von klein auf, dass wir anderen gegenüber respektvoll sein sollten so wie sie. Meine Mutter kümmerte sich um alles, um die Manyatta, um unser Haus, um uns Kinder und um die Einkünfte. Ordnung und Schönheit waren ihr genauso wichtig wie vielen Deutschen, die ich später kennenlernen sollte.

Sie stand nicht nur unserem Zuhause vor, sondern der gesamten Manyatta und führte die Familie, die hauptsächlich aus Frauen bestand. Die Männer unserer Tanten waren wie mein eigener Vater meist abwesend. Meine Onkel verbrachten die meiste Zeit tief im Busch, wo sie mit ihren Rindern und anderen Ehefrauen lebten. Bei den Samburu haben die Männer, wenn sie es sich leisten können, mehrere Frauen.

Alle unsere Tanten waren uns gegenüber sehr liebevoll, überhaupt herrschte in der gesamten Manyatta und in den Hütten Harmonie. Zumindest so lange, bis die Männer zurückkehrten. Wenn meine Onkel nach Hause kamen, dann lächelten sie niemals, sie wirkten traurig und ernst. Sie begannen, mit meiner Mutter zu diskutieren, die in ihrer Abwesenheit den Haushalt führte. So entstand bei mir als Kind das Gefühl, dass Männer es einfach nicht mochten, wenn Frauen glücklich waren. Ich war froh, wenn uns die Onkel wieder verließen und alles seinen gewohnten Gang ging.

Glückliche Tage

Mit den Worten *»Nyoto Enkera«* weckte uns unsere Mutter und ging zu den Kühen, um sie zu melken. Meine Schwestern und ich beugten uns abwechselnd über den Wasserbehälter und wuschen uns. Dann cremten wir unsere Haut mit Öl ein, um sie vor der Sonne zu schützen. Im Unterschied zu unseren Tanten und ihren Kindern, die nur Milch tranken, gab es bei uns zum Frühstück *Uji*, eine Art Brei aus Maismehl. Manchmal mischte meine Mutter Salz dazu und hin und wieder sogar Zucker.

Gemeinsam mit meinen beiden Schwestern machte ich mich dann auf den Weg zur Schule. Wenn es bei uns in der Manyatta gerade sehr viel Milch gab, dann nahm ich Milch in einer Flasche mit, um sie zu verkaufen. Auf dem Weg zur Schule brachte ich sie zum Haus einer Bekannten, die mit Milch handelte. Nach der Schule holte ich die leere Flasche und gab das Geld ab dann meiner Mutter. So trug ich schon von klein auf mit zum Lebensunterhalt bei, und darauf war ich stolz.

Wie meine Schwestern besuchte ich eine katholische Missionsschule, an der nur Mädchen unterrichtet wurden. An meinem ersten Schultag war ich beeindruckt von dem Gebäude, den farbig gestrichenen Wänden, den bunten Holzklötzen, mit denen uns später Rechnen beigebracht werden sollte, aber auch von den anderen Kindern in der Klasse und den netten Lehrern, denen wir mit großer Ehrfurcht begegneten. Sie hatten so viel und so lange gelernt. Für uns war das schon etwas Besonderes.

Zu Schulbeginn hatte ich von Vater meinen ersten Bleistift bekommen, und von da an bekam ich bei jedem seiner Besuche einen weiteren geschenkt. Doch am ersten Schultag gefiel mir mein Bleistift nicht so gut, denn meine ältere Schwester Hellen bekam nicht nur eine richtige Füllfeder, sondern auch eine Flasche mit Tinte, mit der sie die Füllfeder wieder auffüllte, wenn sie leer war. Ich konnte es nicht erwarten, älter zu werden und ebenfalls einen Füller zu besitzen.

Erst einmal wurde ein Eingangstest gemacht. Da ich bei dem Test geschummelt hatte, wurde ich gleich in die zweite Klasse geschickt, die ich dann allerdings wiederholen musste. Doch da ich alles schon einmal gehört und gelernt hatte, war ich von da an immer die Klassenbeste.

Auf dem Weg zu unserer Schule mussten wir an der Jungenschule vorbei, wo sich die älteren Jungen nackt vor aller Augen wuschen. Ich war froh, dass ich die Mädchenschule besuchen durfte.

Die Schule war 1965 gebaut worden, als die ersten Missionare nach Maralal gekommen waren und die Maralal-Mission aufgebaut hatten. Eines der Ziele der Mission war es, den Samburu-Mädchen Bildung zu ermöglichen, denn die Samburu hielten dies von sich aus damals nicht für notwendig. Die Samburu-Familien schickten meist einen der Söhne in die Schule, während die anderen der Stammestradition nach Krieger wurden.

Ähnlich wie bei den Massai sind die Clans der Samburu dem Alter nach in Gruppen eingeteilt. Dabei gibt es die *Ilayoik*, die unbeschnittenen Jungen, die *Ilmoran*, beschnittene Krieger, und die *Ilpayiani*, die fur Politik und Rechtsprechung zuständigen Ältesten. Ungefähr alle zehn Jahre werden Buben zu Männern initiiert. Alle gemeinsam initiierten Männer bilden eine Gruppe von Kriegern, die *Ilmoran*.

Nach ihrer Beschneidung mussten sich die Jungen schwarz anziehen, und dann durften sie Vögel fangen. Manchmal machten sie allerdings auch Jagd auf die Mädchen. Sie nahmen uns mit einem Pfeil aufs Korn, dessen Spitze nicht aus Metall war, sondern aus einer Art hartem Gummi. Die Pfeilspitze konnte einen Vogel töten, aber keinen Menschen. Es tat allerdings weh, wenn man von so einer Pfeilspitze getroffen wurde. Deshalb mussten wir manchmal weglaufen, wenn wir auf dem Heimweg bemerkten, dass eine dieser Jungengruppen hinter uns war. Wir wollten nicht, dass uns ein Pfeil am Knöchel traf. Obwohl wir dann natürlich immer kicherten und herumalberten. Weh tat es trotzdem.

Es gingen ja keineswegs alle Jungen in die Schule. Und nur

Familien, die stark von den katholischen Missionaren beeinflusst worden waren, kamen überhaupt auf die Idee, auch die Mädchen in die Schule zu schicken.

Natürlich war die Schule auch aus einem bestimmten Grund bei uns errichtet worden: Sie war Teil einer katholischen Mission. Dort gab es eine Kirche und daneben einen Kindergarten und eine Krankenhausapotheke. Neben dem Schulgebäude befand sich außerdem ein Kloster, in dem die jungen Mönche lebten. Die Mission wurde von den Consolata-Missionaren geführt, deren Priester und Nonnen alle aus Italien kamen und in der Mission lebten. Sie hatten Bäume gepflanzt, unter anderem Dattelpalmen, die schon groß waren, als ich eingeschult wurde. Rund um unser Schulgebäude erstreckte sich eine große Grünfläche, die durch eine wunderschöne Steinmauer und einige Kakteen abgegrenzt wurde. Ich mochte die ruhige und zugleich heitere Stimmung, die in der Mission herrschte.

Meine Lieblingsschwester war Schwester Cheopalda. Sie schenkte mir mein erstes Buch mit verschiedenen Geschichten darin. Besonders beeindruckte mich die Geschichte von Hans und der Bohnenranke, in der der kleine Hans eine Bohnenranke findet, die bis zum Himmel hinauf wächst.

Bis zum Alter von sieben Jahren ging ich nach dem Unterricht gleich wieder nach Hause, wo meine Mutter immer etwas Leckeres für mich zum Essen kochte. Denn anders als meine Tanten und Cousins, die bis zum Abend hungerten, gab es bei uns ein Mittagessen: Meine Mutter kochte dann oft eine dickere Form von Porridge aus Maismehl für uns: *kiteke.*

Nach Schulschluss war es meine Aufgabe, auf die Ziegen und Schafe aufzupassen und sie zu den besten Weideplätzen zu treiben, wo sie sich satt fressen konnten. Manchmal war ich ganz alleine mit den Tieren unterwegs. Um mich zu beschäftigen, dachte ich mir Lieder aus, eigene Melodien und Texte, und sang sie den Ziegen vor. Dies ging immer nur eine Weile lang gut, denn die Ziegen hatten ihren eigenen Willen und machten, was sie wollten. Einige von ihnen waren besonders stur und ließen sich weder durch gutes Zureden noch durch drastischere Maßnahmen dazu überreden, das zu tun, was ich wollte.

Es war etwas ganz anderes, wenn meine Cousins und Cousinen dabei waren. Gemeinsam war es uns ein Leichtes, die Ziegen unter Kontrolle zu bringen, und manchmal waren sie dann sogar so brav, dass wir uns interessanteren Dingen zuwenden konnten und die Ziegen komplett vergaßen.

Zu den interessanten Dingen gehörte es auch, uns selbst zu entdecken, zu untersuchen und einen Blick auf die Körperteile der anderen Kinder zu werfen, die man selbst nicht besaß, und diese sogar berühren zu dürfen. Wenn ich an diese Zeit meiner Kindheit zurückdenke, an die Erfahrungen, die wir Kinder miteinander während des Hütens unserer Ziegen machten, dann frage ich mich, ob uns die Erwachsenen mit gutem Gewissen unsere Sexualität entdecken ließen, weil sie wussten, dass wir uns ohnehin bald für immer davon verabschieden mussten.

Einige Mädchen hatten vor ihrer Beschneidung sexuelle Beziehungen zu Männern. Es waren die nach der alten Tradition erzogenen Mädchen. Sie erhielten Perlen von ihren Freunden geschenkt, den stolzen Kriegern, und wir bewunderten sie sehr deswegen. Überhaupt erschienen mir diese Mädchen wunderschön. Sie trugen keine T-Shirts oder sonstige moderne Kleidung an ihrem Oberkörper, sondern sie waren bis auf ihre Perlen nackt und gingen so geschmückt überallhin – auch zum Ziegenhüten. Diese Mädchen wendeten viel Zeit dafür auf, sich für die Krieger schön zu machen. Und auch die Männer versuchten alles, attraktiv auszusehen.

Damals war das alles ganz normal für mich, dass Samburu-Männer jungen Mädchen Perlen schenkten. Und dass sie als Gegenleistung erwarteten, mit den Mädchen zu schlafen. Da die Eltern es sich nicht leisten konnten, selbst Perlen für ihre Töchter zu kaufen, ließen sie das zu, denn das Tragen eines Perlenschmucks verlieh bei den Samburu großes Ansehen.

Genauso wenig dachte ich als Kind darüber nach, ob diese »Perlenmädchen« alt genug waren für Sex. In meinen Augen waren sie so viel älter als ich, und was sie taten, war ganz einfach normal. Schon damals fiel mir allerdings auf, wie schüchtern Samburu-Mädchen mit weniger Perlen waren im Vergleich zu jenen mit vielen Perlen. Diese waren selbstbewusst, sie schienen auf ihre Beziehungen zu den Kriegern und auf sich selbst stolz zu sein. Es war ein Teil ihres Lebens.

Aber das spielte sich alles vor meinen Augen ab und war mir doch herzlich egal. Viel wichtiger war es, die Freizeit zu genießen. Und nur ganz selten wurde ich aufmerksam auf diese Vorgänge. So war zum Beispiel meine Cousine Peleswan oft dabei, wenn wir auf einem großen Haufen aus Sand spielten, den es in der Nähe unseres Hauses gab. In meinen Augen war sie lange Zeit das schönste Mädchen überhaupt. Sie musste auch nicht zur Schule gehen. Meine Schwestern und ich waren die Einzigen in unserer Manyatta, die den Unterricht besuchten. Peleswan aber wurde gleich nach ihrer Beschneidung von meinem Onkel an einen der Alten verkauft. Er nahm sie mit in den Busch, und ich sollte sie nie wiedersehen.

Ein wenig entfernt von unserem Haus, Richtung MOW, stand unser Lieblingsbaum, ein Kaperngewächs: *Loitaakine* auf Samburu. Wir verbrachten viele Stunden damit, in dem Baum herumzuklettern, oder wir hockten uns einfach ins Geäst. Manchmal fiel auch jemand runter, doch ich kann mich nicht erinnern, dass sich jemals irgendwer von uns ernsthaft verletzte.

Einmal kletterte Hellen allerdings auf einen anderen Baum, auf dem sie ein Vogelnest entdeckt hatte. Als sie oben angekommen war, ergriff sie einen der kleinen Vögel und brach ihm einen Fuß. Doch die Strafe ließ nicht lange auf sich warten. Als sie wieder herunterklettern wollte, rutschte sie ab, stürzte vom Baum und verletzte sich ihr eigenes Bein.

Ein andermal entdeckten wir beim Ziegenhüten einen Bienenstock. Hellen nahm einen trockenen Ast und stach mitten hinein. Wir mussten ganz schnell weglaufen, und alle schrien laut, als die Bienen Jagd auf uns machten. Seltsamerweise trug ich im Gegensatz zu meiner Schwester keinen einzigen Bienenstich davon.

In den Schulferien, wenn wir nicht auf die Ziegen aufpassen mussten, gingen meine Schwestern Esther und Hellen und ich oft zu einem sogenannten *Silango,* einem See, der hinter unserer Schule lag. Von unserem Haus Richtung See ging es bergab, und voll Vorfreude liefen wir einfach drauflos, wie Tiere, die man aus dem Käfigen freilässt. Dort sprangen wir ins Wasser, spritzten uns am Ufer gegenseitig nass und verbrachten Stunden beim Spielen im Wasser.

Einmal, an einem besonders schönen Tag, hatte es geregnet, der Boden war schon wieder trocken, doch alle Pflanzen rund um den See ergrünten und schienen auf einmal wie lebendig. Schmetterlinge flatterten umher, und die Vögel zwitscherten. Die Glocken der grasenden Kühe hallten zu uns herüber. Am Ufer gab es wunderbaren weichen Lehm, der sich ganz leicht formen ließ. Einige kleine Jungen waren auf die gleiche Idee gekommen wie wir. Sie griffen mit ihren Händen tief in den weichen Lehm, holten Batzen davon hervor und formten daraus Stiere. Meine Schwestern und ich taten es ihnen gleich, doch wir formten kleine Mädchen. So hatten wir unsere eigenen kleinen Puppen aus Lehm. Wir stellten sie in die heiße Sonne, wo sie trockneten und hart wurden. Als das Gebimmel der Kuhglocken lauter wurde, wickelten wir unsere Puppenkinder in ein Stück Stoff, das wir uns von der Kleidung rissen. Zum Spielen trugen wir so alte Sachen, dass wir hofften, es würde unserer Mutter nicht auffallen, wenn ein weiteres Loch hinzukam.

Wir überquerten die Straße, die nach Barsaloi führte, und sobald wir unser Haus sehen konnten, rannten wir los. Obwohl es bergauf ging und wir uns den ganzen Tag verausgabt hatten, ließen wir es uns nicht nehmen, Wettrennen zu machen. Wir liebten es, zu laufen und miteinander Fangen zu spielen. Stundenlang konnten wir so herumtollen auf unserem riesengroßen Spielplatz: der wilden Natur, die uns umgab.

Einmal war ich gemeinsam mit meiner Mutter auf dem Rückweg von der Schule, als eine Herde Elefanten die Straße blockierte. Elefanten zogen oft einfach herum. Und von Vater hatte ich gelernt, dass eine Elefantenherde normalerweise zehn Kühe mit ihrem Nachwuchs umfasst und von einer meist älteren Leitkuh angeführt wird. Er hatte uns aber auch erzählt, dass sich solche Herden manchmal für eine bestimmte Zeit zu einem losen Verband zusammenschließen können, der mehrere hundert Tiere umfasst. Das war hier offenbar der Fall. Gebannt starrte ich auf den schier unendlichen Zug von Elefanten, der in gemächlicher Geschwindigkeit an uns vorüberstampfte, und sah plötzlich, wie sich einige Kinder den Elefanten näherten. Offenbar hatten sie nicht so viel Glück wie wir, sondern sie mussten auf dem Weg nach Hause quer durch die Herde. Diese Kinder sprangen direkt auf die Elefanten zu und wollten sich wohl zwischen ihnen hindurchdrängen. Eine Elefantenkuh, die bestimmt über zwei Meter groß und mehr als zwei Tonnen schwer gewesen sein muss, hob plötzlich den Rüssel. Unruhig begann sie, mit den Ohren zu schlagen, und wirbelte mit ihren riesigen Beinen Staub auf. Ich dachte, dass sie die Kinder nur erschrecken wollte, doch meine Mutter schätzte die Gefahr größer ein. Als die Elefantenkuh ihren Kopf hin und her zu wiegen begann, lief meine Mutter auf die Herde zu, packte die Kinder und riss sie zurück. Die Elefantenkuh stieß ein lautes Trompeten aus, das wohl ihre letzte Warnung war. Schnell wichen wir ein großes Stück weit zurück. Meine Mutter erklärte uns, dass diese Elefantenkuh ein junges Kalb bei sich habe und man sich ihr deshalb auf keinen Fall nähern dürfe. Ihre Warnung war eindringlich: Wir Kinder sollten diesen Fehler schließlich nicht noch einmal machen, es war nicht die einzige Elefantenkuh, die mit ihrem Nachwuchs in unserer Gegend umherzog. Meine Mutter ordnete an, dass die Kinder zu warten hatten, bis die Herde vorübergezogen war. Ich fragte mich oft, wie lange die Armen wohl in der Hitze gestanden und gewartet haben. Es musste eine lange Zeit gewesen sein, denn als wir aufbrachen, war weder der Anfang noch das Ende der Elefantenherde auszumachen.

Doch wir lebten nur scheinbar in unberührter Natur, das Militärlager war ja ganz in der Nähe, und genauso wie wir Wildtiere beobachteten, sahen wir auf dem Nachhauseweg von der Schule den Traktoren und Baggern des MOW (Ministry of Works) bei der Arbeit zu, die mit ihren riesigen Metallschaufeln tief in die Erde fuhren und sie heraushoben. Dies war der erste Schritt beim Straßenbau. Ich staunte, dass die Männer in ihren gewaltigen Fahrzeugen tatsächlich Berge versetzen konnten.

Mit der Zeit entfernten sich die Maschinen des MOW immer weiter von Maralal. Sie schafften es sogar, eine Straße auf den Mount Kulal zu bauen, der sich weiter im Norden, östlich des Turkana-Sees, befindet. Ich frage mich noch heute, wie sie das fertiggebracht haben: Auf der einen Seite der Straße geht es ohne jeglichen Schutz steil bergab, auf der anderen Seite hat man das Gefühl, direkt durch den Bauch des Berges zu fahren. Jedes Mal, wenn ich diese Straße entlanggefahren bin, betete ich im Stillen, es möge uns kein anderes Auto entgegenkommen.

Ein andermal stießen meine Schwestern und ich auf dem Heimweg auf eine Herde von Oryx-Antilopen. Sie gehören zu den großen Antilopen Kenias. Die zehn Tiere der Herde waren alle über eineinhalb Meter groß und wunderschön anzusehen. Fasziniert gingen wir auf sie zu. Ihre langen spitzen Hörner ragten in einer geraden Linie nach hinten. Ihre Köpfe waren schwarz und weiß gemustert, und auch ihr Fell hatte eine wunderschöne Zeichnung. Sie sahen so stark und gleichzeitig so sanftmütig aus.

Wir machten es genau wie die anderen Kinder, die einfach auf die Elefantenherde zugegangen waren, und steuerten direkt auf die Oryx-Antilopen zu, ohne Angst zu haben. Meine Mutter hätte uns geschlagen, wenn sie uns dabei erwischt hätte, denn sie wusste, dass die großen Antilopen nicht ungefährlich waren. Mit ihren spitzen Hörnern können sich Oryx-Antilopen sogar gegen Löwen erfolgreich verteidigen. Doch wir hatten keine Angst, und die Antilopen taten uns nichts.

Später einmal erzählte uns Vater, dass Oryx-Antilopen ähnlich wie Kamele sehr lange ohne Wasser auskommen können.

So war das Land meiner Kindheit: Ein freies Reich voller Tierherden, es fiel meist genug Regen, und so gab es genug zu essen, sowohl für die Tiere als auch für die Menschen. Nichtsdestotrotz war ich als Kind ständig hungrig. Es schien, als wäre mir das Essen wichtiger als meinen Geschwistern, die mich als gefräßig bezeichneten. Hellen, die ein wenig pummelig war, machte sich gern über mich lustig, als ich wuchs und in die Höhe schoss und dabei einen unbändigen Hunger entwickelte. »Du isst wie eine Ziege«, sagte sie zu mir. Ziegen hatten die Angewohnheit, ständig zu fressen. Dennoch wurde ich niemals dick. Ich konnte mir das Hungergefühl leisten, denn wir hatten eigentlich nie zu wenig, es war bei uns nicht so wie bei vielen Familien in Afrika. Wir hatten keinen Grund, uns ums Essen zu zanken. Doch wir Schwestern standen in einem gewissen Konkurrenzverhältnis zueinander. Hellen und ich stritten uns besonders oft. Manchmal kämpften wir so heftig miteinander, dass wir uns auf dem Boden wälzten und dabei eine riesige Staubwolke aufwirbelten und wohl von außen gar nicht mehr zu erkennen waren.

Fremden gegenüber war ich als Kind allerdings eher schüchtern und behielt, was ich dachte, für mich. Bis zu einem gewissen Grad fühlte ich mich einsam, trotz unserer ausgelassenen Spiele. Oft hatte ich das Gefühl, dass die anderen, selbst meine Geschwister, mich nicht ganz verstanden. Aber das ist vielleicht ganz typisch für ein mittleres Kind, das nie so groß sein wird wie die Älteste, aber auch nicht so verhätschelt wird wie das jüngste Kind der Familie, und über lange Jahre hinweg gab es nur uns drei.

Es war ein ruhiges, ein geregeltes Leben.

War das Bimmeln der Glocken zu hören, wussten wir, dass es bald Abendessen gab und wir den Tieren nach Hause folgen sollten. Genauso wie am Morgen wurden am Abend die Kühe gemolken. Für meine Tanten und Cousinen war die Milch das Hauptnahrungsmittel, und daher war der Abend die wichtigste Zeit des Tages.

Wie ich sie liebte, die Abende meiner Kindheit. Es gab eine Tante, die während des Melkens immer sang, was den Abendstunden einen besonderen Zauber verlieh. Oft lauschte ich dem Gesang meiner Tante und beobachtete dabei meine Mutter, wie sie unsere Kuh Nanyokie molk. Nanyokie hatte rötliches Fell und mochte keine Menschen. Sie ließ niemanden gerne an sich heran und ließ sich nichts befehlen, schon gar nicht von kleinen Kindern. Dennoch musste sie gemolken werden, und so trug mir meine Mutter auf, sie während des Melkens zu streicheln – auch am Euter und der Kloake. Dies war die traditionelle Methode der Samburu und Massai, wilde Kühe zu beruhigen. Sie wirkte zum Glück sogar bei Nanyokie. Unsere andere Kuh, Ngaroya, war friedlich und sanft, und während meine Mutter sie molk, konnte ich herumtrödeln und den kurzen Sonnenuntergang bewundern, die Streifen aus rotem Sonnenlicht am Horizont, wie sie sich ausdehnten, intensiver leuchteten und dann spurlos wieder verschwanden.

Am Abend kamen mit den Tieren auch meine älteren Cousins und Cousinen nach Hause. Sie hatten den ganzen Tag mit den Tieren, mit Kühen und Ziegen, im Wald verbracht und erzählten uns von ihren Abenteuern. Ich erinnere mich an meine Cousine Sereti, die damals schon vierzehn Jahre alt war. Sie war so viel älter als wir, wirkte erwachsener und sehr reif. Sie hatte viele Perlen, aber ich habe niemals einen ihrer Freunde gesehen. Vielleicht traf sie die Männer draußen im Busch, wo sie auf die Rinder aufpasste. Eine andere meiner Cousinen, Ndutayon, war noch älter als Sereti. Sie kam mir als Kind unglaublich erwachsen vor: Sie war immerhin schon achtzehn Jahre alt. Ndutayon trug viele Perlen um den Hals, hatte also mit vielen Kriegern Kontakt gehabt. Doch sie war traurig, weil sie in ihrem Alter noch nicht verheiratet war, vielleicht auch, weil sie nicht so schlank war wie die anderen Mädchen. Während wir fröhlich waren, wenn wir am Abend an der Feuerstelle von Ndutayons Mutter saßen und uns Geschichten erzählten, war Ndutayon traurig. »Lasst mich alleine«, murmelte sie dann. Sereti hingegen war immer fröhlich, sie war eine Rebellin und schien sich nicht viele Gedanken ums Heiraten zu machen. Tatsächlich sollte sie erst mit neunzehn Jahren heiraten, was für ein Samburu-Mädchen reichlich spät war.

Oft blieben wir nach dem gemeinsamen Melken der Tiere noch im Haus meiner Tante und hörten gespannt zu, wie jemand die märchenhaften Geschichten der Massai erzählte. Für meine Schwestern und mich war das etwas Besonderes, denn wir lebten in einem eher westlich geprägten Haushalt und sahen die Massai-Krieger vorüberziehen, als wären sie einem Film entsprungen. Entsprechend gebannt lauschten wir, wenn unsere Tanten und Cousins die traditionellen Geschichten wiederholten. Manchmal blieben wir sogar bis Mitternacht bei unserer Tante sitzen, auch wenn unsere Mutter schon nach Hause gegangen war. Oder wir erzählten sogar selbst Geschichten auf Kiswahili, die wir von unserem Vater gehört hatten.

Das Erzählen gehörte ganz zum Abend in die Zeit nach Einbruch der Dunkelheit. Und das Dunkel verlieh den Geschichten zusätzliche Magie. Wenn wir nach der Schule die Ziegen beaufsichtigten, habe ich meinen Verwandten nie eine klitzekleine Geschichte entlocken können. Und wir bettelten oft darum. Doch sie schwiegen, als sei es verboten, tagsüber etwas zu erzählen. Und es stimmte ja auch: Es hätte dazu führen können, dass wir die Rinder und Ziegen vergaßen und sie verlorengingen.

Vielleicht waren deshalb die Besuche unseres Cousins Alois so aufregend für mich. Er war älter als wir und konnte schon lesen und schreiben. Er verbrachte oft seine Schulferien bei uns, und dann schlief er bei uns im Zimmer. Doch er wartete nicht bis zum Abend. Am helllichten Tag nahm er eines seiner Bücher, einen Roman, und begann, uns vorzulesen. Dabei fuchtelte er lebhaft mit Händen und Füßen, spielte die Szene nach, als wäre es ein Film, und meine Schwestern und ich saßen mit offenem Mund gespannt da.

Doch auch Vater widersetzte sich dieser Regel und erzählte uns tagsüber Geschichten. Er verwendete dann Kiswahili und zog uns in seinen Bann. Wir saßen gemeinsam im Wohnzimmer, das, wie ich heute weiß, genauso aussah wie ein europäisches Wohnzimmer, und vergaßen darüber unsere Mutter, die sich wohl irgendwo im Schlafzimmer aufhielt oder das Essen vorbereitete.

Manchmal kochte aber auch meine Schwester Esther, die Erstgeborene, etwas für uns – und das war immer lecker. Bescheiden vielleicht, aber ausreichend, und da wir alle zusammen aßen, war das eine vergnügte Runde, die mir heute fehlt.

Natürlich gab es auch schlechte Zeiten, etwa wenn die Dürreperiode ungewöhnlich lang war. Dann wurde für eine Weile das Porridge, das unsere Mutter für uns zubereitete, rasch ungenießbar, und wer wie die anderen in der Manyatta nur von Kuhmilch lebte, litt. Es waren aber nur wenige Tage, an denen wir einmal nicht genug hatten. Allerdings hatten wir auch keinen Vergleich. Für uns war das eben einfach normal: Fleisch gab es in meiner Kindheit oft nur dann, wenn ein Tier an einer Krankheit starb. Wir aßen das Fleisch und verkauften die Haut. Doch wir schmeckten genau, dass das Tier gelitten hatte.

Fleisch schmeckte wesentlich besser, wenn ein Tier eigens geschlachtet wurde. Dann herrschte eine festliche Stimmung in der gesamten Manyatta. Es wurden mehrere Feuer gemacht, auf denen Teile des Tieres gegrillt wurden, und der Duft des gegrillten Fleisches zog durch alle Hütten.

Was wir nicht gleich aßen, schnitten wir in lange dünne Streifen, um es für später zu trocknen. Unsere Tanten kochten einiges Fleisch ein und bewahrten es in einer Kalebasse auf. So hielt es sich länger und konnte im Fall wichtigen Besuchs den Gästen angeboten werden. Manchmal durften meine Geschwister und ich ein Stück davon probieren. Das war eine ganz besondere Aufmerksamkeit, die uns zeigte, dass unsere Tanten uns sehr liebhatten.

Die Samburu und Angehörige anderer Stämme, die im Norden Kenias zu Hause waren, mussten nach Maralal kommen, wenn sie Esel, Ziegen und Schafe gegen Maismehl, Zucker und Fett tauschen wollten. Bevor sie sich auf den Heimweg machten, übernachteten sie oft ein, zwei Nächte bei uns. Ihre Einkäufe lagerten sie ebenfalls bei uns im Haus.

Einmal, als die Stammesleute mit ihren Vorräten bei uns übernachteten, fehlte plötzlich ein halbes Kilo Zucker. Die Frau, der es aufgefallen war, fragte mich und meine Schwester Hellen danach. Sie verdächtigte uns, dass wir es aufgegessen hätten. Es wäre mir nicht im Traum eingefallen, etwas vom Besitz unserer Gäste anzurühren, aber ich kannte meine

Schwester. Obwohl sie mich als gefräßig beschimpfte, war sie diejenige, die sich bei Zucker nicht zurückhalten konnte. Die Frau wurde furchtbar wütend und fragte uns immer wieder, ob wir den Zucker gegessen hätten. Sie hatten eine lange Reise auf sich genommen, um den Zucker zu kaufen, und nun fehlte die Hälfte. Meine Schwester leugnete alles, und obwohl ich das Gefühl hatte, dass sie doch etwas damit zu tun hatte, schwieg ich. Bevor sich die Frau mit ihren Gefährten und nur einem halben Kilo Zucker auf den Weg machte, verfluchte sie uns. Kaum waren die Stammesleute fort, wurde Hellen furchtbar krank. Vielleicht hatte es etwas mit dem Fluch zu tun, vielleicht war es aber auch einfach das halbe Kilo Zucker, das sie gegessen hatte.

Meine Mutter beschwerte sich manchmal, unser Vater schicke uns nicht genug Geld. Er war damals ein Korporal und verdiente 600 Kenyan Shilling, also nach heutigem Wechselkurs ungefähr 6 Euro im Monat. Die Hälfte davon bekamen wir.

Lebensmittel waren damals billig. Man konnte ein Kilo Zucker für 2,50 Shilling kaufen. Mit 10 Shilling kamen wir drei Tage aus. Natürlich gab es nichts Luxuriöses. Unser einziger, wahrer Luxus war die Butter, die wir aus der Kuhmilch herstellten. Wir kochten die Milch und lagerten den Rahm in einem Behälter, bis wir daraus Butter machen konnten. Es dauerte immer eine Weile, bis genug Rahm zusammengekommen war, dass sich das Buttermachen lohnte. Und so schlichen wir uns gerne in das Zimmer meiner Mutter und naschten heimlich davon. Wenn es endlich so weit war und die Butter zubereitet werden konnte, standen wir alle rund um den Jiko, den Metallofen, und warteten gespannt. Auch unsere Tanten stellten selbst Butter her, und wir liebten besonders die eine von ihnen, die uns hin und wieder, wenn wir bei ihr zu Besuch waren, einen Löffel voll Butter wie eine köstliche Medizin zu essen gab.

Am Monatsende tauchte immer ein kleines Flugzeug auf und landete in der Nähe des MOW. Die Arbeiter des MOW waren damals für den im Norden Kenias nicht ungefährlichen Straßenbau verantwortlich, und wenn das Flugzeug zu hören war und über dem MOW kreiste, kamen die Arbeiter und ihre Familien begeistert aus dem Haus gelaufen. Der Pilot zog erst einige Kreise über dem Camp der Arbeiter, bevor er auf der Ebene bei Kisima niederging. Auch wir unterbrachen, was wir gerade taten, und beobachteten aus der Ferne, wie das Flugzeug aufsetzte. Die Ebene von Kisima war so flach wie die Meeresoberfläche, erst dahinter erhoben sich die Hügel und bildeten die Landschaft, die ich so liebte. Ein Land Rover machte sich auf den Weg zum Flugzeug, um dort die Löhne für die Arbeiter abzuholen.

Viele der Fahrer des MOW waren regelmäßige Konsumenten von *Busaa:* Busaa ist ein lokales, in Kenia heute noch immer beliebtes, grauenhaft aussehendes alkoholisches Getränk. Er wird aus fermentiertem Maismehl gewonnen. Dazu wurde damals zum Beispiel eine hölzerne Trommel auseinandergeschnitten und als riesige Pfanne benutzt, in der das Maismehl fermentiert wurde. Danach wurde es mit Wasser vermischt und einige Tage stehengelassen. Am Ende wurde der Mais abgeschöpft und der Rest als Busaa getrunken.

Es gab auch einige ältere Samburu, die dem Busaa verfallen waren und zunehmend aggressiv wurden. Manchmal konnte ich beobachten, wie sie die schönste Zeit des Tages verschwendeten und betrunken und vor sich hin schimpfend die Straße entlang wankten.

Auch der Vater meiner fröhlichen Cousine Sereti war von Busaa abhängig. Zum Glück lebte er im Busch in der Nähe von Barsaloi und nicht bei uns in der Manyatta. Ich erinnere mich, wie er einmal vollkommen betrunken auftauchte und seine Frau, Seretis Mutter und unsere Tante, zu verprügeln begann. Zum Glück war mein Vater gerade zu Hause und griff sofort ein. Er erwischte den Betrunkenen an einem Bein und zog ihn weg von meiner Tante, hinaus aus dem Haus und bestimmt einen Kilometer weit fort von unserer Manyatta – jedenfalls kam es mir als Kind so vor. Damals hatte ich allerdings nur eine Ahnung von dem Schaden, den Busaa anrichten konnte.

Im Internat der Mission

Als ich sieben Jahre alt wurde, begann ich, das Internat der Saint Mary's Missionarsschule zu besuchen. Die anderen Schülerinnen und ich blieben dort jeweils für drei Monate und lebten dann einen Monat bei unseren Eltern. In einem Schuljahr verbrachten wir also neun Monate im Internat und drei zu Hause.

Im Internat war es so anders als zu Hause. Natürlich hatten wir uns auch dort immer gewaschen, wenn wir morgens aufstanden. Nun aber mussten wir schon vor dem Unterricht zur Inspektion antreten. Es wurde kontrolliert, ob unsere Fingernägel sauber, unsere Taschentücher vorhanden, und sogar, ob unsere Unterwäsche in Ordnung war. Am Morgen gab es auch Ankündigungen. Briefe von Familienangehörigen und italienischen Patenfamilien wurden überreicht.

In der Schule gab es einige Mädchen aus Barsaloi, deren Schulbesuch direkt von der katholischen Mission unterstützt wurde. Familien in Italien spendeten Geld, damit die Mädchen zur Schule gehen konnten. Sie schickten den Mädchen auch Kleidung, und es gab einen Briefaustausch. Die Mädchen bekamen Fotos von ihren italienischen Patenfamilien, die sie uns zeigten. Obwohl ich selbst keine Patenfamilie hatte, war das mein erster Kontakt mit Europa. Ich staunte die Fotos an mit den Menschen und Gebäuden in Europa. Wie fremd das damals alles für mich aussah!

Die katholischen Missionare waren zu der Zeit, als ich in die Schule kam, bereits weit in das Innere des Samburu-Landes vorgedrungen und hatten dort einige Erfolge erzielt. Mit Hilfe der Paten aus Italien war es vielen Familien möglich, ihre Töchter zur Schule zu schicken, und sie taten es auch. Also besuchten immer mehr Mädchen sonntags den Gottesdienst in der Kirche. Es waren kleine Mädchen mit vielen Perlen, die sonst bestimmt keinen Zugang zu Bildung erhalten hätten. Ich dachte schon damals, dass sie sich wirklich nach Bildung sehnen mussten. Wenn ein Mädchen anfing, zur Schule zu gehen, dann bedeutete es gleichzeitig aber auch, dass es keine Perlen mehr geschenkt bekam. Warum das so war, erschloss sich mir nicht. Aber ich war froh, dass mein Vater genug Geld hatte, um mich und meine Schwestern in die Schule zu schicken. Zur Schule zu gehen hieß, kein Perlenmädchen zu sein. Und darauf war ich auch irgendwie stolz. Ich hatte Glück, dass meine Eltern gebildet waren und mich zur Schule schickten. Ich hatte Glück, dass ich westliche Kleidung trug und keine Perlen. Ich hatte ebenso Glück, dass ich nicht mit einem der älteren Männer verheiratet wurde. Dieser Teil des traditionellen Lebens meines Stammes blieb mir erspart.

Nach der morgendlichen Inspektion begann unser Unterricht. In jeder Klasse gab es ungefähr vierzig Kinder, die insgesamt von vierzehn verschiedenen Lehrern betreut wurden. Der Lehrplan entsprach dem der britischen Kolonialherren. Außer im Musikunterricht und bei unseren Nebenfächern oder in der Freizeit lernten wir nichts über Afrika und unsere eigene Kultur und Geschichte.

Stattdessen besuchten wir jeden Tag die Messe und erfuhren viel über die christliche Religion. Damals war sie für mich fremd und einschüchternd. Der kirchliche Unterricht und die Gottesdienstbesuche vermittelten mir das Gefühl, ich sei eine schlechte Person mit einer hässlichen Seele. Ich fühlte mich wesentlich sicherer und geborgener in den Traditionen und im Glauben meines Stammes.

Eigentlich hätte ich das Internat nicht verlassen dürfen, doch immer wieder lief ich nach Hause, um meine Mutter zu besuchen. Ich brauchte ihre Liebe und hatte dennoch ein furchtbar schlechtes Gewissen, dass ich die Regeln brach und dass die Liebe Gottes mir nicht reichte. Die Missionsschwester Chiopalda, die uns in Hauswirtschaft unterrichtete, mochte ich allerdings besonders gern. Backen, Kochen und Nähen interessierten mich zwar nicht allzu sehr, doch die Stunden mit der katholischen Schwester waren Inseln der Geborgenheit im rigiden Alltag des Internats.

Unser übelster Lehrer war unser Mathematiklehrer, Mr. Kinyanji. Er war ein richtiges Monster und schlug uns, wenn unsere Leistungen nicht gut waren. Er war immer ernst und traurig. Wenn er lachte, dann war es ein sarkastisches Lachen, er beschwerte sich ständig, war niemals zufrieden, und so war es kein Wunder, dass niemand ihn mochte und wir uns manchmal über ihn lustig machten.

Wenn wir allzu frech waren, dann sorgte er dafür, dass wir hart bestraft wurden: Die Schüler der gesamten Schule mussten sich auf den Rasen vor unseren Klassenräumen auf den Boden legen, auf den Rasen, den wir normalerweise nicht betreten durften. Dann nahm sich jeder der Lehrer einen Stock, und sie verprügelten uns gemeinsam, während wir am Boden lagen.

Später kam mein Cousin Alois, dessen Geschichten mich schon als Kind fasziniert hatten, an unsere Schule und wurde unser Lehrer. Er unterrichtete uns in den Naturwissenschaften und war richtig gut. Er hatte es niemals nötig, uns zu schlagen oder auch nur zu bestrafen, er wusste einfach, wie er eine gute Atmosphäre schaffen konnte, in der jeder etwas lernen wollte. Wenn er unterrichtete, dann hingen wir an seinen Lippen und hörten ihm gespannt zu. Manchmal ging er sogar mit uns ins

Freie und zeigte uns den Schulstoff anhand von praktischen Beispielen. Er veranschaulichte uns zum Beispiel die Kreuzbestäubung an den Pflanzen, die unsere Schule umgaben. Später erhielt er ein Stipendium und ging nach Israel, um dort weiter zu studieren.

Mein Lieblingslehrer war aber unser Schauspiellehrer. Er erzählte uns nicht einfach etwas über Theater und Schauspiel, sondern schrieb Theaterstücke für uns, die wir gemeinsam einübten. Häufig mussten wir viele Zeilen auswendig lernen, wofür ich offenbar Talent hatte. Ich merkte mir nicht nur den Text meiner eigenen Rolle, sondern auch den der anderen. Es machte mir großen Spaß, gemeinsam mit meinen Schulkollegen in einem Theaterstück auf dem Schulfest aufzutreten. Damals wollte ich unbedingt Schauspielerin werden.

Ich machte mir viele Gedanken über das Leben. Die Vorstellung, einfach zu sterben, ohne etwas Großes, Einzigartiges hinterlassen zu haben, erschien mir schrecklich. Ich war zu dieser Zeit weder die Selbstbewussteste noch die Schönste. Es gab viele andere in der Schule, die ich bewunderte und die mir viel schöner erschienen.

Besonders fasziniert war ich von den Somali-Mädchen an unserer Schule. Ihre Eltern waren Geschäftsleute, denen die sogenannten *Dukas* im Stadtzentrum von Maralal gehörten. In den Dukas wurden die notwendigsten Dinge angeboten: Zucker, Reis, der vor allem von den Somali und Borana, einer anderen nomadischen Hirtengruppe in Nordkenia, gegessen wird; *Unga,* wie das Maismehl genannt wird, und *Kimbo,* ein weißliches Fett ohne Eigengeschmack, das von allen Stämmen in Kenia verwendet wird. Außerdem gab es dort auch Coca-Cola und Fanta zu kaufen, Köstlichkeiten, die wir anstaunten, aber niemals tranken. Die Somali-Mädchen waren immer gut angezogen und hatten sogar verschiedene Paare Schuhe. Sie übernachteten alle bei ihren Familien, blieben in der Schule zusammen und waren miteinander verwandt. Sie heirateten ausschließlich innerhalb ihrer Gruppe und vermischten sich nicht mit den anderen.

Die Somalis hatten wunderbares langes Haar, viel weicher als unseres, das sie als Stahlwolle bezeichneten. Wir mussten Kokosnussöl benutzen, um unsere Haare geschmeidiger zu machen. Ich bewunderte die Haare der Somalis und ließ mir das Haar wachsen. Doch jedes Mal, wenn ich vom Internat nach Hause kam, schnitt meine Mutter es mir wieder ab.

Sonntags machte unsere Mutter uns hübsch und ging mit uns gemeinsam in die Kirche. Wie alle anderen Samburu-Kinder waren wir barfuß. Ich fühlte mich ein wenig seltsam deswegen. Einmal hatte unsere Mutter uns bunte Schleifen in die Haare geflochten. Bei jedem Schritt auf dem Weg zur Kirche starrte ich auf meine nackten Füße, die so gar nicht zu den Stoffschleifen passen wollten

Meine beiden Schwestern waren in der Schule unter den besten Läuferinnen. Schließlich hatten sie von klein auf trainiert und waren gegeneinander angetreten. Wenn es in der Schule Wettbewerbe gab, dann waren die beiden immer ganz vorne dabei. Meistens führte Esther, und Hellen rief hinter ihr her: »Warte auf mich!« Doch natürlich wartete Esther nie, sie gewann das Rennen, und Hellen landete auf dem zweiten Platz. Diese Sportwettbewerbe fanden in der Schule für Jungen statt, und meine Schwestern waren bei allem ganz vorne dabei: Laufen, Weitsprung und Hochsprung. Esther war großartig. Sie konnte unglaublich hoch springen und auch ziemlich weit.

Die Jungen aus der Jungenschule sangen dann ein patriotisches Lied, das von der Unabhängigkeit Kenias von der Kolonialherrschaft handelte: »*Kenya nchi yetu*« – »Unser Land Kenia«. Wir liebten dieses Lied und sangen es zu Hause am Wochenende ebenso wie die Lieder auf Suahili und die christlichen Lieder, die wir in der Kirche lernten.

Ich erinnere mich auch an die riesigen Musikfeste, die in meiner Schulzeit veranstaltet wurden. Bei diesen Festivals kamen Samburu aus dem ganzen Land zusammen, und unser Schulkomplex war voller Kinder in ihrer traditionellen Tracht. Sie sangen und tanzten stellvertretend für ihre jeweilige ethnische Gruppe.

Die Jungen aus unserer Nachbarschule zogen sich wie Krieger an, und wir Mädchen hatten uns von unseren Tanten Perlen ausgeborgt und tanzten als Perlenmädchen. Das war die einzige Gelegenheit, bei der ich je als Perlenmädchen am traditionellen Tanz teilnahm.

2. Kapitel

Vom Leben mit den Traditionen

Traditionelle Tänze spielen im Leben der Samburu eine genauso wichtige Rolle wie bei den Massai. Die jungen athletischen Massai-Krieger mit ihren kurzen Lederröcken, Armreifen und Perlenketten und ihren kunstvoll geflochtenen Haaren faszinieren noch heute Touristen, die nach Kenia kommen. Beim Tanzen springen die Krieger mit steifem Rücken aus dem Stand unvermittelt senkrecht in die Höhe, und das enorm hoch. Die Samburu-Krieger, die ich als Kind beobachten durfte, standen dem in nichts nach. Diese rituellen Tänze und Zeremonien stellten die körperliche Schönheit und die sexuelle Anziehungskraft der Krieger, aber auch der Mädchen, zur Schau.

Wurde die Initiation eines Mädchens zu einer Frau vorbereitet, verbrachten die Samburu genauso wie die Massai den ganzen Vormittag damit, sich zu schmücken. Die Krieger und die Perlenmädchen verwendeten dafür Ocker, der mit Öl vermischt wurde. Das Einölen der Körper und der dadurch hervorgerufene Glanz verliehen der Atmosphäre besondere Magie. Dann tanzten die Krieger den ganzen Nachmittag bis zum Abend und fielen in Trance. Sie schüttelten sich und zitterten. Manchmal ging es so weit, dass andere Krieger sie festhalten mussten, die Perlenmädchen zu weinen begannen und sogar die Mütter im Hintergrund besorgt wurden. Die gesamte Umgebung war wie aufgeladen mit Energie. Hin und wieder verschwanden einige Perlenmädchen mit ihren Kriegern im Busch. Ich beobachtete von der Seite, wie schön sie waren, und genoss die außergewöhnliche Stimmung.

Erst später wurde mir die schreckliche Ironie dieser Zeremonien bewusst, und ich fragte mich, ob die Krieger ihre ehemaligen Freundinnen bedauerten. Die Mädchen würden durch ihre Initiation ihrer Empfindungen beraubt und danach an ältere Männer verheiratet werden. Sie würden ihren Charme und ihre Schönheit verlieren, sie würden unter den Alltagssorgen leiden, sich um den Haushalt kümmern und kilometerweit gehen müssen, um Wasser und Feuerholz zu beschaffen. Die Zeit der Abenteuer war vorüber, die Zeit, die die Mädchen mit ihren Freundinnen und Freunden im Busch verbrachten und Lust empfanden. Diese würde für die Mädchen bald Geschichte sein und abgelöst werden von einer schrecklichen Leere. Die Samburu und die Massai waren nicht die einzigen Stämme in Kenia, die ihren Mädchen dies antaten.

Als ich sieben Jahre alt war und wir gerade Schulferien hatten, schickte mich meine Mutter einmal in die Stadt, um Zucker zu kaufen.

Ich kann mich noch genau an das T-Shirt erinnern, das ich an jenem Tag trug: Es war weiß und schon ziemlich schmutzig, viel zu groß und außerdem so geschnitten, dass meine linke Schulter vollkommen frei war. Ich hatte keine Ahnung, dass sich irgendein Designer gerade diesen Schnitt ausgedacht hatte und dass es als modisch galt. Es war mir peinlich, dass ich barfuß in die Stadt gehen musste, und noch dazu hatte meine Mutter mir das Haar wieder einmal ganz kurz geschnitten, so dass ich mich ziemlich hässlich fühlte.

Meine Schwestern, meine Cousinen und ich verbrachten so viel Zeit in der Natur, fühlten uns frei und kletterten auf Bäume, schwammen in Seen – ich hätte um nichts in der Welt diese Kindheit mit irgendeinem anderen Kind auf der Welt getauscht. Und dennoch, wenn ich in die Stadt, in die Zivilisation kam, dann fühlte ich mich plötzlich unzulänglich. In Maralal galt damals das unausgesprochene Gesetz, dass die Somalis, denen die Dukas dort gehörten, etwas Besseres waren als wir.

An diesem Tag sah ich Somali-Mädchen, die ich aus meiner Schule kannte. Sie waren vielleicht ein wenig jünger als ich und saßen auf dem Grundstück von Mohammoud Ismail, der zwei Häuser besaß. Eines lag am Rande der Stadt, neben einer Turkana-Siedlung. Diese Turkana arbeiteten für einen sehr geringen Stundenlohn für die Somalier. Das andere Haus gehörte Mohammouds Sohn Yusuf Isma und war zu dieser Zeit das größte Geschäft in der ganzen Stadt. Es war ein richtiger Supermarkt, und ich stellte mir vor, dass es darin so sein musste wie im Himmel. Ich hätte mich niemals getraut, ihn zu betreten.

Die Somali-Mädchen, die ich von weitem sah, konnten an diesem Tag keinen Schritt vor den anderen tun: Sie trugen lange Saris, waren von Kopf bis Fuß bedeckt und saßen in der Sonne. Es war ein Tabu, mit ihnen zu sprechen, und so beobachtete ich sie aus der Ferne. Ich wusste, dass sie eine furchtbare Art Beschneidung zu erleiden hatten und dass es vor kurzem passiert sein musste. Sie sahen schwach aus, besiegt und traurig. Sie spielten nicht miteinander, sondern saßen einfach nur da. Damals hatte ich es noch nicht selbst erlebt, und ich hatte keine Vorstellung davon, wie es ihnen ging. Dennoch hatte ich Mitleid mit ihnen, und mir kam kurz sogar die Idee, etwas vom Geld meiner Mutter zu nehmen und ihnen Süßigkeiten zu kaufen, um sie aufzuheitern. Doch auf der anderen Seite fühlte ich mich so minderwertig in meiner eigenen Haut, dass ich es nicht schaffte, auf sie zuzugehen. Außerdem hatte ich Angst vor den Somali-Mamas. Somalier waren dafür bekannt, dass sie verächtlich über Nicht-Somalier sprachen, und wenn mich eine der Somali-Mamas entdeckt hätte, wie ich mich in der Nähe ihrer Kinder aufhielt, dann hätte sie mich wie ein nutzloses Stück Dreck behandelt und weggejagt. Zum Glück blieben die Somali-Mamas meistens in den Häusern. Sie durften nicht arbeiten und hatten lange manikürte Fingernägel und Hände, die mit Henna tätowiert waren. Sie sahen unglaublich schön aus, kauten aber

Mirra, also Khat, und oft hörte man sie schreien. Ich wusste, dass die Somalis meine Mutter, eine echte Massai, wegen ihrer Schönheit achteten, doch ich war alleine, und so hatte ich regelrecht Angst vor ihnen.

Abenteuer mit Vater

In den Schulferien besuchten wir unseren Vater irgendwo in Kenia im Busch, je nachdem, wo er gerade mit seiner Truppe stationiert war. Dadurch lernten wir schon als Kinder die verschiedenen Regionen unseres Heimatlands und seine Geschichte kennen. Vater brachte uns viel bei, auch wie der Große Afrikanische Grabenbruch Kenia der Länge nach in zwei Hälften teilt. Im Norden, in der Nähe des Turkana-Sees, geht das »Great Rift Valley« fast nahtlos in die umgebende Wüste über. Doch im Süden ist der Grabenbruch mit seinen hohen Steilwänden deutlich sichtbar. Gerade in meiner Jugendzeit wurden dort, in dem vor zehn bis zwanzig Millionen Jahren entstandenen Graben, bedeutende Entdeckungen gemacht. Als Kinder wussten wir, wie fruchtbar das Land war, wie die Seen entstanden, die Berge und Felswände und Krater. Doch Archäologen entdeckten in dem zwischen dreißig und hundert Kilometer breiten Graben fossile Knochen von Frühmenschen, so dass wir heute wissen: Die Wiege der Menschheit liegt in Afrika.

Unser Vater nahm uns gern auf Touren mit, und da er gerne erklärte, saugte ich mehr Informationen in mich auf als in so manchem Schulunterricht im Internat. Besonders faszinierten mich damals die Termiten. Die Savanne ist übersät von Termitenhügeln, die jedoch nur den oberirdischen Teil eines Termitenbaus darstellen. Die immer hungrigen Tiere ernähren sich nicht nur von Gras, Humus und Holz, sondern können ganze

Häuser zerfressen. Ich war sehr beeindruckt, als Vater mir das erzählte, und ich wusste endlich, warum diese Tiere in Kenia nicht besonders beliebt sind. Aber sie sind auch nützlich. Das führte Vater uns eindrücklich vor: Im Zentrum eines jeden Termitenbaus befindet sich die Kammer mit der Termitenkönigin, dem einzig fruchtbaren Weibchen des gesamten Baus, das sämtliche Eier produziert. Drum herum liegen Kammern für Eier und kleinere Larven, dann für größere Larven und Arbeiter. Während er sprach, hielt unser Vater uns an, ihm zu helfen, und dann begann er, so einen Termitenhügel schichtweise kaputt zu machen. Wir mussten vorsichtig sein, denn in Termitenhügeln leben oft kleine Reptilien. Was war das für eine Aufregung bei den Termiten! Ein ganzes Königreich rannte durcheinander, um die Königin zu schützen, doch als mein Vater sie entdeckte, griff er sie mit zwei Fingern und hielt sie in die Luft: Sie war im Vergleich zu den Arbeiterinnen riesig und fett. Ein hungriger Blick, dann steckte Vater sie sich in den Mund und aß sie auf. Erst viel später stellte sich mir die Frage, ob er damals schon eine große Wut auf meine Mutter gehabt hatte, die Königin in meiner Welt.

Natürlich hatte mein Vater nicht immer Zeit, wenn wir ihn besuchten. Manchmal war er auch unterwegs, und meine Schwestern und ich versuchten, gegen die Langeweile anzugehen. Dann trommelten wir und sangen. Bei der Rückkehr steckte Vater voll der wildesten Geschichten über *Ngorrokos*, das waren Wilderer und Diebe vom Stamm der Turkana, die sich im Kerion Valley versteckten, oder über *Shiftas*, also Somali-Warlords, die ihre Überfälle bis nach Kenia ausdehnten und dort Vieh erbeuteten.

Wenn wir bei Vater waren, schliefen meine Schwestern und ich auf Safari-Betten unter Armeedecken. Waren Vater und seine Soldaten im Busch unterwegs, hatten sie keine Schlafsäcke wie wir, sondern legten sich in voller Uniform schlafen und wuschen sich einfach im nächsten Fluss. Doch manchmal musste mein Vater auch gegen Rebellen kämpfen. Es war damals ja nicht überall friedlich im nördlichen Kenia, gerade an der Grenze zu Somalia kam es zu Konflikten in der Folge des »Shifta-Kriegs«. Rebellen aus Somalia strebten ein Groß-Somalia an und stürzten fast die ganze Region hinein in die Auseinandersetzungen. Wurde mein Vater im nördlichen Grenzdistrikt eingesetzt, war es für uns Kinder zu gefährlich, ihn dort zu besuchen. Stattdessen blieben wir in der Nähe des Hauptquartiers in Gilgil, also dort, wo ich zur Welt gekommen war. Wir wohnten dann bei unserem Onkel Lekisiomon, der ein entfernter Verwandter von unserem Vater war und ihn ursprünglich der ASTU empfohlen hatte. Er und seine Frau, meine Tante Mbeenoi, konnten keine Kinder bekommen. Ich vermute, dass das Problem nicht bei ihr, sondern bei meinem Onkel lag, denn er heiratete niemals eine andere Frau. Unsere Tante kümmerte sich nicht viel um uns; sie war immer in ihrem Schlafzimmer damit beschäftigt, sich schön zu machen, weshalb ich es bei ihnen furchtbar langweilig fand. Auf mich wirkte meine Tante verbittert, und sie kümmerte sich nicht einmal um die Hausarbeit. Das war Simon Lekisiomons Pflicht, der ein direkter Verwandter der beiden war.

Ich kannte Simon Lekisiomon, da er in Maralal die Jungenschule neben unserer besuchte. Jeden Abend, wenn wir vom Internat unter den wunderschönen Bäumen hindurch Richtung Kirche gingen, begegnete ich Simon, der mir gut gefiel – was ich damals natürlich niemandem eingestanden hätte.

Die meiste Zeit über waren wir Kinder aber natürlich bei unserer Mutter – obwohl das nicht ständig so war, wenn ich heute zurückblicke.

Schatten über dem Paradies

Unsere Mutter arbeitete meine Schulzeit über immer wieder in Nairobi und ließ uns längere Zeit alleine in Maralal. Es war furchtbar für uns, wenn sie weg war, denn sie war die Sonne in unserem Leben, der Regenbogen über unserer Manyatta. Ihre Fröhlichkeit wirkte ansteckend, und mit ihrer Schönheit verwandelte sie unser Zuhause, so dass eine seltsame Schwermut bei uns einzog, wann immer sie nicht da war. Meistens passte zwar eine Verwandte auf uns auf, aber niemand konnte unsere Mutter ersetzen. Manchmal übernahm einfach meine älteste Schwester Esther die Aufsicht.

Meine Mutter ging nach Nairobi, um dort Edelsteine und Kunsthandwerk zu verkaufen. Die Edelsteine erwarb sie von Samburu-Männern im Norden von Kenia, und die kunstvoll gefertigten Gegenstände, die sie als traditionelles Kunsthandwerk nach Nairobi brachte, kaufte sie von Turkana-Frauen, die sie bei uns in Maralal anboten. Die Schnitzereien bildeten Turkana-Frauen und -Männer ab, was mich besonders als Kind faszinierte, überhaupt fand ich die Turkana ausgesprochen spannend. Von allen Ethnien in Kenia waren sie am wenigsten von der modernen Welt beeinflusst. So wie die Samburu waren sie Hirten und lebten zurückgezogen vor allem in den trockenen Regionen im Norden rund um den Turkana-See. Sie züchteten Rinder und Ziegen, aber auch Kamele. Im Unterschied zu den Samburu und Massai betrieben sie Fischfang. Sie glaubten fest daran, dass sie im Alltag ihren Traditionen folgen mussten, wenn sie ein glückliches Leben führen wollten. Und in ihrer Tradition gab es kein Verstümmeln von Frauen. Vielleicht war das der eigentliche Grund, warum diese mir so stark vorkamen. Ich hörte jedenfalls genau zu, wenn jemand über die Turkana sprach. Und mir ist noch gut im Gedächtnis, dass man mir erzählt hatte, Turkana könnten nur durch die richtige Beziehung zu *Akuj*, also zu Gott, und den Ahnen ein segensreiches Leben führen. Wichtig war ihnen auch die Gemeinschaft. War Gott ihnen wohlgesinnt, so mehrte sich ihr Wohlstand, was an der Zahl der Rinder, der Kinder und der Frauen festgemacht wurde. Segen bedeutete auch, genug zu essen zu haben.

Unser Frieden aber war verwundbar, denn Mutter ließ uns immer wieder alleine, bis sie eines Tages beschloss, sich nach einer anderen Einnahmequelle umzusehen. Der eigentliche Grund war gut, sie wollte wieder mehr bei uns sein. Aber es war nicht leicht, eine Arbeit zu finden und ausreichend Geld zu verdienen. Daher begann sie, Changaa, den illegalen Alkohol, zu brauen und zu verkaufen. Dadurch war sie nun den ganzen Tag in der Changaa-Siedlung unterwegs, konnte aber immerhin jeden Abend zu uns nach Hause zurückkehren. Das war der Moment, an dem meine friedliche Kindheit zu Ende ging.

Damals schickte meine Mutter mich öfter zum *Kichinjio*, dem Schlachthaus in Maralal-Stadt, um *Matumbo*, also Innereien, zu besorgen. Innereien waren wesentlich billiger als Fleisch, und wir aßen sie zu *Managu*, dem wilden Spinat, den mein Vater so liebte. Wir pflückten den Spinat meist selbst in einer verlassenen Manyatta, wo immer etwas davon wuchs. Aber nach der Regenzeit wucherte er überall, sogar in unserer Manyatta. Rund um das Gehege der Rinder sprossen die grünen Blätter aus dem Boden, und wir mussten achtgeben, uns beim Pflücken nicht an den Dornenranken des Pferchs zu verletzen. Unsere Samburu-Verwandten aßen den Spinat nicht, doch meine Mutter wusste, wie sie ihn zubereiten musste: Sie briet ihn kurz, vermischte ihn mit Rahm und gab dann Matumbo dazu, am liebsten den Kuh-Magen, der roh wie ein nasses Handtuch aussah. Manchmal gab es auch ein Stück Darm, den wir erst mühsam von Kot reinigen mussten. Da das niemals hundertprozentig gelang, mochte ich Darm nicht besonders. Matumbo mit Managu war allerdings etwas Wunderbares, und es war nicht nur das Lieblingsgericht meines Vaters, sondern auch meins.

Ich machte mich also auf den Weg zum Kichinjio, um Innereien zu kaufen. Ich ging barfuß, im T-Shirt und mit meinen kurzen Haaren vorbei am MOW und gelangte schließlich zum Schlachthaus, wo reges Treiben herrschte. Turkana-Mamas verkauften neben dem Schlachthaus Matumbo und frische Haut von Rindern.

Gleich neben dem Schlachthaus gab es damals einen Club, in den die Alten gingen, wenn sie einen Bullen verkauft und entsprechend Bargeld zur Verfügung hatten. Bullen wurden nur in Ausnahmefällen zu Geld gemacht, etwa um einem der Söhne eine weiterführende Ausbildung zu ermöglichen. Diese Alten kamen in ihrer traditionellen Kleidung tief aus dem Busch zum Schlachthaus. Doch mit dem Erlös machten sie sich nicht gleich auf den Heimweg, sondern setzten das Geld direkt in Busaa um. Ein Bulle war damals viel Geld wert, und ich konnte von weitem beobachten, wie würdelos sich die Alten verhielten, wenn sie Busaa getrunken hatten. Im Club gab es keine Frauen, nur einige Turkana in europäischer Kleidung arbeiteten dort.

An jenem Tag tauchte auch eine Schar Krieger aus dem Busch auf. Sie wollten offenbar den Chef ihrer Manyatta zurück nach Hause holen, den sie wohl seit ein paar Tagen schon vermissten. Sie hatten einen kleinen Jungen bei sich, denn erwachsenen Kriegern war es verboten, so einen Club auch nur zu betreten. Also schickten sie den Kleinen vor, der den Alten aus dem Busaa-Club locken sollte. Es war der Sohn oder Enkel des Alten, der ihn überreden sollte, nach Hause zu kommen.

Zum Glück wurde der Busaa-Club später geschlossen. Die betrunkenen Männer hatten ihren Frust zu oft an Samburu-Frauen ausgelassen, hatten sie geschlagen und malträtiert. Als unser Vater später seinen Posten bei der ASTU aufgab und nach Maralal zurückkam, wo er sich in der lokalen Politik engagierte, war der Busaa-Club längst Geschichte. Und doch trug der Alkohol dazu bei, dass auch unsere Familie allmählich zerbrach. Denn unsere Mutter hatte angefangen, von dem Changaa zu trinken. Sie war nicht länger die wunderschöne Frau mit dem untadeligen Charakter meiner Kinderjahre, als die wir sie kannten und liebten. Je länger sie Alkohol verkaufte, umso mehr trank sie selbst. Und die Besuche unseres Vaters wurden immer seltener und kürzer.

Eines Tages, als er nach langer Zeit wieder einmal vorbeikam, war er vollkommen verändert. Er schien uns Kinder überhaupt nicht wahrzunehmen, sondern starrte unsere Mutter mit einem Blick an, wie wir ihn bisher noch nie bei ihm gesehen hatten. Wir Kinder standen in unserem Wohnzimmer zwischen unseren Eltern und den Möbeln mit den Spitzendecken und hatten plötzlich Angst. Vater wirkte vollkommen ruhig und sagte kein Wort, dabei sah er Mutter mit diesem Blick an, den wir nicht zu deuten wussten. Auch Mutter schwieg und erwiderte wortlos sein Starren. Da ging er mit langsamen leisen Schritten auf sie zu, erhob die Hand und fing an, auf sie einzuschlagen. Meine Geschwister und ich erstarrten, und auch Mutter wehrte sich nicht. Sie schrie nicht und weinte nicht. Vater gab keinen Ton von sich und verzog keine Miene, doch seine Schläge wurden immer schneller, immer kräftiger und hämmerten erbarmungslos auf unsere Mutter ein. Plötzlich erwachte ich aus meiner Starre und schrie. Ich lief auf Vater zu, der sich vor unseren Augen plötzlich in ein Monster verwandelt hatte, und versuchte, ihn von Mutter wegzuzerren. Meine Geschwister kamen mir zu Hilfe, und mit unseren kleinen Fäusten schlugen wir auf Vater ein, der nach wie vor keine Notiz von uns nahm. Noch als Mutter am Boden lag und ihre Hände schützend über ihren Bauch hielt, prügelte er weiter und trat sie wie einen lästigen Hund. Dann ging er davon, ohne uns auch nur einen Blick zu gönnen.

Wir stürzten zu Mutter, umarmten sie und weinten. Lange sagte sie kein Wort. Als sie sich ein wenig erholt hatte, erklärte sie, unser Vater sei vom Teufel besessen.

Kurze Zeit darauf kündigte sie uns an, dass sie ins Krankenhaus gehen müsse, um ein Baby zu kaufen, und nach ein paar Tagen kam sie tatsächlich mit einem Jungen zurück.

Von da an besuchte mein Vater uns noch seltener. Führte ihn sein Beruf einmal wieder zufällig an Maralal vorbei, sah er bei uns herein und fand meine Mutter unweigerlich betrunken, schwanger oder mit einem neuen Jungen vor, dessen Vater er nicht war. Uns Kindern aber schien es, als käme er nur zu uns, um Mutter zu schlagen, und wir begannen, ihn zu fürchten und zu hassen. Als er eines Tages beschloss, seinen Job an den Nagel zu hängen und zurück nach Hause zu kommen, war es längst zu spät.

3. Kapitel

Die Beschneidung

Kitala

Ich weiß bis heute nicht, warum meine Mutter ihren Ehemann verließ, mit den kleinen Kindern wegging und mich und meine Schwestern einfach zurückließ. *Kitala* nannte man bei uns so etwas.

Unserer Mutter waren Vaters Pläne zu Ohren gekommen, dass er seine Arbeit bei der »Anti-stock-theft unit« aufgeben, eine zweite Frau heiraten und zurück nach Maralal kommen werde. War es aus Angst vor Vater? Befürchtete sie, dass er seine Wut darüber, dass sie von ihm keinen einzigen Sohn bekommen, anderen Männern jedoch gleich mehrere Söhne geboren hatte, nun täglich an ihr auslassen würde? Vielleicht liebte sie ihn auch so sehr, dass sie ihn nicht mit einer zweiten Frau teilen wollte: Jedenfalls floh sie noch vor der Ankunft unseres Vaters nach Ongata Rongai in der Nähe von Nairobi, wo ihre Familie Land besaß, und ließ uns alleine. Ich war gerade neun Jahre alt.

Normalerweise machte sich der Ehemann auf die Suche nach seiner Frau und brachte sie nach Hause zurück. Doch unser Vater ließ sich damit Zeit. Esther zog währenddessen in die Hütte unserer Tante Ngoto Kisa, und Hellen und ich verbrachten zwei Wochen ganz alleine zu Hause. So lange brauchte unser Vater, um im Busch eine neue Frau zu finden und sie zu uns nach Hause zu führen. Wir wussten davon, dass er im Busch der Tiefebene in einem Ort namens Lpurkel auf der Suche nach einer zweiten Frau war. Bei den Samburu ist Polygamie keine Seltenheit. Viele Männer, die es sich leisten können, haben gleich mehrere Frauen, wobei diese meist nicht in derselben Hütte wohnen. Genauso normal war es, dass ein Mädchen mit ungefähr fünfzehn Jahren an einen wesentlich älteren Mann verheiratet wurde, den es nie zuvor gesehen hatte. Nach der Hochzeit zog das Mädchen immer zur Familie des Mannes.

Unser Vater fand für sich ein junges Perlenmädchen aus der Nähe von Baragoi. Bevor es meinen Vater heiraten konnte, musste es durch *muratare* zur Frau initiert werden, so wie es Brauch der Samburu ist. Zu der Zeremonie, bei der Krieger und andere Perlenmädchen tanzten, waren wir nicht eingeladen.

Doch selbst wenn wir hinzugebeten worden wären, wir wären nicht hingegangen, denn bis nach Lpurkel war es eine Wanderung von mehreren Tagen.

Natürlich gaben Hellen und ich insgeheim unserer jungen Stiefmutter die Schuld daran, dass unsere Mutter weggelaufen war und uns alleine gelassen hatte. Wir überlegten also, was wir ihr antun und wie wir sie ärgern könnten.

»Wir werden ihr Kiswahili beibringen müssen«, meinte ich.

»Ja, wenn sie tief aus dem Busch kommt, dann hat sie sicherlich keine Ahnung von Kiswahili, und wir können ihr erklären, dass ›ja‹ ›nein‹ bedeutet und ›bitte‹ ›danke‹ und ›weit‹ ›nahe‹ und …«, Hellen konnte vor Lachen nicht mehr weitersprechen. Wir stellten uns vor, wie unsere Stiefmutter von allen seltsam angesehen werden würde, wenn sie ständig das Falsche sagte. Doch als unser Vater sie schließlich nach Hause brachte, trug sie mindestens zwei Kilo Perlen am Leib. Sie war ungefähr sechzehn Jahre alt und wirkte nett, weniger wie eine Mutter als wie eine ältere Schwester. Wir konnten ihr nicht wirklich böse sein und hatten keine Gelegenheit, ihr die Streiche zu spielen, die wir uns ausgedacht hatten. Denn zum ersten Mal in unserem Leben war unser Vater für eine längere Zeit zu Hause. Er machte wohl so etwas wie ausgedehnte Flitterwochen, wirkte zufrieden und war entsprechend friedlich, so dass wir ihn nicht verärgern wollten. Es schien ihm gar nichts auszumachen, dass unsere Mutter weggelaufen war. Er sprach niemals wieder über sie, und so redeten wir auch nicht mehr davon, wie es früher gewesen war. Von da an bestand unsere Familie aus unserem Vater, unserer Stiefmutter, Hellen und mir.

Muratare

Unsere große Schwester Esther war zu unserer Tante gezogen. Tante Ngoto Kisa, die Schwester meines Vaters, hatte sich immer gut um uns gekümmert, und wir wussten, dass sie uns sehr liebte. Jetzt, wo unsere Mutter fort war, wurde sie umso wichtiger für uns.

Entsprechend übernahm sie auch die Aufgabe, meine Schwester auf Muratare vorzubereiten. Esther war schon vierzehn Jahre alt. Sie sollte zwar nicht verheiratet werden, doch es war an der Zeit, dass auch sie gemäß dem Brauch der Samburu zu einer richtigen Frau initiiert wurde. Es wurde von jedem jungen Mädchen erwartet, durch Muratare zu einer Frau zu werden, dann zu heiraten und Kinder zu bekommen. Wie alle Mädchen hatten wir das von klein auf so von unseren Tanten gehört. Alles andere bedeutete, einen Fluch auf die Familie zu laden. Es war der natürliche Lauf der Dinge, und nur die wenigsten Mädchen kamen auf die Idee, diesen in Frage zu stellen. Der Tag der Initiation galt für alle Mädchen als einer der wichtigsten Tage in ihrem Leben, ein Festtag, auf den sie sich freuen sollten.

Dennoch hatte ich ein seltsames Gefühl, so wie ich es schon bei den Somali-Mädchen aus meiner Schule gehabt hatte, die ich in den Sommerferien in der Stadt gesehen hatte. Entgegen dem, was Ngoto Kisa und die anderen Tanten erzählten, fühlte ich keine Freude, sondern Trauer. Ich sah auch meiner Schwester an, dass sie am liebsten weggelaufen wäre.

Ich war erst neun Jahre alt und wurde daher noch nicht in alles eingeweiht. Einiges verdrängte ich, da es zu schrecklich war. Dennoch erinnere ich mich sehr gut an diesen Tag. Meine Mutter war eigens zu Besuch gekommen, um bei der Zeremonie dabei zu sein. Einige Frauen bereiteten Esther auf das Ritual vor, während andere Frauen in der Manyatta Tee kochten.

An diesem Tag war Esther in den traditionellen *Njapukur* gekleidet. Die älteren Samburu-Frauen fertigten den Njapukur aus Kuhleder für ihre Töchter oder Nichten an und übergaben ihn den Mädchen, wenn sie alt genug waren, um Perlen von den Kriegern zu bekommen. Der Njapukur war sexy, da er die Beine freiließ. Er sollte die Mädchen attraktiv machen, so dass sie den Kriegern gefielen. Meine Schwester hatte keine Beziehungen zu Kriegern gehabt, doch an diesem Tag schlüpfte sie in den Njapukur, nicht um besonders sexy auszusehen, sondern um ihre Sexualität zu verlieren.

Früh am Morgen brachten einige Tanten meine Schwester zu einem der Silangos gleich neben dem Wald, wo sie gewaschen wurde. Ich sah zu, wie Esthers Kopf kahl geschoren wurde. Vermutlich hatte sie sich zuvor auch schon selbst zwischen ihren Beinen rasiert, um nicht wegen ihrer Schamhaare ausgelacht zu werden.

Sie bekam eine große Kalebasse mit Wasser, das dazu dienen sollte, die Wunde nach dem Ritual zu reinigen. Meine Schwester trug die Kalebasse selbst, als sie von den Frauen weiter in den Wald geführt wurde. Es war der gleiche Wald, in dem wir die Turkana bei dem toten Elefanten getroffen hatten.

Ich sehe noch heute das Messer vor mir, ein kleines scharfes Messer, eingewickelt in ein Stück Leder. Es sah nicht besonders sauber aus. Mir kam der Gedanke, dass es im Haus der Beschneiderin vermutlich dazu benutzt wurde, Fleisch zu schneiden. An das Gesicht der Beschneiderin kann ich mich nicht erinnern, aber noch heute sehe ich Esthers Gesicht vor mir, wie sie voller Todesangst die Zähne zusammenbiss.

Der »natürliche« Lauf der Dinge, die Initiaton zur Frau, bedeutete für Esther wie für die meisten Mädchen der Massai und der Samburu, dass ihre gesamte Klitoris entfernt wurde. Je tiefer die Schnitte, desto besser.

Esther war kein Perlenmädchen, daher waren keine Krieger zugegen, um für sie zu tanzen. Nur die Frauen aus der Verwandtschaft und den umliegenden Manyattas kamen, um bei uns Tee zu trinken und die Initiation meiner Schwester zu feiern. Unser Vater blieb mit seiner neuen Frau in unserem Haus.

Später saß ich vor der Hütte, in die meine Schwester nach der Zeremonie gebracht worden war, um sich auszuruhen. Esther schlief den ganzen Tag, und ich saß dort, ohne es zu wagen, auch nur einen Blick hineinzuwerfen. Doch ich konnte auch nicht weggehen, ohne ein Wort zu sagen und mit irgendjemandem über meine Gefühle sprechen zu können. Ich wollte meine Schwester bewachen und beschützen, doch ich wusste nicht, wie. Ich wusste nicht, was mit ihr passiert war, doch es musste etwas Furchtbares gewesen sein.

Einige Tage später, unsere Mutter war längst wieder verschwunden, beschwerten sich einige der Frauen sogar, dass der Schnitt nicht tief genug wäre. Sie wollten meine Schwester begutachten, aber Esther weigerte sich. Sie ließ sich nur von Tante Ngoto Kisa untersuchen. Die Frauen wollten Esther erneut beschneiden, doch Esther wehrte sich mit all ihrer Kraft. Lieber wäre sie gestorben, als es noch einmal durchzumachen.

Als ich zehn Jahre und Hellen zwölf Jahre alt war, schliefen wir beide einmal während der Schulferien in der Hütte unserer Tante. Dort gab es natürlich nur ein Bett. Es bestand aus Holz, Blättern und Leder und war sehr gemütlich. Für uns war es ganz normal, dass alle zusammen in diesem Bett schliefen. Doch in jener Nacht war ein Samburu-Krieger zu Besuch und legte sich neben meine Schwester. In der Dunkelheit konnte ich mehr hören als sehen, dass der Krieger meine Schwester nicht in Ruhe ließ. Ich wusste nicht genau, was er tat, aber es war klar, dass er sie berührte. Ich war eifersüchtig auf meine große Schwester. Ich dachte, es gefiele ihr und dass sie deswegen etwas Besonderes sei. Ich wollte auch besonders sein, wollte ebenso die Aufmerksamkeit des Kriegers auf mich ziehen. Erst als Erwachsene, als ich mit meiner Schwester über dieses Erlebnis sprach, fand ich heraus, dass diese Nacht furchtbar für sie war, weil sich der Krieger einfach an ihr vergriff, während alle es mitbekamen, meine Tante eingeschlossen. Damals sagte niemand etwas dazu. Doch Hellen konnte niemals vergessen, was ihr passiert war.

Als Kind und Jugendliche dachte ich, dass die älteren Mädchen Glück hatten, wenigstens in den Jahren als Perlenmädchen ihren Körper genießen zu können und ihre Sexualität ausleben zu dürfen, bevor sie beschnitten wurden. Mit der Zeit fiel mir allerdings auf, dass die Mädchen immer jünger wurden, für die die Krieger sich interessierten. Ich wollte mir nicht vorstellen, was die Krieger mit ihren großen starken Körpern mit den kleinen Mädchen anstellten. Ein Mädchen mit vierzehn Jahren, das mir als Kind alt erschienen war, war offenbar auch den Kriegern zu alt. Denn mit vierzehn wurden die Mädchen bereits an alte Männer verheiratet, also mussten die Mädchen für die Krieger viel jünger sein. Während meiner Kindheit stellte ich nicht in Frage, was rund um mich herum passierte, aber als Erwachsene, die mit ihrem eigenen Trauma zu kämpfen hatte, erschien mir das Schicksal der Perlenmädchen als die schlimmste Grausamkeit auf der Welt: ein Kindesmissbrauch, der bei den Samburu an der Tagesordnung ist.

Bei meinem späteren Besuch konnte ich mir das sogar erklären: Die Männer des Stammes benutzten die kleinen Mädchen, um ihre eigenen Minderwertigkeitskomplexe zu verdrängen, die durch die Veränderungen der Lebensumstände immer größer wurden. Die Welt veränderte sich, die Gesellschaft veränderte sich, und die Männer fühlten sich von diesen Veränderungen bedroht, daher suchten sie sich immer jüngere Mädchen aus, weil sie sich ihnen gegenüber noch stark fühlen konnten.

Die Samburu-Mädchen mussten all das über sich ergehen lassen, denn wenn sie es nicht taten, konnte es jeder sehen. Wer den Kriegern nicht zu Willen war, hatte keine Perlen. Auch wenn die Perlen schwer wogen, wog es offenbar noch schwerer, keine Perlen zu besitzen.

Schließlich bemühte sich mein Vater doch darum, dass unsere Mutter zurück nach Maralal kam. Damals waren wir die meiste Zeit im Internat und mussten zum Glück nicht alles miterleben, was sich zwischen unseren Eltern abspielte. Unsere Mutter kehrte zurück, konnte wegen unserer jungen Stiefmutter jedoch nicht in dem Haus wohnen, das sie eigenhändig gebaut hatte. Zuerst zog sie in eine Hütte in der Manyatta. Dann suchte sie sich eine Unterkunft im Stadtzentrum von Maralal. Doch zur Ruhe kam sie nicht, denn unsere Stiefmutter wies bei jeder Gelegenheit darauf hin, dass ihre Jungen nicht die Söhne meines Vaters waren. So wurde auch mein Vater immer wieder an seinen Ärger erinnert und fand keinen Frieden mit unserer Mutter.

Wenn ich in den Schulferien nach Hause kam, dann war nichts mehr so wie zuvor: Unser Haus, das in unserer Kindheit unter dem Einfluss unserer Mutter wie ein Palast gewesen war, wirkte vernachlässigt. Die Ziegen hatten die Blumen, die meine Mutter rund um das Haus gepflanzt hatte, längst abgefressen, und auch im Haus fehlte die Atmosphäre, die sie zu verbreiten gewusst hatte. Die gesamte Manyatta hatte an Ausstrahlung verloren. Unsere Stiefmutter war zwar nett, aber jung und unerfahren. Sie hatte keine Ahnung, was sie als Familienvorstand tun sollte oder wie man eine Familie zusammenhielt. Auch unser Vater verstand nichts davon. So zogen viele Verwandte weg. Sogar der Sonnenuntergang schien mir damals weniger schön als in meiner Kindheit.

Die neue Familie

Unser Vater lebte nun zwar bei uns in Maralal, doch nach kurzer Zeit schon richtete er den Fokus wieder auf etwas anderes: Er wurde Politiker. Nur sechs Monate nach seinem Abschied von der Armee gewann er die ersten Wahlen. Zuerst wurde er Regierungsrat und dann Bürgermeister von Maralal. Vater war nach wie vor gut und sanft zu Hellen und mir, so wie er es zu allen Leuten im Stamm war. Aber er hatte keine Zeit mehr, mit uns in der Natur herumzuwandern oder uns Geschichten zu erzählen. Er strebte eine höhere politische Position an. Er wollte Vorstand des Samburu Council werden, der den Stamm der Samburu bei der Regierung vertrat. Unser Vater war gebildet, er konnte immerhin lesen und schreiben, war viel im Land herumgekommen und daher für diesen Posten sicherlich sehr gut geeignet.

Am Ende jedes Monats erschienen unzählige Ältere bei meinem Vater, die sich demütig vor ihm verneigten. Damals hatte ich keine Ahnung, was all diese Leute bei uns zu Hause von unserem Vater wollten. Ich hatte keine Ahnung, dass mein Vater sie finanziell unterstützte. Heute würde ich sagen, er war so etwas wie die Vergabestelle für Hartz IV für die Stammesangehörigen.

Tatsächlich ist es Teil der Kultur der Samburu, sich um jene zu kümmern, die weniger privilegiert sind. Vor allem, wenn es sich dabei um Verwandte handelt, dann steht es vollkommen außer Frage, dass man sie unterstützt. Anderen zu helfen ist keine Last, sondern eine Pflicht, vor der sich nur die wenigsten drücken.

Obwohl mein Vater das Land verwaltete, beanspruchte er niemals etwas für sich und seine Familie. Vielleicht hatte es damit zu tun, dass er nur uns Töchter hatte, die von ihm ohnehin nichts erben konnten. Jedenfalls half er anderen, Grund und Boden in bester Lage zu erhalten; nördlich von Maralal, Richtung Barsaloi, gab es sehr fruchtbares Land, auf dem man sogar Weizen anbauen konnte. Mein Vater setzte sich für diejenigen ein, die das Land wirklich brauchten.

Obwohl mein Vater nur über ein Minimum an formaler Bildung verfügte, war er trotzdem ein gebildeter Mann. Er widmete sich seinem Amt mit großem Ernst und einer Treue zu seinen Leuten, dabei gab er lieber, als zu nehmen, und war nicht korrupt wie viele andere Polizisten und Politiker. Aus heutiger Sicht kann ich ihn für vieles bewundern. Bis zu einem gewissen Grad kann ich heute auch verstehen, dass er sich von meiner Mutter gedemütigt fühlte und nicht damit umgehen konnte, dass sie ihn mit anderen Männern betrog und von diesen Söhne hatte. Das verletzte ihn so sehr, dass er es ihr wohl heimzahlen musste, indem er sich eine zweite Frau nahm.

Natürlich wünschte ich mir damals wie heute, dass alles anders gekommen wäre, dass sich meine Eltern niemals getrennt hätten, dass meine Mutter bei uns geblieben und dass unser Vater uns gerne in der Manyatta besucht hätte. Doch all dies ist längst Vergangenheit.

Unsere Stiefmutter wurde bald schwanger, und Hellen und ich setzten auch diesmal unsere Pläne nicht um und behandelten das Baby liebevoll, immerhin war es unsere Stiefschwester. Wir hatten bei unserer Stiefmutter viele Freiheiten, mehr Freiraum als je zuvor und weniger Pflichten. Hellen und mir gefiel es, dass unsere Stiefmutter nicht so streng war wie Mutter. Wir konnten mehr oder weniger tun und lassen, was wir wollten, brauchten kaum im Haushalt zu helfen, und unsere Stiefmutter ermahnte uns auch nicht, uns gut auf die Schule vorzubereiten. Der Schulbesuch schien ohnehin jeden Sinn verloren zu haben. Nachdem unsere Mutter uns so plötzlich verlassen hatte, war ich davon überzeugt, dass alles, was ich liebte, ebenso jederzeit verschwinden konnte.

Der Heiratsantrag

Als ich elf Jahre alt war, kam eines Tages unser Lehrer Nicky zu uns nach Hause. Er war ein großgewachsener, dunkler und gutaussehender Samburu, der aus einer Familie stammt, die großen Wert auf Bildung legte. Nickys Bruder war sogar der Direktor der »Maralal Secondary School«, also der weiterführenden Schule, die im Norden hinter den Hügeln Richtung Porro lag. Er war als Lehrer in Ordnung, doch wir hatten kein besonderes Verhältnis zueinander. Zumindest war das mein Eindruck. Daher kam es mir verdächtig vor, dass er uns zu Hause besuchte. Ich fühlte mich ein wenig seltsam, als ich ihm und meinem Vater Tee servierte. Ich brauchte allerdings nicht lange, um zu begreifen, dass Nicky um meine Hand anhalten wollte. Damals hatte ich keine Ahnung, dass meine Mutter ihm in der Changaa-Siedlung allzu oft Changaa ausgeschenkt hatte, bevor sie davongelaufen war. Was ich allerdings wusste, war, dass ich nicht seine Frau werden wollte.

Nur wenige Tage nach Nickys Besuch saß ich wieder bei ihm im Mathematikunterricht und sah ihm dabei zu, wie er Rechenaufgaben an die Tafel schrieb. Ich beobachtete ihn ein wenig genauer als bisher, so dass mir plötzlich etwas auffiel. Ich sah noch genauer hin, doch es gab keinen Zweifel. Vorsichtig und leise riss ich ein kleines Stück Papier aus meinem Heft und schrieb darauf: »*Angalieni, mwalimu amekjikojolea*« – »Schaut, unser Lehrer hat sich in die Hose gemacht!« Ich faltete den Zettel zusammen und schob ihn meiner Sitznachbarin hin. Sie öffnete, las, blickte auf Nicky, unseren Lehrer, und unterdrückte ein Kichern. Dann faltete sie den Zettel wieder zusammen und schob ihn weiter zu ihrer anderen Sitznachbarin.

Als Nicky fertig geschrieben hatte, sich zu uns umdrehte und uns die Aufgabe erklären wollte, merkte er sofort, dass etwas nicht stimmte. Obwohl niemand laut lachte oder etwas sagte, spürte er, dass etwas im Gange war. Er entdeckte den Zettel, der gerade wieder von einer Schülerin an eine andere weitergereicht wurde. Zielstrebig entriss er ihnen den Zettel, las und starrte mich finster an, denn er hatte wohl meine Handschrift erkannt. Zur Klasse sagte er: »Ich habe mich im Lehrerzimmer auf einen Ölfleck gesetzt.« Dann drehte er sich zu mir, fixierte mich und sagte: »Du bist geliefert!« Es war klar, dass er sich bei meinem Vater über mich beschweren würde. Die Heiratspläne waren damit ad acta gelegt. Ich war riesig erleichtert, umso mehr, als mein Vater, dem damit immerhin das Brautgeld entging, nicht böse auf mich war.

Später heiratete Nicky ein ruhiges Samburu-Mädchen, das schwach und wenig selbstbewusst wirkte. Er wurde Alkoholiker, abhängig von Changaa, und starb an Leberzirrhose. Als Erwachsene traf ich später einmal seine Schwester Malkia, die auch eine Freundin meiner Mutter war. Es war Malkia, die mir anvertraute, dass Nicky der Vater meines Halbbruders Laon war.

Leben in Ongata Rongai

Als Hellen vierzehn und ich selbst zwölf Jahre alt waren, holte unsere Mutter uns zu sich nach Ongata Rongai, wo sie damals wieder lebte, nur wenig außerhalb der Hauptstadt Nairobi. Ich fand mich plötzlich in einer vollkommen anderen Umgebung wieder.

Nairobi, die Hauptstadt Kenias, war zunächst nicht mehr als ein Eisenbahncamp, das erst 1899 errichtet wurde, als die Schienen aus Mombasa die damals kleine Ansiedlung erreichten. Die Massai hatten dem sumpfigen Landstrich, an dem sie einst ihre Herden tränkten, den Namen *Ewaso Nyarobi* gegeben, was »Ort des kalten Wassers« bedeutet. Nach der Unabhängigkeit Kenias wurde die Stadt zu Ostafrikas florierendstem und wichtigstem Wirtschaftszentrum. Sie erstreckt sich über ungefähr 700 Quadratkilometer, wobei die meisten der heute über drei Millionen Einwohner in Slums leben.

Am Südwestrand der Großstadt liegen die Ngong Berge. Auch sie erhielten ihren Namen von den Massai: »Nong« bedeutet Knöchel. Von der Stadt aus gesehen, wirken sie nicht besonders hoch, doch westlich von ihnen liegt das »Great Rift Valley«, der Große Afrikanische Grabenbruch, den die Ngong Berge immerhin um 1200 Meter überragen.

Neben den Ngong Hügeln lagen im fruchtbaren Gebiet des Grabenbruchs viele kleine Massai-Siedlungen verstreut. Doch es gab auch moderne Häuser mit kleinen Farmen, von denen die meisten von Kikuyu bewohnt waren. Sie lebten dort friedlich neben den Massai und bestellten das Land. Viele Massai-Männer hatten Kikuyu-Frauen geheiratet, die gut im Gemüseanbau waren. Sie verkauften es am Straßenrand. Die Kikuyu erschienen mir nicht so freundlich und fröhlich wie die Samburu, mit denen ich aufgewachsen war, sondern ein wenig traurig. Sie beschwerten sich gerne und machten oft lange Gesichter.

Obwohl niemand in meiner Massai-Familie etwas gegen die Kikuyu sagte oder schlecht über andere Stämme sprach, war die Disharmonie zwischen den einzelnen Gruppen dennoch spürbar.

Tatsächlich sind die Kikuyu mit über zwanzig Prozent die größte ethnische Gruppe in Kenia. Sie kamen vermutlich im 16. Jahrhundert in das fruchtbare Hochland nördlich von Nairobi, das noch immer ihr Hauptsiedelungsgebiet ist. Die Kikuyu sprechen eine Bantu-Sprache und lebten tradioneller-weise ebenso vom Ackerbau wie von Viehzucht. Sie waren eine der ersten Ethnien, die sich in das politische System der Kolo-nialherren integrierten, aber sie spielten auch eine wichtige Rolle im Unabhängigkeitskampf.

Von unserem Haus in Ongata Rongai aus konnten wir die Ngong Berge sehen. Das Haus war klein und aus Holz gebaut. Umgeben war es wie unser Haus in Maralal von einer Shamba. Dort pflanzten wir Mais, Bohnen und Kartoffeln an. Die Shamba war so groß, dass Hellen und ich mit unseren kleinen Brüdern zwischen den Maisstauden Verstecken spielen konn-ten, wenn wir nicht gerade unserer Mutter und Großmutter bei der Arbeit helfen mussten.

Der Baum vor unserem Haus spendete uns Schatten, wenn es zu heiß war. Anfangs kletterten Hellen und ich darauf herum, doch später sahen wir nur noch den kleineren Kindern dabei zu. Meine Großmutter, die früher einmal bei uns in Maralal gelebt hatte, saß meistens unter diesem Baum. Meinen Großvater hatte ich nie kennengelernt, aber er hatte uns Land hinterlassen, das nun meinem Onkel gehörte, der uns bei sich wohnen ließ. Seine Frau Salima, deren Vater aus Somalia stammte, kam gut mit mei-ner Mutter aus und war mit ihr befreundet. Mein Onkel, Salima und ihre Kinder lebten in der einen Hälfte des Hauses, wir in der anderen.

Meine Mutter arbeitete auf der Shamba. Am Morgen kümmerte sie sich um die Pflanzen, und am Nachmittag ging sie zum Fluss, der fünf Minuten von unserem Haus entfernt war, und wusch die Kleidung. Der Fluss hatte klares Wasser, das wir auch zum Trinken und Kochen verwendeten. Manchmal sahen wir im klaren Wasser Fische, und einmal fingen wir einige davon. Doch meine Mutter weigerte sich, die Fische zu kochen. Als echte Massai kam es für sie nicht in Frage, Fisch zu essen. Massai essen niemals Fisch.

Der Tag der Beschneidung

Unsere Familie wurde nun nicht mehr von unserem Vater unterstützt, und ich hatte das Gefühl, dass wir arm waren. Jedenfalls hatten wir nicht mehr genug Geld, um die Verwandten und die Nachbarn einzuladen und zu feiern, als der Tag von Hellens und meiner Beschneidung schließlich näher rückte. Auch wenn wir keine Perlenmädchen waren und bei unserer Beschneidung keine Krieger und andere Mädchen getanzt hätten, wäre in Maralal vielleicht ein Tier für uns geschlachtet worden. Zumindest aber wären die Nachbarn gekommen und dabei gewesen.

So kam am Tag unserer Beschneidung nicht einmal unsere Tante Ngoto Kisa aus Maralal, bei der wir so viele Stunden unserer Kindheit verbracht hatten. Nur eine Schwester meiner Mutter, Ngoto Nkaka, reiste aus Embakasi an, um bei uns zu sein. Meine Tante, meine Mutter und meine Großmutter sprachen darüber, wie sie selbst bei ihrer eigenen Beschneidung, trotz des großen Schmerzes, nicht mit der Wimper gezuckt hätten. Sie sprachen über Frauen, die nicht beschnitten und dadurch ausgegrenzt und praktisch nicht heiratsfähig waren. Sie erklärten uns, dass die Beschneidung uns unsere wahre Identität als Frau geben würde: Durch sie würden wir zu einer richtigen

Massai, zu einer richtigen Samburu-Frau. Die Beschneidung war der erste Schritt, darauf würde die Heirat folgen und dann die Geburt des ersten Kindes. Als beschnittene Frauen würden wir unserem zukünftigen Mann gehorchen, wir würden ihm treu sein, wir würden gute Ehefrauen sein und viele gesunde Kinder bekommen. Wir würden moralisch gute Frauen und Mütter sein. Der Rest dessen, was an unserem Körper an den eines Mannes erinnerte, würde entfernt, und dadurch würden wir eindeutig zu Frauen werden. Wir würden unsere übelriechenden Unreinheiten loswerden und sauber und süß riechen und rein sein. Wir würden endlich richtige Frauen sein.

Nachdem wir dies alles gehört hatten, gingen wir los zu der Klinik, wo es passieren sollte. Von unserem Haus bis ins Stadtzentrum von Ongata Rongai waren es drei Kilometer. Meine Mutter, Hellen und ich mussten den Weg zu Fuß zurücklegen. Wir gingen vorbei an einer neugebauten Siedlung, wo sich vornehmlich Kikuyu niedergelassen hatten. Auf dem Weg wurde ich immer ruhiger und trauriger. Als wir endlich in der Klinik ankamen, war es, als ob bereits etwas in mir gestorben wäre.

Von außen wirkte das Gebäude klein und schäbig und war kaum als ein richtiges Krankenhaus zu erkennen, was es wohl auch nicht war. Auf der Straße gingen traditionell gekleidete Massai auf und ab. Gebildete Somali und auch einige Angehörige des Stammes der Meru brachten ihre Töchter in die Klinik. Sogar einige Kikuyu waren zu sehen, die ihre Töchter dem Alptraum aussetzen wollten.

Drinnen war alles kahl, es gab nur einige Stühle. Hellen und ich setzten uns, während unsere Mutter uns anmeldete. Eine große, dicke Kikuyu-Krankenschwester ging an uns vorbei und warf uns einen unfreundlichen Blick zu.

»Du bist zuerst dran. Geh hinein«, sagte meiner Mutter zu meiner Schwester und setzte sich neben mich. Hellen stand auf und ging auf die halboffene Tür zu, hinter der die Krankenschwester verschwunden war. Sie steckte den Kopf in den Raum und wagte sich schließlich hinein. Doch nur wenige Sekunden später streckte sie den Kopf aus der Tür und winkte aufgebracht nach uns.

»Sie behauptet, ich sei schon erwachsen, ich sei schon eine Frau. Sie will mich wie eine Frau behandeln, also für den Preis einer erwachsenen Frau«, sagte Hellen mit einer Mischung aus Wut, Aufregung und Scham.

Meine Mutter stand auf und ging zu ihr. »Sie muss dich untersuchen, dann wird sie sehen, dass du noch keine Frau bist!«, sagte meine Mutter laut genug, dass es die Krankenschwester hören musste. Dann schloss sie die Tür und setzte sich wieder neben mich. Wir wussten beide, dass meine Schwester noch nie einen Freund gehabt hatte, obwohl sie schon vierzehn Jahre alt war.

Als Hellen wieder aus dem Raum kam, sah sie weder mich noch meine Mutter an.

»Jetzt du, geh hinein«, sagte meine Mutter.

Ich stand auf, ging die wenigen Schritte auf die Tür zu und trat ein. Die Krankenschwester erwartete mich, kalt und unfreundlich wie der gesamte Raum. Sie sagte kein Wort und lächelte nicht. Sie packte mich und gab mir eine Injektion. »Leg dich auf den Rücken«, sagte sie.

Dass die Prozedur der weiblichen Genitalverstümmelung eine Folter darstellt und dass man Frauen wie mich als Überlebende bezeichnet, las ich erst Jahre später. Meine Erinnerung ist zum Glück nicht mehr vollständig. An der Betäubungsspritze kann es kaum liegen, sie wirkte nicht richtig. Aber was wusste ich damals davon.

Ich war wieder draußen bei meiner Schwester und meiner Mutter, im schäbigen Wartesaal der Klinik. Wir waren zu Fuß auf dem Rückweg, wir hatten kein Geld für ein Auto. Ich weiß nicht, wie wir es geschafft haben. Vermutlich hatte die Injektion nun endlich Wirkung gezeigt und den Schmerz betäubt. Die Taubheit hatte sich über meinen Körper ausgebreitet, über meine Seele und über meinen Verstand.

Wir waren in unserem Haus in Ongata Rongai, da waren meine Mutter, meine Tante, meine Großmutter, Salima, andere Frauen und tranken Tee. Sie sprachen mit uns über Respekt und Disziplin und was es heißt, eine Frau zu sein. Es war meine Schwester Hellen, die plötzlich wütend wurde und heftig mit ihnen zu diskutieren begann. In mir war hingegen nur eine unendlich große Müdigkeit und das Gefühl, dass die anderen weit entfernt waren. Ich tat, als würde ich ihnen zuhören und verstehen, was sie zu mir sagten. Doch sie waren Fremde geworden, die nichts mit mir und meinem Leben zu tun hatten. Ich war mir selbst eine Fremde geworden, ich war gestorben. Niemandem fiel auf, dass dort, wo vorher Ntailan gewesen war, nur noch eine leblose Hülle war.

Der Schmerz, der sich zwischen meinen Beinen ausgebreitet hatte, ebbte nach einigen Tagen ab, doch die Taubheit blieb. Der Schmerz war schrecklich gewesen, doch schrecklicher war das Nichts, das ihm folgte.

Drei Tage nach unserem Besuch in der Klinik saßen Hellen und ich unter dem Baum im Schatten, als Hellen beschloss, dass sie versuchen wollte, wieder normal zu gehen. Bis dato hatten wir nur die notwendigsten Schritte gemacht, seit die Betäubung nachgelassen hatte. Doch nun richtete Hellen sich auf, biss die Zähne zusammen und machte einen Schritt nach dem anderen. Ich konnte ihr ansehen, dass es noch sehr weh tat. Hellen erschien mir so tapfer, dass ich auch aufstand und ebenfalls versuchte, einige Schritte so zu machen, als hätte ich keine langsam verheilende Wunde zwischen meinen Beinen. Ich nahm mir vor, vier Schritte zu schaffen, bevor ich aufgab. Während dieser vier Schritte kam unser Onkel vorbei.

»Seid ihr auch genug beschnitten worden?«, sagte er zu Hellen und mir.

»*Entoropil Nkera!*« – »Ihr müsst die Kinder parfümieren«, rief er dann auf Massai zu seiner Frau Salima und meiner Mutter, die sich zwischen den Maisstauden in der Shamba befanden und sich nun nach uns umdrehten.

Ich ließ mich auf den Boden fallen. Ich schämte mich unter dem Blick meines Onkels, schämte mich vor meiner Tante und meiner Mutter, und ich hatte Angst, meiner Schwester in die Augen zu sehen. Ich hatte Angst, dass ich nun, obwohl ich beschnitten war, noch immer nicht gut genug war. Dass ich noch immer nicht gut genug roch, noch immer nicht rein genug war. Ich hatte Angst, dass sie bei mir noch etwas wegschneiden wollten, so wie es bei Esther der Fall gewesen war. Ich begann, den Rest meiner Klitoris, meine Vagina und den gesamten Bereich darum herum und alles, was damit zu tun hatte, zu hassen.

Mein Körper erholte sich, und niemand verlangte mehr eine tiefere Beschneidung von uns. Doch meine Seele blieb verkrüppelt. Ich hörte auf, mit den anderen zu sprechen, und zog mich in mich selbst zurück. Nicht so meine Schwester Hellen, die voller Wut und tiefster Verzweiflung war. Zwei Wochen nach dem Tag unserer Beschneidung lief sie davon. Sie ging zu einer Freundin, die sie seit ihrer Kindheit in Maralal kannte und die damals in Embakassi wohnte, nicht unweit vom großen Flughafen.

Sie hatte mich nicht mitgenommen, und so saß ich in Ongata Rongai neben meiner blinden Großmutter unter dem Baum vor unserem Häuserblock und sah meinen kleinen Brüdern zu. Sie spielten mit selbstgemachtem Spielzeug, so wie wir es als Kinder getan hatten. Sie kletterten auf Bäume, sprangen hinunter, so wie ich es selbst bis vor kurzem getan hatte, bevor ich eine »Frau« geworden war. Nun ritzte ich mit einem Stöckchen Muster in den Boden und starrte nur mehr vor mich hin. Ich war erst zwölf Jahre alt, doch mein Leben schien bereits zu Ende: Meine Eltern hatten sich getrennt, wir hatten unser Zuhause an unsere junge Stiefmutter verloren. Ich lebte in einer fremden Umgebung, hatte keine Freunde und keine Freude mehr. Etwas in mir war gestorben. Auch meine Mutter war traurig. Ihre Ehe, der ganze Stolz jeder Samburu- und Massai-Frau, war zerbrochen. Wir waren arm. Unsere Mutter wusste nicht, wie sie uns ernähren und zur Schule bringen sollte. Immerhin hatte sie uns zu ehrbaren Frauen gemacht.

In der Klinik war eine sogenannte Sunna-Beschneidung durchgeführt worden. Dabei wird die Vorhaut der Klitoris und ein mehr oder weniger großer Teil der Klitoris selbst entfernt. Dass in der Klitoris und rundherum eine Vielzahl von Nervenenden zusammenlaufen, die dabei verletzt werden können, hörte ich erst viel später in meinem Leben. Mit zwölf Jahren war meine Klitoris tot und meine Vagina für mich gestorben. Ich weigerte mich, auch nur einen Blick darauf zu werfen, und es sollte Jahre dauern, bis ich sie wieder berührte.

»Alle Verfahren, die die teilweise oder vollständige Entfernung der weiblichen äußeren Genitalien oder deren Verletzung zum Ziel haben, sei es aus kulturellen oder anderen nichttherapeutischen Gründen«, werden laut Weltgesundheitsorganisation (WHO) als FGM, »Female Genital Mutilation« definiert. Darunter können verschiedene Praktiken verstanden werden, die sich in vier Typen klassifizieren lassen: Typ 1, die in manchen Ländern als »Sunna« bezeichnet wird, umfasst die Entfernung der Klitorisvorhaut mit oder ohne Teile bzw. der gesamten Klitoris. Unter Typ 2 ist die Entfernung der Klitoris mit der Klitorisvorhaut, einem Teil der kleinen Schamlippen oder der gesamten kleinen Schamlippen zu verstehen. Typ 3 ist die extremste Form von FGM und wird auch als Infibulation oder pharaonische Beschneidung bezeichnet. Dabei werden die Klitoris, die kleinen Schamlippen, ein Teil der großen Schamlippen bzw. die gesamten großen Schamlippen entfernt. Danach werden die Ränder der Wunde so zusammengenäht, dass nur eine winzige Öffnung bleibt, durch die Urin und Menstruationsblut abfließen können. Unter Typ 4 werden verschiedene andere Formen zusammengefasst, die nicht den Typen 1 bis 3 zugeordnet werden können: Einschnitte oder Einrisse der Klitoris, deren Durchstechung, Verlängerung oder Verlängerungen der kleinen Schamlippen. Es kommt auch vor, dass die Klitoris und angrenzes Gewebe verbrannt wird oder dass ätzende Substanzen oder Kräuter in die Vagina eingeführt werden, um diese zu verbrennen. In der Praxis können die einzelnen Formen nicht immer voneinander unterschieden werden und gehen ineinander über.

In den unterschiedlichen Ländern und Ethnien innerhalb eines Landes wie Kenia gibt es die verschiedensten Praktiken. Oft findet die Genitalverstümmelung nicht so wie in meinem Fall in einem Krankenhaus statt. Die Mädchen und Frauen bekommen keinerlei Betäubung und müssen den Eingriff in all seiner Intensität bei vollem Bewusstsein durchleben. Hygiene ist quasi unbekannt, und als Schneidwerkzeug werden Rasierklingen, Messer, Scheren Glasscherben oder Ähnliches verwendet. Um die Wunde zu vernähen, benutzen die Beschneiderinnen Tierdarm, Pferdehaar oder Dornen.

Für die Mädchen und Frauen ist der Tag der Beschneidung ein besonderer Tag, an dem sie vielleicht zum ersten Mal in ihrem Leben so viel Aufmerksamkeit erhalten. Der Tag wird gefeiert wie ein Fest, und viele Mädchen freuen sich sogar darauf. Da die Durchführung von FGM von Geheimnissen umgeben ist und die bereits beschnittenen Frauen und Mädchen über den Eingriff schweigen, haben die jungen Mädchen keine Ahnung, was ihnen bevorsteht. Es ist ein Tabu, darüber zu sprechen.

Im Falle der Infibulation muss der Eingriff schon in jungen Jahren durchgeführt werden, da sich die Mädchen aufgrund der unglaublichen Schmerzintensität sonst zu stark wehren würden. Die Sunna, die ich erlebte, und die Exzision der Klitoris, der viele meiner Samburu-Freundinnen zum Opfer fielen, ist schon schlimm genug. Doch die Somali-Mädchen, die ich in meiner Kindheit kannte, mussten in noch zarterem Alter noch Schrecklicheres erleben. In einer Zeit, in der sie wie wir auf Bäume klettern und im Wasser der Silangos hätten spielen können, wurden sie bereits brutal verstümmelt. Für sie reichte es nicht aus, so tief wie möglich beschnitten zu werden, sie wurden auch noch zugenäht.

In meinen schlimmsten Alpträumen konnte ich mir nicht vorstellen, was diese Kinder, sie waren nicht mehr als fünf Jahre alt, im Namen der Reinheit durchmachen mussten. Später fragte ich mich oft voller Verzweiflung und erfüllt von Unverständnis, ob es nicht Gott oder Allah war, der uns mit unserer Klitoris geschaffen hatte, und warum die Menschen in der grausamsten Art versuchten, dieses Werk Gottes zu verstümmeln. Mein ganzes Leben lang weinte ich tausend Tränen, wenn ich an die Somali-Mädchen meiner Kindheit dachte, die im Namen ihrer Kultur oder Religion in dieser Weise zerstört wurden. Ich vergoss Tränen für all meine Stammesangehörigen, deren Klitoris brutal entfernt wurde, und ich trauerte über meinen eigenen Verlust. Ich hatte verloren, was ich niemals wirklich kennenlernen durfte. Beschnitten zu werden hieß, eine Frau zu werden, das hatte ich von klein auf gelernt. Doch erst im Laufe meines Lebens sollte ich wirklich erfahren, was es tatsächlich bedeutete.

4. Kapitel

Ein Leben auf der Suche

Bald nach diesem einschneidenden Erlebnis beschloss unsere Mutter, erneut umzuziehen. Meine Mutter, meine jüngeren Geschwister und ich machten uns auf den Weg und gingen fort aus Ongata Rongai und weiter in den Süden. Mit einem Bus fuhren wir von Nairobi auf der Hauptstraße Richtung Namanga, das an der Grenze zu Tansania liegt. Namanga ist ein Zentrum des Stamms der Massai. Der Bus quoll über vor Menschen, und wir mussten mit all unserem Gepäck in der Mitte am Gang sitzen. Wir hockten auf Säcken voller Mais und Bohnen, und neben mir lag ein Huhn, dessen Beine zusammengebunden waren. Am liebsten hätte ich das Huhn freigelassen, doch ich wagte es nicht aus Angst, es würde im Bus herumflattern und Chaos anrichten. Auch mir selbst schien nichts anderes übrigzubleiben, als mich mit gestutzten Flügeln in mein Schicksal zu fügen.

Ich blickte aus dem Fenster des Busses auf die Savanne mit ihren Schirmakazien und Affenbrotbäumen. Rund um uns lag die Wildnis, die mich immer angezogen und vor der ich mich andererseits auch immer gefürchtet hatte. Hierher kamen Touristen aus aller Welt, um die berühmten Nationalparks zu besuchen und Elefanten, Raubkatzen, Giraffen, Zebras und Gazellen zu sehen und vielleicht sogar einige Massai-Dörfer zu besuchen. Wenn wir weit genug nach Süden fuhren, dann würden wir den Kilimandscharo, das höchste Bergmassiv Afrikas, sehen. Doch wir fuhren nur bis Bisil.

In Bisil stiegen wir aus, schulterten unsere Sachen und machten uns zu Fuß auf den Weg. Nach zehn Kilometern durch die Savanne waren wir am Ziel: Mitten in der Wildnis lebte die Stiefmutter unsere Mutter in einer richtigen Massai-Siedlung, die unser neues Zuhause sein sollte. Nun war ich fast dort, wohin wir verkauft werden sollten, wenn wir uns nicht benahmen, wie mein Vater es uns immer angedroht hatte. Nur war es keine Samburu-Manyatta, sondern ein Massai-Enkang, der uns aufnahm. Rund um das Gehege der Tiere standen mindestens zehn rund gebaute Hütten, in denen die verschiedenen Massai wohnten, die alle miteinander verwandt waren. In einer der Hütten lebte die Stiefmutter unserer Mutter, bei der wir unterkamen. Sie war nett zu uns, wenn auch etwas kühl. Vielleicht hatte ich auch nur diesen Eindruck, und es lag am feinen Massai-Akzent, den sie wie auch die anderen Verwandten sprach, dass ich mich manchmal ausgegrenzt fühlte. Doch insgesamt waren sie alle eigentlich sehr freundlich zu uns. Über unseren Hütten erstreckte sich der blaue Himmel, und die Vögel sangen. Die Luft rund um Bisil war frisch wie nach einem Regen, obwohl ich mich nicht erinnern kann, dass es jemals tatsächlich geregnet hätte. Es war wunderschön, und doch wurde ich immer deprimierter. Ich war nicht alleine, aber ich fühlte mich auch nicht zu Hause. Voller Sehnsucht dachte ich an Maralal zurück, wo wir das Beste aus beiden Welten gehabt hatten: die moderne Welt der katholischen Missionare, bei denen wir in die Schule gegangen waren. Und unsere Verwandten, die Samburu, mit ihren Rindern und Ziegen.

Es gab hier zwar auch eine Grundschule für die kleinen Kinder, doch ich war dafür bereits zu alt. Während meine kleineren Geschwister die Schule besuchten, war es meine Aufgabe, Wasser zu holen und Feuerholz zu sammeln. Holz zu finden war kein großes Problem, in der Umgebung gab es viele trockene Äste, die ich ohne Probleme abbrechen konnte. Wasser zu besorgen war allerdings eine schwierigere Aufgabe. Ich musste eine lange Wegstrecke zurücklegen, um zu einer Wasserquelle zu gelangen, und einen ebenso langen Weg zurück mit dem schweren Gewicht. Manchmal ging meine Mutter statt meiner.

Sie sah, wie unglücklich ich war, und hatte wohl ein schlechtes Gewissen, dass ich plötzlich ein Leben führen musste, das mir fast fremd war.

Ich konnte es daher kaum glauben, als ich eines Morgens plötzlich eine Gestalt auftauchen sah, die sich mit ihren schwarzen Hosen von den Massai abhob. Es war tatsächlich mein Vater, der irgendwie herausgefunden haben musste, wohin wir gegangen waren. Er erreichte unsere Ansiedlung, begrüßte höflich die Älteren und deren Frauen, die ihn fragend musterten, und erkundigte sich nach meiner Mutter. Dann verschwand er in unserer Hütte und tauchte nur wenig später wieder daraus hervor. Dann erst kam er auf mich zu und sagte: »Ntailan, verabschiede dich von deiner Mutter. Ich bringe dich zurück nach Maralal.«

Der Nandi

Mit dreizehn Jahren kam ich zwar zurück nach Maralal, doch das Paradies meiner Kindheit war verschwunden. In dem Haus, das meine Mutter für uns gebaut hatte, war ich das einzige ihrer Kinder. Mein Vater war sich nicht sicher, ob er mich in eine weiterführende Schule schicken sollte. Sowohl Esther als auch Hellen waren von der Schule abgegangen, als unsere Familie auseinanderbrach. Das Schuljahr begann, und ich saß noch immer zu Hause bei meiner Stiefmutter und wusste nicht so recht, was aus mir werden sollte. Am liebsten wäre ich nun doch wieder zurück bei meiner Mutter oder bei meinen Geschwistern gewesen, doch ich wusste, dass mein Vater das nicht erlaubt hätte. Tatsächlich schien es keinen Ort mehr zu geben, an dem ich mich zu Hause fühlen konnte, keinen Ort, an dem ich zu Hause war.

Trotzdem ging ich jeden Tag zur Schule, um dort meine Nachbarsfreundin Nasiai abzuholen, die den Unterricht besuchte. Auf dem Rückweg erzählte ich ihr von Ongata Rongai und von der Massai-Manyatta in der Nähe von Bisil. Nasiai vertraute mir im Gegenzug Einzelheiten über ihr Liebesleben an. Sie hatte sich in einen der jungen Samburu verliebt, der ein katholischer Priester werden wollte. Nachdem er sie kennengelernt hatte, hatte er seine Pläne jedoch geändert. Nasiai erzählte mir, wie sie sich zum ersten Mal geküsst und umarmt hatten, wie sie seinen starken Körper auf dem ihren gespürt hatte, die Schwere, die sie niedergedrückt hatte. Sie erzählte mir, an welchen Körperstellen er sie und an welchen sie ihn berührt hatte, und während sie beim Erzählen immer aufgeregter und aufgeregter wurde, konnte ich nichts damit anfangen. Für mich machte es einfach keinen Unterschied, ob Nasiai über die Kühe sprach, über die Inhalte ihres Schulunterrichts oder über Sex.

In dieser Zeit fiel mir ein Mann aus der Gruppe der Nandi auf, der in der Nähe unseres Hauses neben dem Ministry of Work, dem MOW, wie wir es nannten, wohnte. Die Nandi hatten sich gemeinsam mit einigen anderen Gruppen in der Kolonialzeit zu den Kalenjin zusammengeschlossen. Im Unterschied zu Samburu und Massai sind sie Bauern und leben im Westen von Kenia in kleinen Siedlungen. Der Nandi war ungefähr dreißig Jahre alt und schien nett zu sein. So begann ich, mich mit ihm zu unterhalten.

»Kennst du den Nandi-Bären?«, fragte er mich.

Ich verneinte.

»Bei uns im Westen gibt es ein großes, haariges Tier, das aufrecht geht. Es hat breite Schultern und einen abfallenden Rücken. Nachts greift es das Vieh an, aber es frisst nur die Köpfe der Opfer. Die Weißen haben nicht geglaubt, dass es diesen Bären gibt, sie glauben, es sei eine Hyäne. Natürlich würde jeder von uns eine Hyäne erkennen. Heute reden sie davon, dass es eine unbekannte Riesenhyänenart sein müsse, die bisher noch nicht entdeckt wurde. Vielleicht haben sie recht. Doch wir glauben, es ist ein Bär und dass es besser ist, wenn er nicht von den Weißen entdeckt wird.«

Er hatte eine nette Art, sich mit mir zu unterhalten, und ich blieb immer stehen, wenn ich ihm zufällig begegnete. Er erzählte mir auch voller Begeisterung von den Kalenjin und von ihren Erfolgen als Läufer. So hatte 1968, kurz nach meiner Geburt, ein Läufer namens Kipchoge Keino bei den Olympischen Spielen in Mexico City die Goldmedaille über 1500 Meter gewonnen. Trotz akuter Magenschmerzen war er mit zwanzig Metern Vorsprung ins Ziel gekommen. Seit diesem phänomenalen Sieg stammten fast alle erfolgreichen kenianischen Läufer von den Kalenjin.

Der Nandi selbst arbeitete allerdings für das Wasserministerium. Nachdem wir uns ein paarmal miteinander unterhalten hatten, gestand er mir, dass er mich gerne heiraten wolle. Er schlug mir vor, meinen Vater gar nicht erst um Erlaubnis zu fragen, sondern durchzubrennen.

»Treffen wir uns am Abend in der Lodge in Maralal«, schlug er vor. »Am frühen Morgen mache ich mich von dort auf den Weg nach Eldoret, um meine Familie zu besuchen und mit ihnen zu sprechen. Ich gebe dir Geld, damit du nach Nairobi fahren kannst. Dort treffen wir uns am nächsten Tag beim Wasserministerium und heiraten.«

Ich war es leid, im Hause meiner Mutter, das das Haus meiner Stiefmutter geworden war, festzusitzen. Ich war es leid, nicht in die Schule gehen zu können und keine Aufgabe im Leben zu haben. Also stimmte ich dem Plan zu.

An jenem Abend war mein Vater noch nicht zu Hause. Meine Stiefmutter kümmerte sich gerade um ihre kleine Tochter, meine Halbschwester. »*Baadaye tutaonana* – bis später«, sagte ich auf Kiswahili und verließ das Haus.

Am Abend ging ich ein letztes Mal vorbei an jenem Baum, auf den wir als Kinder so oft geklettert waren, vorbei am MOW und an meiner alten Schule. Ich ging den bekannten Weg nach Maralal, lief durch die staubigen Straßen, vorbei an der Changaa-Siedlung, in der wir zuerst gewohnt hatten und in der meine Mutter viel zu viel Zeit verbracht hatte. Ich kam an den vertrauten Dukas vorbei und am Schlachthaus und wusste, dass ich diesmal nicht so bald zurückkehren würde. Schließlich erreichte ich die Lodge, in der der Nandi auf mich wartete.

»Ich habe schon gedacht, du kommst nicht!«, sagte er.

»Ich musste Abschied nehmen!«, antwortete ich.

»Unser Zimmer ist bereit. Bist du hungrig?«

Ich schüttelte den Kopf, da ich seltsamerweise keinen Hunger verspürte, und folgte ihm den Gang entlang. Am Ende des Flurs lag eine Tür, die er mit einem Schlüssel öffnete und mir aufhielt. Ich machte einen Schritt hinein. Es war dunkel und ein wenig stickig. Plötzlich hatte ich ein ungutes Gefühl.

»Bald heiraten wir«, sagte er. Ich nickte und wollte noch etwas sagen, als er mich plötzlich packte, ein wenig in die Luft hob und Richtung Bett schob.

»Bald bist du meine Frau. Keine Angst!«, sagte er.

Erst als er auf mir lag, verstand ich. Einen Moment später war mir klar, dass alles, was Nasiai mir über Sex erzählt hatte, eine Lüge gewesen war. In jener Nacht lernte ich, dass es schmerzhaft war, erniedrigend und beschämend. Am nächsten Tag, als der Nandi bereits abgereist war, versuchte ich eine Stunde lang vergeblich das Leintuch zu reinigen. Ich wollte die Beweise meines Schmerzes vernichten, doch es war unmöglich, mein Blut auszuwaschen. Ebenso unmöglich schien es mir, über meine Scham und Schande hinwegzukommen. Ich konnte und wollte nicht mehr zurück zu unserem Haus und fuhr mit dem Geld des Nandi nach Nairobi. Doch ich ging nicht wie verabredet zum Wasserministerium, um ihn zu treffen.

Weggelaufen

Zuerst ging ich zu meiner Schwester Esther, die damals schon in der Kenya Army Band spielte, wo sie ihren zukünftigen Mann kennenlernen sollte. Bei Esther konnte ich nicht lange bleiben, und so zog ich zu Keden, einer Schulkollegin aus Maralal, die bereits verheiratet war und die mit ihrem Mann in Nairobi lebte. Doch Keden war alles andere als glücklich, und so planten wir gemeinsam ihre Kitala.

Während ihr Mann arbeiten war, machten wir uns auf den Weg. Wir nahmen den Bus von Nairobi nach Kericho und fuhren in den üppigen und fruchtbaren Westen des Landes. Der Westen ist das am dichtesten besiedelte ländliche Gebiet Kenias. Seit Jahrhunderten leben hier die Luo, Luhya und die Kisii. Hier werden Obst und Gemüse angebaut, Blumen und der während der Kolonialzeit aus Indien eingeführte Tee.

Kedens Vater, ein Polizist, war in der Nähe von Kericho stationiert, also stiegen wir dort aus und machten uns zu Fuß auf den Weg, um ihn zu finden. Ich folgte Keden einen Fußweg entlang, wir wanderten den ganzen Tag über Hügel und Täler, durch lauschige grüne Wälder. Keden schien genau zu wissen, wohin wir gehen mussten, und tatsächlich kamen wir am Abend in ein wunderschönes kleines Dorf, das von Kisii bewohnt wurde, einer der bantusprachigen ethnischen Gruppen Kenias.

Die Kisii waren sehr freundlich, und Kedens Vater nahm uns sofort bei sich auf. Wir verbrachten einen wunderschönen Monat in dem kleinen Dorf, das umgeben war von Bananenbäumen. Dann erschien leider Kedens Ehemann, um sie zurück nach Nairobi zu holen. Mich nahmen sie nur bis nach Kericho mit. Der Ehemann hatte wohl Angst, dass ich einen schlechten Einfluss auf Keden haben und sie womöglich zu einer erneuten Flucht anstiften würde.

In Kericho lebte die Schwester einer meiner Schulkolleginnen aus Maralal, Penina Rurumban. Sie war Krankenschwester, und ihr Vater hatte als Politiker die Samburu im Parlament vertreten. Penina Rurumban lud mich ein, eine Weile bei ihr in Kericho zu bleiben.

Kericho ist ein Paradies, nicht nur für den Teeanbau. In Kenia wurde Tee erst 1903 aus Indien eingeführt. Dennoch gehört Kenia heute zu den größten Teeproduzenten. Auf beiden Seiten des Großen Afrikanischen Grabenbruchs liegen die größten Teeplantagen, ein Meer grüner Pflanzen.

Jeden Vormittag schien die Sonne, es war angenehm warm, der Himmel war blau, und ich fühlte mich fast glücklich. Nachmittags begann es zu regnen. Es schüttete stundenlang wie verrückt, so dass man sich nicht vorstellen konnte, dass es jemals wieder aufhören würde. Die Stadt war umgeben von Teeplantagen. Alles war grün, so weit das Auge reichte. Die friedliche Landschaft half mir, mich zu erholen, und ich fühlte mich allmählich wieder wohler in meinem Leben, konnte die Welt mit freundlicheren Augen betrachten.

In Nairobi

Als ich fünfzehn war, beschloss ich, zurück nach Nairobi zu gehen. Nach einigem Hin und Her zog ich in eine Unterkunft in der Nähe des »State House«, der offiziellen Residenz des Präsidenten. Das vormalige »Government House«, in dem der britische Governeur gewohnt hatte, war nach der Unabhängigkeit in »State House« umbenannt worden und liegt ungefähr zehn Minuten vom Stadtzentrum entfernt.

Die Unterkunft gehörte Pauline, der Schwester meiner Schulfreundin Winnie, und wurde von ihrem reichen Freund aus Israel bezahlt. Pauline, ihre Schwestern, Brüder und auch ihre

Mutter lebten dort. Die ganze Familie stammte aus Maralal, und der Vater hatte gemeinsam mit meinem Vater im Samburu County Council gearbeitet. Sie waren Samburu wie ich, doch Paulines Mutter war Sozialarbeiterin von Beruf und allgemein sehr aufgeklärt. Sie hatte ihre Töchter Pauline und Peninah vor der Genitalverstümmelung bewahrt. Doch Winnie war bei ihrer Großmutter aufgewachsen, die dafür gesorgt hatte, dass Winnies Klitoris gemäß den Samburu-Traditionen entfernt wurde. Winnie war ein wenig verschlossen, besonders, wenn es um Sex ging. Pauline war das Gegenteil. Sie war sich ihrer Macht über Männer bewusst und genoss diese. Besonders die Weißen schien sie mit ihrer Ausstrahlung regelrecht verrückt zu machen. Man sagte ihr nach, dass sie sehr gut im Bett sei. Winnie und ich hatten keine Ahnung, was »sehr gut im Bett« bedeuten sollte.

Wir waren beide beschnitten und hatten kaum Erfahrungen mit Sex. Die einzige Erfahrung, die ich bisher gemacht hatte, wollte ich für immer vergessen. Dennoch schienen andere Mädchen und Frauen etwas Positives daran zu finden. Ich beneidete Pauline, die etwas zu haben schien, über das ich nicht verfügte. Es gab Momente, in denen ich glaubte, dass ich einfach älter werden müsste. Mit dem Alter, so dachte ich, würden sich die Fragen klären, und ich würde auch sexuelle Erfahrungen machen. Ich würde verstehen, von welchen Gefühlen und Erlebnissen die anderen sprachen. Ich würde vielleicht sogar Gefallen daran finden.

Damals aber hatte ich keine Ahnung, dass Muratare, die Beschneidung der Klitoris, die Genitalverstümmelung oder wie immer es genannt wurde, in direktem Zusammenhang mit meinem sexuellen Empfinden stand. Über so etwas wurde nicht gesprochen, nicht einmal in der Familie von Pauline und Winnie. Obwohl ich Pauline beneidete, war ich damals froh, dass ich es getan hatte, dass ich in Maralal als Frau anerkannt worden war und dass sich meine Familie nicht für mich schämen musste.

Nairobi strotzte vor Leben: die modernen Häuserblocks, die Straßen mit dichtem Verkehr, die großen Geschäfte und die unzähligen kleinen Läden, Straßenhändler und Märkte. Es gab elegante Hotels, Museen, Galerien, Casinos, Nachtclubs und Diskotheken. Als ich fünfzehn Jahre alt war, begann ich, gemeinsam mit Winnie und einigen anderen Freundinnen auszugehen und das Nachtleben zu erkunden.

Wir gingen ins Carnivore, wo die verschiedensten Menschen zusammenkamen: Geschäftsleute, Weiße, Inder, sie alle tanzten dort zum Rhythmus der Nacht. Winnie und ich und unsere Freundinnen Vicky und Njami blieben immer bis in die frühen Morgenstunden. Dann nahmen wir ein Taxi, fuhren nach Hause und schliefen bis zum frühen Nachmittag.

Eine andere Diskothek, die wir häufig besuchten, war das Florida. Dort konnten wir den Prostituierten zuhören, wie sie die Preise verhandelten. Sie waren meist Kikuyu oder Frauen aus anderen Stämmen. Ins Florida kamen aber auch ganz normale Leute und Touristen aus der ganzen Welt.

Eines Abends war ich wieder mit Winnie, Vicky und Njambi im Florida. Wir hatten Marihuana geraucht, was für uns alle ganz normal war – niemand hatte uns über mögliche Gefahren aufgeklärt –, und wir waren einfach nur gut drauf. Wir befanden uns zu dritt in der Mitte der Tanzfläche und tanzten fröhlich. Wir neckten uns, kicherten, riefen uns gegenseitig Bemerkungen zu und waren gut gelaunt. Plötzlich tauchte ein Weißer vor uns auf mit blondgelockten Haaren und blauen Augen.

»Hi«, sagte er freundlich, »darf ich mit euch tanzen?«

»Natürlich«, sagte ich. Wir Mädchen unterdrückten unser Lachen und tanzten weiter.

Nach einer Weile näherte sich der Mann und sagte: »Ich bin Jürgen aus Deutschland. Und du?«

»Ich bin Catherine«, antwortete ich. Der Name Ntailan erschien mir damals rückständig, und ich hatte angefangen, mich

Catherine zu nennen. Da das Lied gerade zu Ende war, hörten wir auf zu tanzen und luden Jürgen ein, an unseren Tisch zu kommen. Doch kaum saßen wir, fing das nächste Lied an, und es war unmöglich, sich zu unterhalten. Ich lächelte Jürgen an. Er war mir sympathisch.

»Willst du mal raus an die frische Luft gehen?«, fragte er.

Ich nickte, und gemeinsam standen wir auf und gingen vor die Diskothek. Draußen erzählte er mir, dass er gemeinsam mit einem Freund in Kenia auf Urlaub sei. Er erzählte von seinen Erlebnissen in verschiedenen Gegenden, über die ich auch einiges wusste, so dass wir uns gut unterhielten. Ich hatte in den letzten Jahren einiges von meinem Land gesehen.

»Warst du schon einmal in Mombasa?«, fragte er mich schließlich.

»Ja, einmal habe ich eine Tante dort besucht«, behauptete ich, denn ich wollte nicht zugeben, dass ich noch nie das Meer gesehen hatte.

»Mein Freund Kevin und ich fahren für einige Wochen hin. Vielleicht hast du ja Zeit und Lust mitzukommen?«, fragte Jürgen.

Einen Moment lang sah ich ihn skeptisch an, und er fügte schnell hinzu: »Ich lade dich ein. Es wäre einfach toll, ein Mädchen wie dich dabeizuhaben. Du kennst dich hier aus. Wir haben schon eine große Unterkunft gebucht, in der du locker Platz hast. Komm doch einfach mit!«

Ich zuckte die Achseln und sagte: »Warum nicht?«

Auszeit in Mombasa

Und so kam es, dass ich mit Jürgen und seinem Freund Kevin erstmals auch die Küste meines Landes sah. Was für ein Kontrast zum kargen Samburuland, in dem ich aufgewachsen war. Es war dort auch anders als an all den anderen Orten, in denen ich im Lauf der letzten Jahre gelebt hatte. Am tiefblauen Wasser des Indischen Ozeans reihten sich endlose weiße Sandstrände aneinander, hier und dort unterbrochen von Hotelanlagen, aber auch von überwucherten Ruinen und Fischerdörfern, die aus der Zeit gefallen schienen. Überall gab es diese Zeugnisse der langen Handelsgeschichte mit Arabien und Indien. Bantusprachige Gruppen hatten sich vor rund 2000 Jahren hier am Küstensaum niedergelassen und ihr Handelsnetz aufgebaut. Vom 8. Jahrhundert an siedelten Kaufleute aus dem arabischen Raum hier, die sich mit der lokalen Bevölkerung vermischten. So entwickelte sich eine gemeinsame islamisch geprägte Kultur, die bis heute zu Kenia gehört: Swahili. Später folgten die Portugiesen, die Händler aus dem Oman und natürlich die Briten, und sie alle hinterließen ihre Spuren an der Küste.

So brachten die Portugiesen, die zweihundert Jahre mit ihrem Seehandel die Küsten dominierten, den Mais in die Region, aus dem heute überall in Ostafrika *Ugali* zubereitet wird, ohne den eine Mahlzeit meistenorts nicht denkbar wäre.

Mombasa, die zweitgrößte Stadt in Kenia, ist mindestens 800 Jahre alt und liegt auf einer kleinen Insel, die über Brücken und eine Fähre mit dem Festland verbunden ist. Im Norden und Süden der Stadt schließen sich die herrlichsten Strände an, wie ich, die junge Massai, sie mir nie hätte vorstellen können.

Jürgen und Kevin hatten ein Appartement in den Giriama Cottages gemietet, ein wenig südlich des Kenyatta Beach, dem einzigen öffentlichen Strand nördlich von Mombasa. Dort liegt auch das Pirates, bei Tag ein familienfreundlicher Wasserpark, der sich nachts in eine Strandbar mit Disco verwandelte.

Unser Appartement war umgeben von Palmen, und ich fühlte mich wie im Paradies. Jürgen und ich hatten gemeinsam ein Zimmer, das andere gehörte Kevin. Wir verbrachten den ganzen

Tag am Strand, badeten in der Sonne und im kühlen Wasser. Vom Meer wehte eine angenehme Brise, die die Hitze erträglich machte. Abends kehrten wir in unser Appartement zurück und kochten gemeinsam. Die wunderbaren Sonnenuntergänge erinnerten mich an meine Kindheit, und ich fühlte mich endlich einmal wieder geborgen und glücklich. Jürgen war wunderbar, er kümmerte sich um mich, verwöhnte mich und verlangte nichts dafür. Nach dem Essen besuchten wir oft die Borabora Disco, in der Kevins Freundin als Tänzerin arbeitete, tranken Cocktails und tanzten. Spät in der Nacht kehrten wir in unser Appartement zurück.

In der dritten Nacht fragte mich Jürgen, ob er mich küssen dürfe. Ich mochte Jürgen und sagte ja. Wenn ich auch nicht wirklich etwas dabei empfand, so war es zumindest nicht allzu schlimm. Wir waren beide ein wenig nervös, als wir uns auszogen. Und ich war erleichtert, als Jürgen mit einem Seufzen sagte: »Es tut mir leid. Ich bin zu müde oder zu betrunken, schlafen wir einfach.«

In den zwei Monaten, die wir am Strand von Mombasa verbrachten, versuchte Jürgen niemals, in mich einzudringen. Ich fragte mich nicht, warum, sondern genoss die Zeit mit ihm. Er war ein Freund, der mich verwöhnte und mir ein paradiesisches Luxusleben ermöglichte. Er schien wie vom Himmel geschickt, um mich über die letzten Jahre hinwegzutrösten. Doch die zwei Monate gingen viel zu schnell vorüber, und schon mussten wir zurück nach Nairobi, von wo aus Jürgen und sein Freund wieder nach Europa fliegen würden.

Jürgen wusste, dass ich als junges Mädchen ohne Ausbildung in Kenia kaum Chancen hatte, und er versprach mir, sich um mich zu kümmern. Bevor er nach Deutschland zurückkehrte, suchten wir gemeinsam ein Appartement in Nairobi für mich. Wir fanden eine möblierte Wohnung im Stadtteil Hurlingham, die er für mich bezahlte. Er versprach, sich regelmäßig bei mir zu melden und mir Geschenke zu schicken. Mit seiner Fürsorge gab er mir auch ein Stück Selbstbewusstsein zurück.

Erste Begegnung mit der Leere

Jürgen hielt sein Versprechen und schickte mir regelmäßig Kleider, Gürtel, Schals und Taschen. Ich benötigte Geld, und so brachte ich sie gleich nach Erhalt in das Geschäft eines Inders, wo sie zum Verkauf auslagen. Ein Großteil des Erlöses gehörte dann mir. So hatte ich ein eigenes Einkommen und konnte sogar meiner Mutter helfen, die immer wieder um meine Unterstützung bat.

Einmal saß ich gerade mit Winnie und Pauline in meinem Appartement, als Mutter plötzlich auftauchte. Sie war blutüberströmt und hatte viele Schnittwunden. Jemand hatte sie mit einer Machete erwischt und furchtbar zugerichtet. Meine Wohnung lag über einem Einkaufszentrum, wo es zum Glück viele Taxis gab. Wir brachten meine Mutter sofort ins Kenyatta Hospital. Wir mussten lange Zeit warten, bis meine Mutter endlich an die Reihe kam. Winnie blieb bei uns und leistete uns Gesellschaft. Doch es dauerte eine halbe Ewigkeit, und ich schwor mir, niemals krank zu werden, damit ich nicht in einem Krankenhaus landete, wo Ärzte und Schwestern überarbeitet waren.

Ich versuchte herauszubekommen, wer Mutter so zugerichtet hatte. Es war das alte Lied: Sie hatte getrunken, und da sie Verwandte beleidigt hatte, die zu dem Zeitpunkt infolge des Alkohols ebenfalls nicht zurechnungsfähig waren, konnte ich mir ihre schweren Verwundungen auch so erklären. Als meine Mutter endlich an der Reihe war, wurde deutlich, dass sie mehrere Tage im Krankenhaus bleiben musste.

Doch es war nicht immer der Alkohol: Ein andermal, als meine Mutter auftauchte, war sie von einer Schlange gebissen worden. Jemand hatte das Gift herausgesaugt, so dass es sich nicht weiter verbreitete. Dann hatte sie den Biss abgebunden, sonst hätte sie es wohl gar nicht geschafft von Ongata Rongai, wo sie zu dieser Zeit wieder lebte, zu mir zu kommen. Wieder mussten wir sie ins Kenyatta Spital bringen, wo sie behandelt wurde. Ohne Versicherung konnten wir uns keine bessere medizinische Versorgung leisten, und ich hatte nur das bisschen Geld, das ich über Jürgen zur Verfügung hatte. Nie im Leben hätte ich mir die hundert Euro Krankenversicherung im Monat leisten können, die man für eine reguläre medizinische Versorgung benötigt hätte.

Ich hatte viel Zeit totzuschlagen, meine Freundinnen leisteten mir Gesellschaft, wir lachten viel, sicher auch, weil wir immer irgendetwas rauchten. Wir mischten uns unter die bunte Mischung internationaler Gäste des New Stanley Hotel, gingen aus und tanzten bis zum Morgen. Ich war rastlos, und wenn wir bei Sonnenaufgang aus der Diskothek traten, folgte ich mit den Augen den Flugzeugen, die vom Wilsen Airport abhoben und über uns hinwegdonnerten. Ein Gefühl der Leere hatte sich in mir breitgemacht. Ich wusste, dass das Leben aus mehr bestehen musste. Begegneten mir morgens die Menschen auf ihrem Weg zur Arbeit, fühle ich mich schuldig. Aber was sollte ich mit mir anfangen? Mir fehlte der Schulabschluss, ich hatte keine Ausbildung und damit in Kenia kaum Chancen auf einen guten Job. Ich hatte keine Ahnung, was aus mir werden sollte. Ich wünschte mir mit all meiner Kraft einen Neuanfang und endlich einen Sinn in meinem Leben.

5. Kapitel

Jahre der Leere

Die Leere in mir machte mich kraftlos. Ich war nicht selbstbewusst genug, um für mich zu kämpfen. Auch wenn der Unterricht manchmal langweilig gewesen war, so hätte ich alles dafür gegeben, weiterhin zur Schule gehen zu dürfen. Aber das Geld reichte dafür nicht. Und so nahm ich mich selbst nicht für voll: Wie sollte ich von anderen anerkannt und ernst genommen werden? Seit meine Familie auseinandergebrochen war, drohte mir einer dieser schrecklichen Jobs, mit denen ich mich vielleicht hätte über Wasser halten können. Aber ich hatte Angst davor, einen Job zu suchen. Ich wusste nur zu gut, dass uns ungebildeten Mädchen oft nur ein Weg blieb: Ich hätte mit jemandem schlafen müssen, um angestellt zu werden. Das kam nun wirklich nicht in Frage.

Gemeinsam mit Jürgen auf Reisen hatte ich mich an einen gewissen Lebensstandard gewöhnt, und nun drohte mir ständig die Gefahr, dass er mich vergaß. Immer wieder versprach er, mich zu besuchen, doch er kam nicht. Ewig konnte das nicht so weitergehen, das war mir schmerzlich bewusst. Und allmählich gewann ich die Überzeugung: Wenn es eine Zukunft für mich gab, dann lag sie weit weg, weit außerhalb meines Landes. Ich hatte Beispiele dafür kennengelernt: Menschen, die Kenia an der Seite eines Ausländers verließen. Ich hätte viel dafür gegeben, wenn ich wie sie Geld an meine Familie hätte schicken können, um sie zu unterstützen.

Aber in meinem Leben ging es nicht vorwärts.

Ich betäubte dieses Gefühl, und gemeinsam mit meinen Freundinnen rauchte ich täglich Marihuana. Ich hatte mich immer für eine intelligente Person gehalten, doch ich wusste instinktiv, wenn ich so weitermachte, wäre davon früher oder später nicht mehr viel übrig. Wenn ich nicht aus Nairobi fortging, würde ich vermutlich zu jemandem werden, der ich nicht unbedingt sein wollte.

Aber ein Tag nach dem anderen verstrich, ohne dass ich etwas unternahm. Unsere einzige Beschäftigung war das Ausgehen. Die Kleider, die Taschen und Gürtel, die ich von Jürgen bekam, behielt ich inzwischen zum Teil für mich selbst und benutzte sie, um mich für die Nacht in der Disco bereitzumachen. Ich verbrachte Stunden vor dem Spiegel, um das richtige Outfit auszuwählen, meine Kleidung richtig zusammenzustellen und um mich fein zu machen. Meine Haare trug ich zu Zöpfen geflochten, was mich ein wenig älter erscheinen ließ. Meine Freundinnen Vicky, Njambi und Winnie sahen ebenso großartig aus wie ich. Am schönsten war allerdings immer Pauline.

In der Schulzeit war Pauline mit meiner Schwester Esther in eine Klasse gegangen. Schon damals galt sie, obwohl sie noch ein wenig pummelig war, als die Schönste. Sie hatte eine längliche Nase und Haare fast wie eine Somali. Ihre Eltern stammten beide aus der Linie der Samburu, die den Somali ähnlich sehen.

In Nairobi hatte Pauline eine Ausstrahlung wie ein Topmodel. Es schien, als ob sie durch ihre Schönheit unangreifbar wäre, und ich hörte niemals, dass jemand schlecht über sie sprach, weil sie nicht beschnitten worden war. Doch vielleicht lag es nur daran, dass darüber überhaupt nicht gesprochen wurde. Ich bewunderte Pauline jedenfalls. Sie hatte etwas, das ich nicht hatte: einen Freund und andere Männer, mit denen sie schlief. Winnie und ich gingen zwar aus, doch wir schliefen mit niemandem. Der einzige Freund, den ich damals hatte, war Jürgen, und der hatte zum Glück kaum Interesse an Sex gezeigt. Doch ich wusste, dass ich mich überwinden und Sex haben musste, wenn ich wirklich einen Freund haben wollte. Und dass nur ein Freund mir helfen konnte, meine Situation zu verbessern.

Die Begegnung mit Lofty

Eines Nachts verließ ich kurz die Disco, ging ein wenig frische Luft schnappen. Draußen roch es lecker nach gegrilltem Fleisch. Auf dem Boden neben dem Mushkaki-Restaurant saß ein Mann. Er sah jung und freundlich aus mit rötlichem Haar, und ich vermutete, dass er aus England kam. Ohne lange nachzudenken, nahm ich all meinen Mut zusammen und ging auf ihn zu.

»Hallo!«, sagte ich und fragte schnell: »Hast du Lust, mit mir mitzukommen?«

»Ja!«, antwortete er.

»Ich heiße Catherine!«

»Ich bin Lofty.«

Als er aufstand, merkte ich, dass er sehr groß und sportlich war. Nebeneinander schlenderten wir die Koinange Straße hinunter. Lofty sagte nicht viel, deshalb musste ich selbst die Initiative ergreifen.

»Wie lange bist du schon hier in Kenia?«, fragte ich ihn.

»Ich bin gerade erst angekommen.«

»Und was machst du hier?«

»Ich arbeite für die britische Armee. Ich bin zuständig für das Lager, ich erledige alle Einkäufe.«

»Und wie gefällt es dir?«

»Sehr gut!«, sagte er und lächelte.

»Wie lange wirst du hier bleiben?«, wollte ich wissen.

»Insgesamt sechs Monate.«

»Und dann?«

»Dann geht es erst mal wieder zurück nach England. Und dann, wer weiß!«, sagte er und lächelte mich noch einmal ein wenig schüchtern an.

Ich hatte andere Mädchen dabei beobachtet, wie sie einen Mann ansprachen, mit ihm redeten und ihn mit nach Hause nahmen. Also wagte ich es auch bei ihm, und ich war unglaublich froh, dass er ja sagte. Ich weiß nicht, was ich getan hätte, wenn er mich abgewiesen hätte. Obwohl ich mir ein wenig seltsam vorkam, war ich fest entschlossen, es durchzuziehen. Ich machte mir nichts aus Sex, doch ich war auf der Suche nach einem Mann, weil mir das wie der einzige Ausweg aus meiner trostlosen Lage erschien. Und so brachte ich Lofty in mein Appartement und spielte ihm etwas vor, von dem ich glaubte, dass es ihm gefiel. Ich tat, als hätte ich Spaß am Sex und als wäre ich richtig gut darin. Ich wollte nicht eines der Mädchen sein, die wie ein Stück Holz unter einem Mann liegen. Obwohl ich absolut nichts empfand, verhielt ich mich, als sei ich verrückt vor Begierde. Ich verrenkte meinen Körper und tat, als hätte ich einen wunderbaren Orgasmus. Ich war gut. Der junge Engländer hegte nicht den geringsten Zweifel an der Echtheit meiner Gefühle.

Am nächsten Morgen machte ich uns Tee, Eier und Würstchen und war gespannt, was passieren würde. Lofty lud mich zu einer Fahrt mit seinem Land Rover ein.

Wir fuhren die Valley Road entlang ins Stadtzentrum und tranken Tee im Stanley Hotel. Es fühlte sich gut an, von dem jungen Engländer eingeladen zu werden. Danach setzte er mich zu Hause ab.

»Hast du am Abend schon etwas vor?«, fragte er mich.

Ich verneinte.

»Möchtest du mit mir ausgehen? Ich habe morgen frei!«

Von dem Wochenende an trafen wir uns fast jeden Tag. Nach der Arbeit kam er zu meinem Appartement und blieb über Nacht bei mir. Manchmal kam er auch tagsüber zwischen seinen Einkaufstouren für die britische Armee bei mir vorbei. Er erinnerte mich ein wenig an meinen Vater, wenn er mit dem grünen Land Rover nach Hurlingham kam, um mich abzuholen. Oft fuhren wir zum Mittagessen zum Haus von Pauline, die in der Valley Road hinter einer riesigen Kirche wohnte.

Kurz nachdem wir uns kennengelernt hatten, schrieb er seiner Mutter und bat sie, Schuhe für mich zu schicken. Ich machte mir nicht besonders viel aus Schuhen. In der dunklen Disco sah niemand auf die Füße. Die Kleider waren viel wichtiger. Doch Lofty wollte nicht nur in der Nacht Zeit mit mir verbringen, sondern auch tagsüber. Bei Tageslicht fiel es auf, wie abgetragen meine Schuhe waren, und ich war richtig aufgeregt, als das Paket mit drei Paar wunderschönen Schuhen für mich eintraf. Es zeigte mir auch, dass ich Lofty etwas bedeutete.

Es gefiel ihm in Kenia, und besonders mochte er wohl die Zeit mit mir. Er war eher schüchtern und vermutlich unendlich dankbar dafür, dass ich ihn angesprochen hatte. Er spielte Fußball im Team der britischen Armee in Kahawa. Die meisten der Soldaten dort waren ungehobelt, laut und hatten keine Umgangsformen, aber Lofty war anders. Er war sehr respektvoll und höflich. Ich hatte gemischte Gefühle, weil ich mit einem Soldaten zusammen war. Meine Schwester Esther war bereits mit einem Soldaten verheiratet, und auch mein Vater war Soldat gewesen. Ich war froh, dass Lofty kein Afrikaner war. Ich dachte, dass er als Europäer weniger brutal sein und mich nicht schlagen würde. Als er mir sagte, dass er sich in mich verliebt habe, war ich glücklich. Die sechs Monate, die Lofty in Kenia stationiert war, vergingen für mich viel zu schnell.

Wir saßen in einer Pizzeria in der Nähe der Mama Ngina Street und tranken Cappuccino, als Lofty sagte: »In einer Woche muss ich zurück nach England.«

Okay, dachte ich bei mir, das ist das Ende!

Doch Lofty sah mich an und fragte: »Wirst du mich besuchen? Ich möchte, dass du nach England kommst!«

Ich nickte erleichtert. Am nächsten Tag gingen wir in ein Reisebüro nicht weit von der Pizzeria und kauften ein Flugticket für mich. Damals brauchten Kenianer kein Visum, um nach England zu reisen. Was mir allerdings fehlte, war ein Reisepass, demzufolge ich volljährig, also mindestens achtzehn Jahre alt war. Zum Glück hatte ich mich zuvor bereits darum gekümmert, indirekt finanziert von Jürgen. Ich war zur Behörde gegangen und hatte einen Antrag gestellt. Mit Hilfe einer größeren Geldsumme hatte der Beamte mir geglaubt, dass ich schon achtzehn Jahre alt wäre. Er hatte mir meinen Pass innerhalb von vier Wochen ausgestellt. Ohne das Geld hätte es sehr viel länger gedauert.

In der letzten gemeinsamen Nacht in meinem Appartement übergab mir Lofty mein Flugticket. Am Morgen verabschiedete er sich von mir und wurde von der britischen Armee zum Flughafen gebracht. Bald würde ich ihm folgen. Am Tag vor meiner Abreise rief Lofty aus England an und versprach, mich in Heathrow abzuholen. Ich konnte es kaum erwarten.

Dann war es endlich so weit. Der Tag, an dem ich Kenia verlassen und ein neues Leben in Europa beginnen würde, war gekommen. Ich stand bereits am Flughafen, als plötzlich meine Mutter auftauchte. Sie war betrunken und hatte mich in Hurlingham besuchen wollen. Von Winnies Mutter hatte sie erfahren, dass ich mich auf dem Weg nach England befand. Sie war der festen Überzeugung, dass sie mich niemals wiedersehen würde, wenn ich erst das Land verließe. Natürlich wollte sie mich davon abhalten. Sie veranstaltete eine schreckliche Szene, und ich begann zu weinen. Ich versuchte, ihr zu erklären, dass ich wieder zurückkommen würde, doch sie glaubte mir nicht. Obwohl ich weinte und bettelte, musste ich bleiben. Das Flugzeug flog ohne mich nach London.

Erst als meine Mutter wieder nüchtern war, konnte ich normal mit ihr reden und sie davon überzeugen, dass ich nicht für immer fortgehen würde. Ich musste ihr versprechen, nur einige Monate wegzugehen. Zum Glück erreichte ich dann auch endlich Lofty und konnte mit ihm vereinbaren, dass ich einen späteren Flug nehmen würde. Ich ging ins Reisebüro und kaufte ein Ticket. Diesmal hielt mich niemand auf.

England

Mein Körper wurde in den Sitz gepresst, die Maschine der British Airways hob von der Rollbahn ab und bewegte sich steil Richtung Himmel. Endlich befand ich mich auf dem Weg nach London, Heathrow.

Was ich trinken wolle, fragte mich eine Stewardess nur wenig später.

»Whiskey«, antwortete ich, da das Getränk für mich England repräsentierte. Seit meiner Kindheit war mir der Big Ben, der berühmte Uhrturm am Westminster-Palast in London, ein Begriff. Ich wusste, wie das House of Commons, das Unterhaus des Parlaments von Großbritannien, aussah, und hatte in der Schule lernen müssen, wie viele Abgeordnete dort ihrer Arbeit nachgingen. Ich konnte mich auch noch genau an das Kolosseum in Rom und an den Mailänder Dom erinnern, die oft auf den Postkarten der italienischen Patenfamilien meiner Mitschülerinnen abgebildet gewesen waren. Ich fragte mich, ob die schneebedeckten Landschaften, die ich in den Büchern unserer Schulbibliothek gesehen hatte, in Wirklichkeit auch so schön waren wie auf den Fotos.

Und jetzt war ich tatsächlich auf dem Weg nach Europa: Ob es dort wirklich so himmlisch war, wie ich es mir vorstellte? Die Einladung nach England war die Chance, auf die ich gewartet hatte. Ich hatte sie mit beiden Händen ergriffen und saß endlich im Flugzeug nach Europa. Ich nippte an meinem Whiskey.

Ich war nicht besonders aufgeregt. Es war, als ob ich meine kindliche Neugierde verloren hätte, als ob es mir unmöglich wäre, mich selbst und meine Umgebung in all ihrer Intensität wahrzunehmen. Ich hatte längst aufgehört, die Dinge zu hinterfragen und über sie nachzudenken. Sie waren zwar da, diese Fragen und Sorgen, doch sie waren mir mehr oder weniger gleichgültig. Obwohl mein Kopf wusste, dass ich nun nach

Europa flog, hüpfte mein Herz keineswegs vor Freude. Es war eher ein Triumph meines Verstands. Der überzeugt zu sein schien, dass die Gefühlsleere, die ich empfand, irgendwie verschwinden würde, sobald ich in England wäre.

Mehr als acht Stunden später stand ich in der Empfangshalle des Flughafens Heathrow und fragte mich, wie ich meinen Freund jemals finden sollte. Der Flughafen war riesig, größer als alles, was ich bisher gesehen hatte. Ich starrte durch die Scheibe hinaus in den Himmel. Draußen war alles grau. Ich drehte mich um und hielt Ausschau nach Lofty. Alle Menschen, die ich sehen konnte, waren weiß. Noch nie hatte ich so viele Weiße auf einmal gesehen und auch nicht einen so grauen Himmel. Ich zog die Jacke um meinen Körper fester, doch sie war viel zu dünn.

»Da bist du ja«, hörte ich eine Stimme, die mir bekannt vorkam. Vor mir stand Lofty, mein Freund, in einer dicken Daunenjacke. Er sah schrecklich müde aus, als hätte er nächtelang nicht geschlafen. Er drückte mich an sich, und ich war froh, dass er mich gefunden hatte.

»Ich habe mir das Auto von meinem Schwager geliehen, komm, wir haben noch einen weiten Weg vor uns!«, sagte er und führte mich durch einige Gänge in die Tiefgarage aus grauem Beton. Vor dem Auto umarmte er mich noch einmal und sagte: »Es ist so schön, dass du hier bist!«

Dann ging es los. Wir hatten mehr als zweihundertfünfzig Kilometer vor uns. Unser Ziel war Leeds in West Yorkshire, wo ich zuerst bei Andrews Schwester und ihrem Mann wohnen sollte. Wir fuhren auf der Autobahn Richtung Norden, und bald wurde das Grau von Schwarz abgelöst und von einem Himmel, an dem keine Sterne blinkten. Vermutlich würde bei Tageslicht alles anders aussehen, dachte ich mir. Wahrscheinlich war ich einfach nur müde von der langen Reise und ausgelaugt vom schweren Abschied von meiner Mutter. Ich lehnte meinen

Kopf an die Fensterscheibe und beobachtete die Fahrbahnmarkierungen, die im regelmäßigen Abstand an mir vorbeizogen. Ich dachte zurück an die grünen Hügel meiner Kindheit und an den blauen Himmel über Maralal und fragte mich, ob ich wirklich im Paradies angekommen war.

Zuerst verspürte ich ein Schütteln, dann schrie Lofty auf, packte das Lenkrad und riss es herum. Beide wurden wir aus dem Schlaf gerissen, als das Auto die Leitplanken streifte.

»Alles in Ordnung?«, fragte Lofty.

»Ja, nichts passiert!«, antwortete ich.

»Tut mir leid, ich bin einfach zu müde«, sagte er.

Für einen Augenblick waren wir beide hellwach, doch schon bald mussten wir uns wieder anstrengen, nicht einzuschlafen. Doch ich hatte mir vorgenommen, mit meinem Freund zu reden, um ihn wach zu halten.

»Weißt du«, sagte ich zu ihm. »Als ich noch sehr klein war, hat mich meine Mutter manchmal mit nach Nairobi genommen. Die Berge waren riesig. Vielleicht lag es auch daran, dass ich so klein war. Die Straße von Nairobi nach Limuru, kurz vor Naivasha, war eine Bergstraße, es ging dort neben der Straße einfach steil in die Tiefe. Wenn du dort am Steuer einschläfst, dann bist du tot. Es gibt keine Leitplanken oder irgendetwas, das dich schützt. Du bist einfach tot!«

»Zum Glück haben wir hier Leitplanken. Aber hör bitte trotzdem nicht auf, mit mir zu sprechen!«, bat er mich.

Am Morgen kamen wir endlich in Leeds an, einer durchschnittlichen englischen Großstadt mit 700 000 Einwohnern, in der seit der Abwanderung der Textilindustrie eine hohe Arbeitslosigkeit herrschte. Als ich im Winter 1983 in die Stadt kam, war die Stimmung deprimierend, und ich fühlte mich in der grauen Betonwüste fremd und verloren.

Als Soldat musste Lofty in der Kaserne wohnen, und so wurde ich bei Loftys Schwester Jane, ihrem Freund und deren kleinen Tochter einquartiert. Es gab auch noch ein anderes Mädchen in der Wohnung, die ihr eigenes Schlafzimmer hatte und nicht zur Familie gehörte, es war also eher so etwas wie eine Wohngemeinschaft. Ich erinnere mich, dass ich die Menschen in Leeds damals zwar dafür bewunderte, dass sie alle in richtigen Häusern leben konnten. Doch die Häuser waren hässlich: eine Wüste grauer Betonbunker, so dass ich mich nicht traute, dort einfach die Straßen entlangzugehen.

England war nicht so himmlisch, wie ich es mir vorgestellt hatte. Das Grau, das mir gleich zu Anfang aufgefallen war, schien sich nicht für einen Moment aufzulösen. In mir wuchs die Angst, dass ich die Sonne niemals wiedersehen würde. Die feuchte Kälte kroch mir unter die Haut. Es war so kalt, dass ich oft nicht einschlafen konnte. Während ich schlaflos im Bett lag und fror, dachte ich an die Ziegen, auf die ich unter der warmen Sonne aufgepasst hatte. Ich träumte von den Massai- und Samburu-Kriegern mit ihren vom Tanz erhitzten Körpern, bis ich irgendwann doch in einen unruhigen Schlaf fiel. Ich schlief umso länger, erwachte erst kurz vor dem Mittagessen und trank den ganzen Tag Tee, in der Hoffnung, dass dieser mich wärmen würde. Viel konnte er allerdings nicht ausrichten, denn die Menschen in England schienen mir ebenso kalt und unfreundlich wie das Wetter, und ich wagte es kaum, die Wohnung zu verlassen, weder um spazieren noch um einkaufen zu gehen. Loftys Schwester und ihr Mann führten mich niemals aus oder nahmen mich mit. Ich wagte nicht, danach zu fragen. Lofty hatte nur selten die Gelegenheit, vorbeizukommen und etwas mit mir zu unternehmen. Bestimmt hätte es auch in dieser Stadt etwas Interessantes gegeben für mich, nur bekam ich nicht viel davon zu Gesicht.

Als Loftys Schwester erneut schwanger wurde, quartierte Lofty mich bei seinen Eltern ein. Sie lebten in einem schönen Haus in Otterburn, einer Kleinstadt in Northumberland, nordwestlich von Newcastle, ganz in der Nähe zu Schottland. Loftys Vater arbeitete ebenfalls für die Armee und war für Reparaturarbeiten zuständig. Ein wenig außerhalb der Ortschaft liegt einer der größten Truppenübungsplätze der Britischen Armee, und gleich neben dem Haus begann der Wald.

Nach dem Aufstehen ging ich oft hinaus und starrte in das Grün. Wie anders es war: Niemals drang so etwas wie das Brüllen von Löwen oder anderen wilden Tieren an meine Ohren – und da es kalt war, hielt ich es nie lange aus, sondern lief rasch zurück in das Haus, in dem es warm und gemütlich war. Zugegeben. Aber es war auch einsam, denn am Vormittag war ich meist alleine. Loftys Mutter arbeitete ebenfalls bei der Armee. Sie war halbtags als Verkäuferin in einem Geschäft tätig. Lofty hatte eine jüngere Schwester, die damals vierzehn Jahre alt war. Sie besuchte natürlich die Schule und kam erst am Nachmittag nach Hause. So verbrachte ich die langen Vormittage in Loftys Zimmer und hörte Radio. Am Nachmittag ging ich manchmal mit Loftys kleiner Schwester nach draußen, um Tennis zu spielen. Heute frage ich mich, was ich den ganzen Rest der Zeit getan habe.

Niemand verlangte von mir, dass ich mich an der Hausarbeit beteiligte. Loftys Mutter kümmerte sich alleine um den Haushalt und beschwerte sich niemals darüber. Heute fühle ich mich schlecht, wenn ich daran denke, wie viel sie und die ganze Familie für mich getan haben. Nach dem Abendessen, das meistens aus Würstchen oder Burgern bestand, machte Loftys Vater Feuer im Kamin. Manchmal kümmerte auch ich mich um das offene Feuer, da es mich an meine Heimat erinnerte. Loftys Vater, seine Mutter und ich saßen im gemütlichen Wohnzimmer, während das Feuer prasselte, sahen fern und tranken Whiskey.

Ich war zwar erst siebzehn Jahre alt, doch als mich Loftys Vater am ersten Abend gefragt hatte, was ich trinken wollte, hatte ich »Whiskey« geantwortet. Keinen hatte das gewundert. Ich war eben anders, mögen sie gedacht haben.

Es gefiel mir, dass ich von dieser netten weißen Familie aufgenommen wurde. Loftys ältere Schwester und ihr Freund, Loftys Eltern und seine jüngere Schwester, sie alle waren richtig nett zu mir und gaben mir niemals das Gefühl, dass ich anders war oder nicht zu ihnen gehörte. Damals wusste ich noch nicht, ob ich tatsächlich ein Mitglied der Familie werden, also ob Lofty um meine Hand anhalten würde. Doch sie nahmen mich in ihren Kreis auf, ohne zu zögern, und ich habe ihnen damals nicht viel zurückgeben können. War es wieder diese Taubheit in mir? Oder war ich einfach noch zu jung, um zu sehen, was sie mir Gutes taten? Das ist im Rückblick schwer zu beurteilen. Doch eins weiß ich noch genau: Tief in mir drin war ich unglücklich damals. Dass die Frage der Heirat in der Schwebe blieb, belastete mich dabei noch am wenigsten.

Während ich bei Loftys Eltern wohnte, war er zu weit weg stationiert, um mich regelmäßig besuchen zu können. Ehrlich gesagt, machte mir das nicht sehr viel aus. Wenn er nicht da war, vergaß ich fast, dass es ihn gab. Ich freute mich zwar, wenn ich ihn sah, doch es war nicht mehr als eine Freude wie über jeden anderen Besuch. Lofty war für mich ein Mensch wie alle anderen. Heute weiß ich, dass es an der Genitalverstümmelung lag, die mich betäubt hatte. Sie war der Grund dafür, dass ich seine Berührungen nicht spüren, keine sexuelle Lust empfinden konnte und wohl auch keine Liebe.

Doch Lofty ging es anders, er war in mich verliebt und wollte mich öfter sehen. Daher brachte er mich als Nächstes bei seiner Schwägerin in Bicester, in der Nähe von Oxford, unter, wo er mich öfter besuchen kommen konnte. Die kleine Gemeinde in Oxfordshire ist ebenfalls ein wichtiger Standort der britischen Armee. Dort lebte die Familie von Loftys Bruder, der so wie er selbst in der Armee tätig und damals weit fort in Belize stationiert war.

Ich zog zu seiner Frau, einer in London geborenen Pakistani, die schon einen Sohn von einem anderen Mann hatte. Ich erinnere mich, dass sie ein lustiges Englisch sprach, den berühmten Cockney-Dialekt, über den sich Lofty manchmal lustig machte. Sie war schon um einiges älter, 32 Jahre alt, und eine herzensgute Frau, die mich sofort als Familienmitglied aufnahm und mich auch ihren Freundinnen vorstellte. Als Loftys Bruder, er war erst 22 Jahre alt, nach Hause kam, war er nicht gerade erfreut über mich und mein Verhalten in der Familie. Er beschwerte sich, dass ich seiner mittlerweile wieder schwangeren Frau nicht im Haushalt half, beschimpfte mich und warf mir schlimme Dinge an den Kopf. Er war der Einzige aus der gesamten Familie, der jemals ein schlechtes Wort an mich richtete.

Ich war mit einem Visum für drei Monate gekommen, das Lofty noch einmal um drei Monate hatte verlängern lassen. Eine weitere Verlängerung sei nicht möglich, wurde mir gesagt, aber ich konnte mir einfach nicht vorstellen, wieder zurück nach Kenia zu gehen.

Der Frühling kam. Als es nur ein wenig wärmer wurde, trugen die englischen Mädchen schon kurze Hosen. Obwohl es für meine Begriffe weiterhin sehr kalt war und ich noch immer fror, spürte auch ich, dass das ganze Land zum Leben erwachte. Die Bäume und Sträucher, die kahl gewesen waren, entwickelten kleine grüne Triebe, und plötzlich begann es überall zu sprießen und zu blühen. Ich sah Schmetterlinge und hörte die Vögel singen, und auch die Menschen schienen auf einmal fröhlich und glücklich zu sein, und dazu waren sie wesentlich freundlicher als den ganzen Winter über.

Im Frühling fragte mich Lofty, ob ich seine Frau werden wolle. Sein Antrag war weder romantisch noch hegte ich romantische Gefühle für ihn, doch ich war froh, dass ich nicht zurück nach Kenia gehen musste. Ich sagte ja, weil Menschen nun einmal heiraten und ich von klein auf gehört hatte, dass das meine Aufgabe als Frau sei.

Wir heirateten im Frühling 1984 in Northumberland. Loftys Vater führte mich zum Altar und übergab mich seinem Sohn. Meine eigene Hochzeit war für mich ungefähr so aufregend wie ein Tennisspiel. Ich hatte keine große Lust, die Gäste zu unterhalten. Einige der Freunde meiner Schwägerin waren gekommen, Hausfrauen, die ich in Oxford kennengelernt hatte. Eine von ihnen beschwerte sich, dass die Hochzeitsfeier ziemlich langweilig sei. Vermutlich hatte sie recht. Auch Lofty und ich verließen die Feier bald.

Lofty, der nun immerhin mein Ehemann war, wollte seine Hochzeitsnacht genießen, wie es sich gehörte, er wollte mit seiner Ehefrau Sex haben. Wir fuhren zu einem Hotel in der Nähe, in dem wir ein Zimmer für die Hochzeitsnacht reserviert hatten. Das Hotel war wunderschön. Unser Zimmer war mit Blumen dekoriert, und die vorherrschende Farbe war Rot. Es war die Farbe meines Stammes. Sie leuchtete von allen Seiten des Raumes und gab mir ein warmes Gefühl. Auf dem Tisch stand ein Kübel mit einer Flasche Sekt.

Lofty entkorkte die Flasche und schenkte uns beiden ein.

»Auf unsere wunderbare Zukunft, mein Liebling, cheers!«, sagte er und prostete mir zu.

»Cheers!«, sagte ich, nahm einen großen Schluck und kicherte. Der Sekt schmeckte gut, ich nahm noch einen Schluck. Und noch einen. Der Sekt schoss mir ins Blut.

Ich erinnere mich, dass mein Ehemann Sex mit mir hatte, als mir plötzlich immer übler und übler wurde. Ehe ich es mich versah, übergab ich mich auf unser Hochzeitsbett. Lofty hielt in seinen Bewegungen inne.

»Catherine?«, rief er besorgt.

»Sorry, mir ist so schlecht!«, sagte ich und würgte.

Ich erinnere mich, dass er mich ins Badezimmer trug und mich in der Badewanne reinigte und dass ich am nächsten Morgen in einem frischen Bett aufwachte. Zum Glück war nichts mehr von meinem Missgeschick der Nacht zu sehen oder zu riechen.

Am nächsten Tag fuhren wir zurück zu seinen Eltern und gingen dort spazieren. Ich hatte ein schlechtes Gewissen, dass ich unsere Hochzeitsnacht ihm derart verdorben hatte, und beschloss, dass ich das wiedergutmachen wollte. Wir waren allein auf dem Feld, nur ein paar Schafe waren in der Ferne zu sehen, und so beschloss ich, meinem Ehemann einen zu blasen. Als Lofty meine Bemühungen gerade so richtig zu genießen begann, tauchte plötzlich wie aus dem Nichts ein Bus auf und fuhr direkt an uns vorbei. Am liebsten wäre ich vor Scham in den Boden versunken!

Obwohl unsere Ehe also nicht gerade den besten Anfang nahm, war ich in der ersten Zeit froh, dass ich nun verheiratet war und alleine mit meinem Mann zusammenwohnen konnte. Die Armee stellte uns ein Haus in Tidworth in der Nähe von Andover zur Verfügung, einer kleinen Stadt in Wiltshire im Süden von England, nicht weit entfernt vom berühmten Stonehenge. Es gefiel mir, nach Salisbury zu fahren, wo wir unsere Großeinkäufe erledigten. Auf dem Weg kamen wir an Stonehenge vorbei, das in seiner ganzen Herrlichkeit dalag: vor den saftigen grünen Wiesen im Abendlicht. Wir staunten allerdings schweigend: Lofty war wie sein Vater nicht sehr gesprächig.

Obwohl ich weit weg von meinem Zuhause war, dachte ich wie eine Frau meines Stammes: Ich war stolz, verheiratet zu sein und damit eine meiner Hauptaufgaben als Frau erfüllt zu haben. Was den nächsten Schritt betraf, nämlich Kinder zu bekommen, war ich wesentlich zurückhaltender. Obwohl die Ehefrauen der Soldaten rund um mich herum schwanger wurden – und es auch in Kenia der normale Lauf der Dinge gewesen wäre –, wehrte sich etwas in mir dagegen. Lofty übte zum Glück keinen Druck auf mich aus.

Ich konnte mir allerdings auch nicht vorstellen, mich unter die britischen Hausfrauen zu mischen und Teil des Klatsch-und-Tratsch-Netzwerkes zu werden, und so blieb ich alleine und meistens im Haus. Ich ging nur hinaus, um Lebensmittel einzukaufen. Ich hatte keine Ahnung, wie ich englisches Essen kochen sollte, und so kaufte ich Würstchen und Hamburger, die wir aßen, bis wir sie nicht mehr sehen konnten.

Ich erinnere mich, dass wir einmal ein Hähnchen kauften, von dem ich nicht so richtig wusste, wie ich es zubereiten sollte. Da ich nicht die Erstgeborene war, hatte ich niemals richtig gelernt, wie man kochte. Und als ich alleine gewohnt hatte, waren es meist nur Würstchen und Eier mit Brot, die ich gegessen hatte. Es war immer jemand da gewesen in meinem Leben, der besser kochen konnte als ich. Wir hatten uns schon etwas von dem Hähnchen auf den Teller getan, da stellte ich fest, dass es noch immer blutig war, und ich traute mich nicht weiterzuessen. Ich bedauerte sehr, dass ich niemals Kochen gelernt hatte, und ich beschloss, dass ich mich bessern musste.

Überhaupt hätte ich gerne etwas gelernt. Ich fühlte mich schlecht, wenn ich Teenager sah, die in ihren Uniformen zur Schule gingen, und ich dachte unwillkürlich an meine Freunde in Maralal. Dann stellte ich mir vor, wie sie im Klassenzimmer saßen. Am glücklichsten fühlte ich mich, wenn Lofty und ich durch die Felder joggten. In der freien Natur konnte ich meinen Körper spüren und hatte in manchen Momenten tatsächlich das Gefühl, endlich im Paradies angekommen zu sein.

Doch sehr bald stellte sich heraus, dass es in unserer Ehe ein großes Problem gab; ein Problem, das eigentlich seit unserer ersten Begegnung existierte: Wenn mein Mann und ich miteinander Sex hatten, tat ich nur so, als würde ich es genießen und als sei ich erregt – ich seufzte und stöhnte und verrenkte den Körper. Ich wollte, dass er dachte, ich hätte einen Orgasmus. Die Wahrheit war, dass ich nicht nur keinen Orgasmus hatte, sondern dass ich rein gar nichts fühlte. Um zu vertuschen, dass ich eine absolute Versagerin war, bemühte ich mich, meinem Mann möglichst gut vorzuspielen, dass mir der Sex gefiel – und so wurde alles immer schlimmer.

Mein Mann hatte keine Ahnung, dass ich beschnitten worden war. Vermutlich wusste er nicht einmal, dass so etwas vorkam. Er spürte zwar, dass etwas nicht stimmte und dass es mir nicht gutging, aber er hatte keine Ahnung, was es war. Er war liebevoll zu mir. Doch seine Liebe konnte mich nur eine Zeitlang darüber hinwegtrösten, dass ich selbst nicht fähig war zu lieben. Weder ihn noch mich selbst.

Meine erste Zeit in Deutschland

Im Jahr 1985 wurde mein Ehemann nach Deutschland versetzt. Lofty und ich zogen in eine Kleinstadt namens Dülmen bei Münster. Dort unterhielten die britischen Streitkräfte bis ins Jahr 2016 die »Tower Barracks«.

Diesmal konnten wir uns selbst unsere Einrichtung aussuchen. Anstelle der hässlichen grünen Möbel, zwischen denen wir in Tidworth hatten leben müssen, wählten wir eine Kombination aus Schwarz, Weiß und sanften Cremefarben. Hinzu kam: Es war Sommer, endlich warm, und ich begann mehr und mehr aufzuleben.

Dülmen gefiel mir. Es erschien mir irgendwie romantisch, mit vielen glücklichen Familien und freundlichen und offenen Menschen. Ich verließ das Haus jeden Tag, wurde sogar Mitglied in einem Fitnesscenter und begann zu trainieren. Ich konnte mich in einer Weise unter Deutschen wohl fühlen, wie es mir mit den Engländern nicht gelungen war.

Eines der wenigen negativen Erlebnisse war mein erster und letzter Besuch in der Sauna. Ich war noch sehr jung, mein Körper war stark, meine Haut straff, meine Brüste groß und fest. Nichts ahnend ging ich zu den anderen in die Sauna. Niemals werde ich die Gesichter der deutschen Männer vergessen, die mich anstarrten wie eine Erscheinung. Einer der Männer folgte mir sogar, als ich nach draußen ging, und ließ mich nicht aus den Augen, während ich duschte.

Mein Körper war sexy, und die Männer begehrten mich vielleicht besonders, weil ich durch mein Aussehen irgendwie exotisch wirkte. Doch ich hatte meine Sexualität verloren und wusste selbst nicht, was Begehren war.

Für meinen Mann tat ich so als ob. Er kaufte für mich erotische Unterwäsche, über die ich nur einen Mantel zog. Dann fuhren wir mit dem Auto über die Landstraßen und blieben irgendwo stehen. Ich stand innerlich verloren in der wunderschönen, mittlerweile wieder herbstlichen Landschaft mit den bunten Blättern und öffnete meinen Mantel. Ich tat es nur für ihn, um ihn glücklich zu machen. Überhaupt tat ich alles, um ihn glücklich zu machen – und wurde dabei selbst immer unglücklicher.

Als Kind hatte ich mich vor der Nacht gefürchtet, wenn ein Löwe in der Nähe unseres Hauses gebrüllt hatte. Einmal war einer so nahe an unser Haus gekommen, dass meine Mutter und meine Tante hinausgehen und ihn vertreiben mussten, damit er nicht unsere Tiere tötete und fraß. Ich hatte so große Angst um sie, dass ich kaum zu beruhigen war. Am Ende war es meine Schwester, die mir ein Gefühl der Sicherheit zurückgab und die mich beruhigte.

In Münster und in meiner Ehe aber war ich allein. Es gab niemanden, mit dem ich hätte reden oder mit dem ich über meine Probleme hätte sprechen können. Da war keine Mutter, und da waren auch keine Tanten. Niemand verteidigte mich gegen die Löwen – es gab ja auch gar keine. Dennoch wuchs in mir eine schreckliche Angst vor der Nacht, die mir die Kehle zuschnürte und mir den Atem nahm.

Hinzu kam, dass mein Mann nicht wie mein deutscher Freund Jürgen war, der sich nicht für Sex mit mir interessierte. Mein Mann war im Gegenteil voller sexueller Energie. Er war verrückt nach mir. Es schien, als ob ihn meine bloße Anwesenheit erregte. Damals war ich überzeugt, dass es meine Aufgabe als Ehefrau wäre, meinen Mann sexuell zufriedenzustellen und ihn auch zu erregen. Irgendwo brauchte ich wohl das Gefühl, dass er mich begehrte. Ich fühlte mich leer und nutzlos, wenn er nicht scharf auf mich war. Und dennoch stieß ich ihn oft genug vor den Kopf, schob ihn weg und forderte, er solle mich in Ruhe lassen. Es war ein elendes Hin und Her, und der eigentliche Grund war, dass ich verhindern wollte, dass er mich genauer betrachtete. Er sollte nicht wissen, dass ich beschnitten war. Kein Wunder, dass ich auch vor Sex eine riesige Angst entwickelte. Und erst nach und nach dämmerte mir, dass die Genitalverstümmelung auch direkt etwas mit der sexuellen Unlust zu tun hatte. Es war nicht nur das Äußere: Tief in mir verankert war diese Angst vor dem Akt. Deshalb war es auch am schlimmsten, wenn wir tagsüber Sex hatten. Im Tageslicht schämte ich mich noch mehr für meine Genitalien, eine Scham, die mindestens seit meinem zwölften Lebensjahr tief in mich eingeschrieben war. Am liebsten hätte ich mich versteckt, und doch tat ich so, als hätte ich Spaß daran.

Und so spielte ich meinem Mann Tag für Tag etwas vor. In mir war diese Stimme, die mich aufforderte, gut zu sein im Bett. Das war gerade bei den Stämmen sehr wichtig, die ihre Mädchen nicht beschnitten. Und doch galt das auch für mich, dass ich wusste, es gibt Stämme, die sehr viel Wert auf ihre sexuellen

Künste legen. Mir war das ständig bewusst, diese Anforderung, darin besonders gut sein zu müssen. Ich dachte an die Kamba, eine der Ethnien in Kenia, die als Bauern zwischen Nairobi und Mombasa leben und die für ihre Magie bekannt sind. Im Stamm der Kamba lehren die Tanten ihre Nichten, wie sie einen Mann befriedigen. Ich hingegen hatte mir alles selbst beigebracht und fürchtete ständig, nicht zu genügen. Diese Überzeugung war wie ein Löwe, der sich nicht vertreiben ließ und der mich jede Nacht aufs Neue zerfleischte.

Trennung

Mit der Zeit begann ich, mein gesamtes Leben als Ehefrau zu hinterfragen. Ich war eine Hausfrau, die regelmäßig Sport machte und gemeinsam mit ihrem Mann ein normales Leben lebte. Am Vormittag kümmerte ich mich um den Haushalt, und am Nachmittag ging ich ins Fitnesscenter. Am Abend kam mein Mann nach Hause, wir aßen zu Abend, irgendetwas Warmes, das ich gekocht hatte. Damals hatte ich es noch immer nicht gelernt, richtig zu kochen, und mein Ehemann machte mich indirekt auf diesen Mangel aufmerksam, wenn er sich mit einer gewissen Wehmut an die Kochkünste seiner Mutter erinnerte. Nach dem Essen saßen wir gemeinsam vor dem Fernseher, und die ganze Zeit über lauerte in meinem Hinterkopf mein ganz persönlicher Alptraum: Sex.

Zu dem Zeitpunkt war ich erst siebzehn Jahre alt. Allein die Vorstellung, es könne so bis zu meinem Tod weitergehen, deprimierte mich. Keine Spur von guter Laune oder Fröhlichkeit, ich schleppte mich durch die Tage.

Lofty war Soldat, er war nicht frei, über sich und seine Zeit zu verfügen. Auch deshalb hatten wir nicht besonders viel Gestaltungsfreiraum für unser gemeinsames Leben. Er hatte seine frühere Freundin für mich verlassen und mir geholfen, aus Kenia herauszukommen, wofür ich ihm wirklich dankbar war. Er war respektvoll, daher hatte ich ihn attraktiv gefunden. Er war ein Handwerker und konnte gut mit seinen Händen umgehen. Doch er war schweigsam wie sein Vater. Ich sehnte mich nach einem Gedankenaustausch und versuchte, mit ihm über verschiedene Themen zu reden, doch meine Bemühungen waren vergeblich. Es gelang mir einfach nicht, ihn zum Sprechen zu bringen.

Insgesamt machte er allerdings einen zufriedenen Eindruck, ja, Lofty wirkte glücklich. Er war mit der Frau zusammen, die er liebte, und er freute sich offenbar darauf, den Rest seines Lebens mit ihr zu verbringen – mit mir! Er kam aus einer Familie, in der die Eltern sich nicht getrennt hatten, er hatte das nicht durchgemacht wie ich und wusste nichts von meinen Dämonen. Leider begannen wir, erst richtig miteinander zu sprechen, als es zu spät war und ich bereits eine Alternative zu unserer Ehe entdeckt hatte.

In Dülmen war ich viel mehr unterwegs als in England, und ich machte mich immer hübsch, bevor ich aufbrach. Ich war an einem wunderschönen Sommertag in der Stadt, um einzukaufen, als mich plötzlich ein Mann ansprach. Ich weiß noch, dass ich an jenem Tag ein cremefarbenes Minikleid trug und das Haar zu langen Rastazöpfen geflochten hatte. Mit der Einkaufstüte in der Hand lief ich die Hauptstraße entlang, als plötzlich ein bärtiger Mann auf mich zukam und mich anlächelte.

Er sagte auf Englisch: »Hallo, mein Name ist Andreas Skowbosky!«, und dann streckte er mir die Hand hin.

»Catherine«, sagte ich überrascht. Irgendwie machte mich das froh, dass mich jemand wahrnahm, und so ergriff ich seine Hand und schüttelte sie ganz automatisch. Ich fühlte mich wohl in Deutschland und fand es ganz normal, mich auf der Straße mit jemandem zu unterhalten, auch wenn bisher noch niemand so direkt auf mich zugekommen war.

»Ich muss dich einfach ansprechen, ich bin Fotograf!«, sagte Andreas und fuhr fort: »Du sieht toll aus. Hast du schon einmal als Model gearbeitet oder daran gedacht, es zu versuchen? Ich würde dich gerne fotografieren.«

Ich freute mich über diese Begegnung und seinen Vorschlag und gab ihm unsere Telefonnummer. Ich hatte nie zuvor die Bekanntschaft eines Fotografen gemacht oder auch nur daran gedacht, Model zu werden. Damals hatte ich noch nicht von Waris Dirie gehört, aber ich kannte das Fotomodel Iman. Genau wie Waris Dirie ist Iman in Somalia geboren. Am Campus der Universität von Nairobi wurde sie von dem bekannten Fotografen Peter Beard entdeckt. Sie arbeitete als Fotomodel und als Schauspielerin und spielte sogar in dem Film »Jenseits von Afrika« mit. Deshalb fand ich den Vorschlag interessant, als Model zu arbeiten, auch wenn ich tief im Innern das Gefühl hatte, das könne ich nur geträumt haben. Ich lief ganz in Gedanken nach Hause und überlegte, wie ich mich darauf vorbereiten könnte. Die Idee, nein zu sagen, kam mir gar nicht in den Sinn, so sehr freute ich mich darauf, eine eigene Beschäftigung zu haben, etwas anderes tun zu können, als Tag für Tag herumzusitzen. Zu Hause blätterte ich Modemagazine durch und bereitete mich innerlich auf den Anruf von diesem Andreas vor. So richtig konnte ich nicht daran glauben, dass er sich bei mir melden würde.

Doch zwei Tage darauf läutete das Telefon, und Andreas lud mich in sein Fotostudio in Münster ein. Ich fuhr hin, etwas anderes wäre mir gar nicht mehr in den Sinn gekommen, so begeistert war ich von der Möglichkeit, mal rauszukommen.

Das Haus war riesig, viel zu groß für eine Person. Aber ich fühlte mich wohl. Andreas bot mir etwas zu trinken an, und ich erzählte ihm ein bisschen von mir. Dann zeigte er mir das Zimmer, in dem ich mich umziehen sollte.

»Das sind die Kleider«, erklärte er und deutete auf die Garderobe. Dort hingen Kleider, rot und grün und bunt. Ich berührte sie vorsichtig mit den Fingerspitzen und ließ den Stoff andächtig durch die Finger gleiten, samtig und weich fühlte sich das an. Er war allerdings auch so gut wie durchsichtig. Ob das in Ordnung war?

»Okay«, sagte ich zögernd und brachte die Stimmen in meinem Hinterkopf zum Schweigen.

»Hier kannst du dich zurechtmachen«, fuhr Andreas fort und wies auf den Spiegel, vor dem einige Schminkutensilien standen, eine richtige Make-up-Grundausstattung.

Ich nickte.

»Ich warte draußen!«, sagte er dann und ließ mich allein.

Ich schlüpfte aus meinem Kleid, das so unscheinbar war im Vergleich, und zog vorsichtig das rote Kleid an, das mir als Erstes ins Auge gefallen war, weil mich die Farbe an meinen Stamm erinnerte. Ich wollte so natürlich aussehen wie möglich, selbstbewusst wie ein Perlenmädchen, daher trug ich nur ein wenig Wimperntusche und einen dezenten Lippenstift auf. Dann betrat ich das Wohnzimmer, das als Fotostudio diente.

»Okay, Catherine, sei einfach du selbst!«, sagte Andreas und begann, mich zu fotografieren. Der Ton, den die Kamera von sich gab, gefiel mir, dieses ratternde Klacken, und der Stoff fühlte sich auf meiner Haut angenehm an. Unter dem Kleid trug ich nur meine Unterwäsche. Ich blickte in die Kamera, hinter der Andreas kaum zu sehen war, so dass ich ihn fast vergaß. Doch er gab mir Anweisungen und ermunterte mich dazu, mich frei zu bewegen.

»Gut so!«, sagte er.

Ich aber war weit fort in Gedanken, in meiner Heimat, in Maralal, im Busch, bei meiner Familie, und ein wenig dachte ich auch an mein jetziges Leben. Ich verspürte eine unendlich große Sehnsucht nach etwas, was ich nicht in Worte fassen konnte, und begann zögernd, im Raum umherzugehen.

»Ja, super, weiter so!«, sagte Andreas, und ich machte weiter.

Die Fotos wurden großartig. Er zeigte sie mir. So hatte ich mich noch nie zuvor gesehen: schüchtern und gleichzeitig natürlich. Ich sah aus wie jemand, der auf der Suche nach sich selbst war. Andreas zeigte die Fotos einem Agenten, der sofort Andreas' Begeisterung teilte. Es dauerte nicht lange, und ich bekam meinen ersten Auftrag als Model.

Ich war sehr aufgeregt, nicht nur, weil es mein erster Auftrag war. Ich hatte unglaublich große Angst, dabei ins Wasser zu fallen – und das meine ich ganz wörtlich: Es ging darum, Bikinis vorzuführen, und ich war nur eins von vielen Models. Erst musste ich die Hürde überwinden, mich in der Umkleide vor den Augen aller Anwesenden auszuziehen, was mir sehr unangenehm war. Und dann mussten wir tatsächlich rund um einen großen Swimmingpool gehen und dann über eine Brücke mitten über das Wasser. Ich behielt den Kopf hoch erhoben und versuchte, nicht daran zu denken, dass ich nicht schwimmen konnte. Ich schaffte es, überzeugte die Auftraggeber von meinen Fähigkeiten – und weitere Aufträge folgten.

Lofty freute sich für mich. Er vertraute mir und ließ mir jede Freiheit. Es machte ihm nichts aus, wenn ich mit anderen Männern sprach, so sicher fühlte er sich in unserer Beziehung. Er kaufte mir Kleider, Schmuck und Schuhe und wollte, dass ich wie eine Prinzessin aussah. Ich glaube, er war stolz auf mich. So nahm ich ganz verschiedene Aufträge an und kam viel herum. Die Menschen, die ich kennenlernte, schenkten mir ihre Aufmerksamkeit, und allmählich begann ich, mir meiner Schönheit bewusst zu werden. Mir wurde auch klar, dass es ein Leben außerhalb der Ehe gab. Ich entdeckte mich, probierte mich ein wenig aus in diesem Beruf, bei dem immer alle so selbstsicher wirkten. Und das Modeln war nur ein Anfang, ein erster Schritt auf dem Weg, mich zu akzeptieren, zumindest mein Äußeres.

Zunächst schien unsere Ehe noch stabil. Ich bekam sogar die Gelegenheit, bei einem Schönheitswettbewerb der Army mitzumachen. Die schönste Ehefrau der britischen Soldaten sollte gewählt werden, und Lofty freute sich sehr, dass ich dafür in Frage kam. Er half mir bei der Organisation und der Terminabstimmung, denn inzwischen rief ständig jemand bei uns an. Es wäre eine gute Möglichkeit für meine Karriere gewesen, und ich hätte dabei sogar Prinzessin Diana getroffen. Doch im letzten Moment entschied ich mich dagegen. Das fiel mir nicht leicht. Aber in meinem Herzen hatte ich schon lange den Wunsch gehabt, endlich wieder nach Hause zu fahren, die Menschen wiederzusehen, die mir so viel bedeuteten. Ich hatte mich still nach Kenia gesehnt – und bestimmt hatte ich niemandem davon erzählt, weil ich es selbst nicht wahrhaben wollte: Endlich ging etwas voran in meinem Leben! Gerade in diesem Augenblick konnte ich vielleicht zum ersten Mal richtig in mich hineinhören und fühlte umso mehr diesen Sog, nach Hause zu kommen. Oder war es Angst? Wer war ich denn, die kleine Ntailan Lolkoki aus Kenia – und ich sollte Lady Di treffen? –, das schien mir nicht richtig. Und das passte irgendwie alles nicht zusammen. Am Ende siegte das Gefühl der Sehnsucht nach meiner Heimat.

Und so buchte ich aus einem Impuls heraus einfach einen Flug nach Kenia von dem Geld, das ich beim Modeln verdient hatte. Der arme Lofty versuchte noch, dem Organisationskomitee der britischen Armee zu erklären, warum ich doch nicht teilnahm, aber eigentlich gab es keine wirklichen Gründe. Nichts, was in seinen und deren Augen gezählt hätte.

Ich blieb nicht lange in Kenia. Nur ein paar Tage, die ich in einem Hotel in Nairobi verbrachte, und traf dort meine Freundinnen Vicky und Njambi, denen ich von England und Deutschland und dem Leben in Europa erzählte. Vicky hatte mittlerweile einen schwarzen US-Amerikaner zum Freund, mit dem sie in die USA gehen wollte. Njambi plante, mit ihrem afrikanischen Freund an die Küste zu ziehen, und Winnie war bereits wieder in Maralal.

Ich hatte einen Blick zurück gewagt, dorthin ging es eigentlich nicht. Aber wenn ich ehrlich war, dann war ich nicht zufrieden mit der Zukunft: Die Freude über mein neues Leben als Model war verflogen, denn egal, wie viel Spaß mir der Job machte, konnte er mich nicht darüber hinwegtrösten, dass ich meine Ehe als Gefängnis empfand. Tief in mir wusste ich, dass ich früher oder später ausbrechen musste. Ich wollte einerseits, dass mein Mann mich verehrte, schließlich musste das so sein, etwas anderes wäre mir gar nicht eingefallen. Und gleichzeitig machte ich ihm das Leben zur Hölle, anders konnte es nicht gehen, schließlich befand ich mich selbst dort, ging durch die Hölle. Ich konnte es damals nicht sehen, aber ich machte unsere Beziehung kaputt, weil ich selbst zerstört worden war. Noch nicht einmal seine Zuneigung konnte ich ertragen: Ich musste den Mann verlassen, der mich wirklich liebte, auch wenn ich nie wieder jemanden finden würde, der mich genauso lieben würde wie er. Ich konnte einfach nicht bleiben.

Kurz nach meiner Rückkehr wurde mein Mann auf die Falklandinseln versetzt, und ich zögerte nicht, sondern verließ unsere Wohnung in Dülmen und zog nach Berlin, wo ich mehrfach gemodelt hatte und mich auskannte. Ich kam nur zurück, um mich endgültig von ihm zu verabschieden. Dabei gehorchte ich dem altgewohnten Muster unserer Ehe: Ich hatte ihm gerade zum letzten Mal einen Orgasmus vorgespielt. Wir saßen auf dem Bett. Da brach alles aus mir heraus, meine Unzufriedenheit, mein Wunsch, in Berlin zu leben, die Unerträglichkeit der

Situation. Ich versuchte, ihm zu erklären, warum ich ihn verlassen musste, und an dem Abend erzählte ich ihm schließlich, dass ich beschnitten worden war.

»Was hat das mit unserer Beziehung zu tun?«, fragte Lofty. Er hatte keine Ahnung und keine Vorstellung davon, worum es ging. »Du bist meine Frau, ich liebe dich!«, fügte er hinzu, und ich konnte sehen, wie sehr er litt.

Ich wusste, meine Worte würden ihn hart treffen, doch es musste raus: »Wirklich, ich habe niemals etwas für dich empfunden. Ich spüre keine Verbindung zu dir. Ich habe ja noch nicht einmal eine Verbindung zu mir selbst und zu meinen Gefühlen, ich bin davon abgetrennt, ich spüre nichts, verstehst du?«, sagte ich.

Lofty verstand mich nicht. Obwohl er als Soldat in allen möglichen Ländern stationiert gewesen war, hatte er keine Ahnung von anderen Kulturen und schon gar nicht davon, was eine grausame Tradition wie Genitalverstümmelung anrichten kann.

Am nächsten Tag brachte Lofty mich in Münster zum Flughafen. Ich nahm nicht mehr mit als meine Handtasche und die Kleidung, die ich trug. Tränen liefen ihm über das Gesicht. Noch als ich im Flugzeug saß, konnte ich ihn draußen stehen sehen. Es sollte das letzte Mal sein, dass ich Lofty getroffen habe.

6. Kapitel

Wanderjahre

Luxus in Berlin

Berlin war wundervoll. Es war die Zeit vor der Wende und vor der deutschen Wiedervereinigung. Ich war schon mehrmals nach Westberlin geflogen, um zu modeln, und hatte dort Hans kennengelernt. Er stammte aus einer reichen Familie und hätte es eigentlich nicht nötig gehabt zu arbeiten. Er war Zahnarzt und besaß eine gut laufende Praxis in Charlottenburg mit einem Dutzend Mitarbeiter. Die Patienten kamen hauptsächlich aus der Medienwelt, und einige von ihnen gaben mir Aufträge als Model. Einer lud mich sogar in eine Fernsehsendung ein.

Direkt über der Praxis lag die Wohnung von Hans. Nach der Trennung von Lofty zog ich dort ein. Es gab mehrere Schlafzimmer, ein geräumiges Badezimmer mit einer Wanne, die wie ein Jacuzzi aussah, zwei Toiletten, eine Waschküche mit einer Waschmaschine, eine richtige Küche, ein riesiges Esszimmer und eine Bibliothek mit über tausend Büchern. Es gab weitere Zimmer, in denen man gemütlich sitzen und die Kunstwerke bewundern konnte, mit denen die Wohnung dekoriert war. Hans liebte abstrakte Malerei, und er konnte es sich leisten, die schönsten Kunstwerke zu kaufen. Eines der Zimmer war ein richtiges Lager für Bilder. In diesem Zimmer begann ich zu malen.

In einem der Wohnzimmer stand eine riesige Palme, so dass man fast das Gefühl hatte, man befände sich draußen in der Natur. Dort hatte man vom Fenster aus auch einen wunderbaren Ausblick auf Charlottenburg. Oft saßen wir abends auf dem weißen Sofa und bewunderten den Sonnenuntergang. Die

Wohnung lag direkt am Kaiserdamm, der in die Bismarck-
straße übergeht, in der unter anderem die Deutsche Oper liegt.
Ich war im Zentrum des kulturellen Lebens von Berlin angekommen und fühlte mich in dieser Umgebung eine Zeitlang
richtig gut.

Hans war mindestens zwanzig Jahre älter als ich und zeigte
mir, dass es im Leben mehr gab als ein Eheleben oder Haus-
frauendasein. Er war eher klein und trug das Haar zu einem
Pferdeschwanz zusammengebunden. Er wirkte nicht besonders männlich, doch er war ein wundervoller, warmherziger
Mann und mir gegenüber stets freundlich und großzügig. Von
dem Geld, das er mir gab, schickte ich manchmal etwas nach
Kenia. Er kaufte mir Kleider und lud mich in die teuersten Re-
staurants ein. Vom Alter her hätte er mein Vater sein können,
doch mir gefiel, wie er mich behandelte. Ich genoss die interessanten Gespräche mit ihm und seinen Freunden, die alle intel-
ligent und gebildet waren und mit denen ich endlich reden
konnte, wie es mit Lofty niemals möglich gewesen war.

An der Seite von Hans fiel der Druck von mir, eine gute
Haus- und Ehefrau sein zu müssen, deren wichtigste Aufgabe
es war, ihren Mann sexuell zufriedenzustellen. Ich musste nicht
mehr so tun als ob. Hans und ich schliefen gemeinsam in einem
der Schlafzimmer, jede Nacht kuschelten wir uns zusammen,
und ungefähr alle drei Tage hatten wir Sex. Ich tat nicht mehr
so, als würde ich es genießen, wenn das nicht der Fall war. Ich
spielte ihm niemals vor, dass ich einen Orgasmus hatte. Nach
der sexuellen Hölle, durch die ich mit Lofty gegangen war,
empfand ich das als echten Fortschritt.

Das ließ mir den Freiraum, seine Welt zu genießen, die Welt,
in die er mich entführt hatte. Für seine Freunde bereitete ich
sogar afrikanische Spezialitäten zu. Ich lernte durch ihn Kunst,
Malerei und schließlich auch klassische Musik kennen.

Es war auf einer Party im Jahr 1987. Ich saß auf einem der

gepolsterten Sitzmöbel zwischen zweien von Hans' Freunden, als ich plötzlich eine Musik hörte, die vom ersten Ton an direkt in meine Seele vordrang. Ich vergaß Hans, seine Freunde, das Sofa und die gesamte Wohnung und sah mich plötzlich ganz alleine auf einem Feld irgendwo in der Natur, tanzte innerlich zu der Musik, die meine Seele dort berührte, wo die Genitalverstümmelung sie zerstört hatte, und die mich plötzlich wieder mit mir selbst in Verbindung brachte.

Ich stand auf und ging in einen anderen Raum, um allein zu sein, wo ich aber die Musik noch gut hörte. Ich sah Kenia vor mir, die Landschaft dort, dann andere Berge und Täler. Und ich fühlte etwas in mir, eine Verbundenheit, eine Tiefe, von der ich nicht gewusst hatte, dass sie existierte. Ich hockte da wie ein kleines Mädchen, in einer Ecke des Zimmers, die Arme um den Körper geschlungen, und vergaß alles um mich her und lauschte einer Musik, die schöner und größer war als alles andere.

Plötzlich stand Hans vor mir. Er zitterte bei meinem Anblick. »Air von Johann Sebastian Bach«, flüsterte er schließlich und riss mich damit aus meinen Träumen.

Von diesem Moment an wusste ich, dass ich Bach liebte und dass seine Musik eine wichtige Rolle in meinem Leben spielen würde. Sie würde mich durch dick und dünn tragen, mich durchs Leben begleiten, und immer, wenn ich mich klein fühlte, wenn ich nicht wusste, worin der Sinn des Lebens bestand, dann würde ich Bach hören, und ich würde zumindest mich selbst wieder spüren, ich würde den Mut finden, mich immer wieder auf die Suche nach dem Sinn des Lebens zu machen.

In der Musik hatte ich eine eigene Welt entdeckt. Und auch wenn ich mich für einige Zeit im Luxus sonnte, bemerkte ich doch bald, dass keine schönen Kleider, kein Geld oder die feine Gesellschaft, nicht all die reichen Leute und noch nicht einmal die intellektuellen Gespräche mich auf Dauer glücklich machten. Genau genommen unterschied sich dieses Leben in Berlin nicht wesentlich von meiner Zeit in Nairobi, nur war der Lebensstandard höher. Wenn ich in mich hineinhorchte, war da kein Raum für Glück. Ob mich überhaupt jemals etwas auf Dauer glücklich oder auch nur zufrieden machen konnte? Die Leere, die sich seit dem Ende meiner Kindheit in mir ausgebreitet hatte, verfolgte mich und holte mich ein, was ich auch tat. Ich wusste nicht, was mir helfen konnte, ich wusste nicht, wohin ich mich wenden sollte: Ich war am Ende.

Hinzu kam, dass Hans zu viel trank und unhöflich und gemein wurde, wenn er betrunken war. Vor den Augen seiner Gäste beschimpfte er mich. Ich sei ungebildet, rief er. Er erniedrigte mich und machte die Leere in mir nur größer.

Zum Glück lernte ich damals die beiden Architekturstudenten Peter und Vincent kennen, die in meinem Alter waren. Peter wurde mein Freund, denn er war nicht so auf Sex fixiert. Im Unterschied zu Lofty war er gebildet, und wir konnten uns gut unterhalten, als wären wir spirituell verbunden. Mit Peter konnte ich über meine Probleme sprechen und die Fragen, die mich quälten, wer ich war, was ich mit meinem Leben anfangen sollte. Niemals hätten er oder seine Freunde mich so von oben herab behandelt wie Hans, der allmählich im Alkohol versank. Bald hielt ich es bei Hans nicht mehr aus und suchte mir eine eigene Wohnung. Hans vermutete zwar, dass ich einen jüngeren Freund hatte, doch ich gab es nicht zu. Ich sagte, ich könne seine Alkoholexzesse nicht mehr ertragen und bräuchte Platz für mich.

Trotzdem half mir Hans, mein wunderschönes Holzbett aufzubauen, das von bodenlangen Vorhängen umgeben war. Doch es war Peter, der mich halb bewusstlos darin auffand. An dem Tag war der Wunsch in mir, der Bedeutungslosigkeit zu entfliehen, übermächtig geworden, und der Tod war mir erträglicher erschienen als diese Leere in mir. Zum Glück nahm ich nicht genug Tabletten. Ich erinnere mich an Peters besorgtes Gesicht, als der Notarzt eintraf, und daran, wie schwach ich tagelang war. Doch ich wusste, dass es so nicht weitergehen konnte.

Ein paar Tage später war ich bei Hans, ging ins Badezimmer und legte mich in die Wanne. Hans, der gerade zu Hause war, folgte mir ins Bad und betrachtete mich.

»Hans«, sagte ich. »Ich möchte ich selbst sein.«

Er sah mich ein wenig verwirrt an und fragte mich, wie genau ich denn ich selbst sein wolle.

»Ich muss mich selbst finden«, erklärte ich ihm.

Er sagte nichts und ließ mich alleine. Nach dem Bad griff ich nach der Schere und sah in den Spiegel. Ich war wunderschön, mein Körper war jung und attraktiv, und die Rastazöpfe hingen tropfnass über die vollen Brüste. Ich nahm die Schere und begann zu schneiden. Einer nach dem anderen fielen meine Zöpfe zu Boden, und schließlich sah ich im Spiegel wieder das junge Mädchen, das ich einmal gewesen war: Ntailan, deren Mutter ihr die Haare geschnitten hatte und die sich hässlich und schrecklich einsam fühlte.

In diesem Moment öffnete sich die Tür, und Hans machte einen Schritt in den Raum, blieb mitten in der Bewegung stehen und schüttelte ungläubig den Kopf. Dann sah er mich vorwurfsvoll an, als ob ich sein Spielzeug kaputt gemacht hätte. Tatsächlich hatte ich mit wenigen Schnitten seine schöne Freundin zerstört, sein exotisches Haustier, das er seinen reichen Freunden zeigen und mit dem er auf der Straße angeben konnte. Stattdessen stand vor ihm ein kleines hässliches Buschmädchen. Wortlos drehte er sich um und verließ den Raum.

Ich schluckte schwer. Dann schminkte ich mich und zog mich hübsch an. Ich ging direkt zu Peter, der sich wie immer freute, mich zu sehen, auch wenn ich jetzt jünger wirkte, vielleicht endlich so jung aussah, wie ich wirklich war. Peter hatte mich im Unterschied zu Hans wirklich gern, er hieß mich willkommen in seinem Leben und in seinem Herzen.

Doch so einfach war es nicht für mich, Hans zu verlassen. Und als er mitbekam, dass ich versucht hatte, mir das Leben zu nehmen, gab er sich Mühe. Er hatte die Idee und gab mir Geld, sie zu verwirklichen: Ich sollte nach Kenia zu meiner Familie fliegen. Vielleicht würde mir das helfen.

Besuch in Kenia

Diesmal flog ich mit Dutch Airlines und musste in Amsterdam zwischenlanden. Dort kam plötzlich ein Mann auf mich zu und stellte sich mir mit den Worten vor: »Hallo, ich bin Paul Teasdale, ich reise als Missionar zu den Samburu.«

»Catherine«, sagte ich und fügte hinzu: »Ich bin selbst eine Samburu.«

Pauls Blick veränderte sich, die Züge entglitten ihm, und er brach in Tränen aus. Ich konnte es nicht glauben: Vor mir stand ein Mann, den ich nicht kannte, ein Missionar, der zu weinen begann, nur weil ich ihm sagte, dass ich zum Stamm der Samburu gehörte. Ich wusste nicht, was los war, was um mich herum passierte. Noch viel weniger wusste ich, was ich sagen oder tun sollte.

Während ich mich verzweifelt fragte, warum dieser Mann weinte, tauchte plötzlich eine Frau auf und stellte sich zu uns.

»Meine Frau!«, stellte er sie vor und hörte endlich zu weinen auf.

Ich weiß bis heute nicht, was den Mann zum Weinen gebracht hatte. Er wirkte väterlich und sanft auf mich, doch in seiner Frau ahnte ich eine Härte, die ich nicht einordnen konnte, genauso wenig wie ich die gesamte Situation hätte einordnen können.

Als wir schließlich im Flugzeug saßen, begannen die beiden

Missionare christliche Lieder zu singen. Während sie Gott priesen, starrte ich aus dem Fenster. Nach der Landung luden sie mich ein, mit ihnen nach Diguna zur Missionsstation zu kommen, und obwohl ich ihr Singen und Beten eher befremdlich gefunden hatte, folgte ich ihrer Einladung, statt direkt zu meiner Familie zu fahren. Ich hatte niemandem Bescheid gegeben, dass ich kommen würde, es wartete niemand auf mich. In Diguna erhielt ich meine persönliche Bibel überreicht und hörte höflich den Predigten zu, die jedoch auf mich keine Wirkung hatten, so dass ich mich bald verabschiedete. Ich war schließlich nach Kenia geflogen, um meine Familie zu treffen. Seit ich mit sechzehn Jahren in das Flugzeug nach London gestiegen war, war ich weder meiner Mutter noch meinen Schwestern wiederbegegnet.

Als Erstes machte ich mich auf den Weg nach Langata zu meiner Schwester Esther und ihrem Mann. Noch heute sehe ich sie vor mir, die einfachen Militärbaracken und das ärmliche Haus, in dem sie wohnten. Und die Überraschung auf Esthers Gesicht, als diese vors Haus trat und mich erkannte.

Da stand ich mit meinen teuren Kleidern, die Arme voller Geschenke, und spürte, wie mir die Augen feucht wurden. In diesem Moment brach alles aus mir heraus, denn ich erkannte, wie sinnlos es gewesen wäre zu sterben. Was wäre aus meiner Familie geworden? Wer hätte von mir erzählt, ihnen meinen Tod erklärt? Die Gedanken trafen mich ins Herz, so dass ich nicht aufhören konnte zu weinen. Esther sah mich verständnislos an. Dann trat ihr Mann aus dem Haus, starrte mich ebenfalls kurz an und beauftragte jemanden, so schnell wie möglich meine Mutter zu holen.

»Komm herein!«, sagte Esther.

Ich beruhigte mich langsam, begann im Haus die Geschenke auszupacken und zu verteilen. Nun wurden alle fröhlich, und auch meine Stimmung hob sich.

Plötzlich stand meine Mutter vor mir.

»Ntailan, du bist es!«, sagte sie.

»Ja, Mutter!«, sagte ich und überreichte ihr ein Paar Schuhe, das ich extra für sie mitgenommen hatte. Die Schuhe passten meiner Mutter perfekt.

»Mutter, gehst du mit mir spazieren?«, fragte ich, denn eine plötzliche Unruhe hatte mich erfasst.

Wir schlenderten die Langata Road entlang, und ich fragte meine Mutter, was sie brauche, was ihr im Leben fehle und wie ich ihr helfen könne. Ich versprach ihr, alles zu besorgen und ihr zu schicken, und umarmte sie. Dann ging ich direkt zurück in ein Hotel und flog wieder nach Deutschland, ohne dem Rest meiner Familie Lebewohl zu sagen. Es sollte das letzte Mal sein, dass ich meine Mutter gesehen habe.

Hans war überrascht, als ich nach nur vier Tagen wieder vor ihm stand, doch ich hatte genug von den schönen Kleidern, von dem Geld – es war alles nur Fassade. Ich verließ Hans und Berlin und zog nach London.

Model in London

In London gelang es mir zwar, Aufträge als Model zu bekommen, doch der Alltag gestaltete sich nicht leicht. Ich hatte wenig Geld und lebte in einer WG in West Hampstead mit einem Mädchen aus Uganda zusammen. Eines Tages traf dort ein Brief von Loftys Anwalt ein. In dem Brief wurde ich gebeten, in die Scheidung einzuwilligen. Der kühle, nüchterne Brief machte mich wütend und traurig, doch natürlich gab es keinen Grund, nicht zu unterschreiben. Ich hatte Lofty ohne viele Worte verlassen, und nun wurden wir ohne viele Worte voneinander geschieden.

Ich fühlte mich allein und einsam, bis ich das Afrika Center London entdeckte, wo ich Anschluss fand. Die vielfältigen Feste und Vorträge sprachen mich an. Ich lernte Menschen kennen, die in London genauso fremd waren wie ich. Und die Veranstaltungen, Kunstausstellungen und politischen Diskussionen holten mich innerlich da ab, wo ich mit Hans' Freunden stehengeblieben war. Dort traf ich auch die kenianische Autorin und Dichterin Mama Sila Kinyua, die mich bei sich aufnahm. Zu dem Zeitpunkt lebte ich in billigen Hostels in Earls Court, und sie hatte Angst, dass ich dort früher oder später in die Prostitution abrutschen würde.

In dieser Zeit begegnete ich auch Efua Dorkenoo, einer Frau aus Ghana, die mir sehr wichtig werden sollte. Durch den Austausch mit ihr und die Konfrontation mit ihrer Arbeit hörte ich erstmals Näheres über die verschiedenen Praktiken der Beschneidung – und ihre Folgen. Auf einmal wurde in meinem Umfeld offen darüber gesprochen, was ich nur insgeheim zugeben konnte: dass ich selbst betroffen war. Ich begann, mich erstmals mit FGM, wie die Beschneidung heute nicht nur im englischsprachigen Raum abgekürzt wird, auseinanderzusetzen.

Efua Dorkenoo war 1949 in Ghana geboren worden und hatte 1983 die Organisation FORWARD gegründet: »The Foundation for Women's Health, Research and Development«, der sie bis zu ihrem Tod im Jahr 2014 vorstand. FORWARD setzt sich bis heute für die Gleichberechtigung von Frauen ein und kämpft für die Rechte von Mädchen und Frauen in Afrika. Ein Hauptschwerpunkt ist dabei der Kampf gegen FGM, denn Efua war bei ihrer Arbeit als Krankenschwester mit Frauen aus Somalia in Berührung gekommen, die infibuliert waren. Das war der Auslöser, und so begann sie, gegen Genitalverstümmelung zu kämpfen. Im Jahr 1994, nur wenige Jahre nachdem ich sie kennengelernt hatte, erschien ihr Buch »Cutting the Rose: Female Genital Mutilation. The Practice and its Prevention«, das auf die Liste der 100 besten Bücher Afrikas aus dem 20. Jahrhundert aufgenommen wurde und das auch heute noch einen guten Überblick über das Phänomen gibt, von dem schließlich nicht nur ich, sondern Millionen von Frauen betroffen sind.

All die wissenschaftlich-theoretischen, aber auch politischen Fakten und Analysen zu FGM lernte ich damals erst kennen und begann, meine Situation besser zu verstehen.

FGM (Female genital mutilation) ist nur eine Form männlicher Unterdrückung der weiblichen Sexualität, wie sie in allen Teilen der Welt bis heute in unterschiedlichen Formen existiert. Seit ich mich für Folgen von FGM interessiere, wird für mich immer offensichtlicher, dass die weibliche Sexualität auch heute unterdrückt wird und dass viele Menschen noch so denken wie im Mittelalter. Gerade im Namen der Religion gibt es viele Bestrebungen, Sexualität als etwas Schlechtes oder Gefährliches anzusehen. Ich selbst glaube, dass wir den Namen Gottes nicht verwenden sollten, um Sexualität und Lust zu unterdrücken. Gott hat unsere Sexualität geschaffen, und daher kann Sex per se nichts Schlechtes sein. Ist es nicht so, dass unsere Lust uns vielleicht sogar zu besseren und kreativeren Menschen macht?

Damals aber hatte ich mich mit all diesen Fragen noch nicht wirklich auseinandergesetzt, daher traf mich die Erkenntnis, dass mir ein schreckliches Unrecht widerfahren war, als man mich beschnitt, wie ein Schlag. Im Büro von FORWARD begann ich zum ersten Mal in meinem Leben, mit jemandem über dieses erfahrene Leid zu sprechen.

Ich begann, mich mit den Lebensbedingungen von Frauen allgemein zu beschäftigen und damit, dass wir alle, denen Unrecht widerfahren ist, uns dies zunächst einmal eingestehen müssen, bevor wir dagegen ankämpfen können. Wir müssen gegen die Strukturen angehen, die uns zerstören. Welchen Sinn das Leben hat, ist eine Frage, auf die jeder eine individuelle Antwort finden muss. Nur der Einzelne kennt seinen Preis für die eigene

Freiheit. Es hat lange gedauert, bis ich mich von negativen Gedanken befreit hatte und überhaupt den Elan aufbringen konnte, auch anderen zu helfen. Damals im Büro von FORWARD tat ich jedoch den ersten Schritt auf den Weg der Heilung, als ich erkannte, dass mir Unrecht angetan worden war.

Seit Jahren war ich auf der Suche gewesen, doch ich hatte nicht gewusst, wonach. Ich hatte nur diese Leere in mir gespürt und den Drang, eine Bedeutung und Freiheit zu erlangen. Aber ich war nie der Ursache meiner Gefühle auf den Grund gegangen.

Viel später erst wurde mir bewusst, dass mir Angst im Weg stand, eine Angst, die ich in der Zeit meiner Ehe entwickelt hatte. Ich hatte mir zu lange etwas vorgemacht und damit einen großen Fehler begangen. Ich hatte mein Leid unnötig vergrößert, weil ich mich selbst klein gemacht hatte. Vielleicht war ja auch meine Kultur die Ursache, die Umgebung, in der ich aufgewachsen bin. Meine Mutter war eine starke Frau, und doch hatte sie sich nicht gegen Unrecht gewehrt. In meiner Kultur und in vielen afrikanischen oder muslimischen Kulturen haben Frauen einfach nichts zu sagen. Sie müssen unterwürfig sein. Sie müssen tun, als ob es ihnen gutginge und als ob ihre Situation normal wäre.

Sehr viel später in meinem Leben würde ich auf diesen ersten Schritt auf meinem Weg der Heilung zurückblicken: Doch zu erkennen, wie groß mein Trauma war, was dieses Leid verursacht hatte, und warum mir passiert war, was mir passiert war, half mir nicht gleich, darüber hinwegzukommen oder mein Leben mit Sinn zu füllen. So einfach ging es dann doch nicht. Aber die Erkenntnis war der erste Schritt auf dem Weg der Heilung, dass FGM zwar ein Teil meiner Kultur, trotzdem jedoch falsch und grausam war. Allein diesen Gedanken zuzulassen war sehr schmerzlich für mich, und es dauerte eine Weile, bis es mir gelang, damit fertigzuwerden. Denn wenn ich die Tatsache akzeptierte, dass man mich zu Unrecht verletzt hatte, dann überwältigte mich fast die Wut. Eine unbändige Wut! Mein Zorn richtete sich zunächst gegen meine Mutter. Ich konnte und wollte nicht verstehen, wie meine Mutter mir und meinen Schwestern so etwas hatte antun können. Wie hatte meine Mutter zulassen können, dass mir so weh getan wurde? Und wie hatte sie erlauben können, dass ich für immer beschädigt wurde?

Efua Dorkenoo war eine gute Zuhörerin. Sie blieb ruhig und gelassen und war dabei selbst so etwas wie eine gute Mutter, die mich zu trösten versuchte. Sie gab mir das Gefühl, dass die Büroarbeit warten könne und dass ich ihr alles erzählen konnte, was ich auf dem Herzen hatte – und das war ziemlich viel. Zum ersten Mal in meinem Leben konnte ich jemandem mein Herz ausschütten und fühlte mich dabei tatsächlich verstanden.

Je länger ich mich mit dem Thema beschäftigte, umso klarer wurden mir die medizinischen und auch die psychologischen Konsequenzen von FGM. Und meine Wut gewann an Fundament: Ich wurde zu einer vehementen Gegnerin, sprach auf Konferenzen für FORWARD und hielt Vorträge gegen FGM.

Doch diese intellektuelle Auseinandersetzung konnte meine Wut nicht eindämmen. Ich erinnere mich an eine Konferenz, auf der wir von FORWARD argumentierten, dass FGM Kindesmissbrauch war, weil den Kindern ein verdrehtes Konzept eingeredet wurde. Für sie galt in der Folge, dass etwas gut war, was eben nicht gut war. Ich hatte das am eigenen Leib erfahren: Als Kind hatte ich mir sogar gewünscht, dass meine gesamte Klitoris entfernt worden wäre, denn ich war überzeugt, dass meine Klitoris etwas Schlechtes war. Diese Ideen hatten mir meine Eltern und Tanten, ja, die gesamte Gesellschaft, in den Kopf gesetzt. Und das war nicht nur in meinen Augen übergriffig. Kindesmissbrauch eben.

Die somalischen Mütter, mit denen wir auf dieser Konferenz sprachen, sahen das nicht ein. Sie warfen uns vor, unsere Eltern in den Dreck zu ziehen. Weil sie von der Richtigkeit ihres Handelns überzeugt waren, schickten sie die eigenen Töchter zurück nach Somalia, um sie dort infibulieren zu lassen. Ich war erst Anfang zwanzig und voller Wut gegen alle, die ihre Kinder diesem grausamen Schicksal aussetzten. Ich war viel zu wütend, um die somalischen Frauen wirklich erreichen zu können. Heute weiß ich: Mein eigenes Trauma war gerade zum ersten Mal aufgebrochen, und es war alles andere als leicht, damit umzugehen. Es sollte noch eine lange Zeit dauern, bis ich stark genug war, mich dem Schmerz zu stellen und eine gewisse Distanz zu erreichen, die notwendig ist, damit man anderen mit ihren Traumata überhaupt helfen kann.

Um mich abzulenken, suchte ich damals die Gesellschaft einer Gruppe von Polit-Clowns, Anarchisten und Aussteigern, die sich selbst die Rainbow Alliance Party nennen. Es waren zumeist gelangweilte Kindern der britischen Oberschicht, die von einigen Schauspielern, reichen Erben und schrulligen Adeligen finanziell unterstützt wurde. Wir kämpften gegen den Kapitalismus, für eine gerechtere Welt und für die Legalisierung von Marihuana, das ich allerdings selbst nicht mehr rauchte. Ich kandidierte sogar für die Partei. Im Hydepark verteilte ich unter dem Namen Kenya Livingstone Blumen. Ich war wohl so etwas wie das afrikanische Aushängeschild der Rainbow Alliance Party. Meinen Parteimitgliedern hatte ich erzählte, dass ich eine Prinzessin aus dem Stamm der Massai sei. Dementsprechend verhielt ich mich: wie eine Prinzessin. Das Modeln in Berlin hatte mich diese Haltung gelehrt, und so gelang es mir, auf andere herabzuschauen und mich überhaupt wie ein Snob zu verhalten. Als Mama Sila Kinuya, die damals wie eine Mutter für mich war, und Efua Dorkenoo, die ich wie eine Tante akzeptierte, meine Parteifreunde und -freundinnen sahen, waren sie schockiert. Erst recht, als ich begann, meinen Körper und mein Aussehen zu vernachlässigen. Ich wollte um keinen Preis der Welt mehr gut aussehen oder von Männern attraktiv gefunden werden. Ich beschloss stattdessen, mich auf die Suche nach meinen Wurzeln zu begeben.

7. Kapitel

Die Suche nach meinen Wurzeln

Rückkehr nach Kenia

Mit Anfang zwanzig wurde mir 1989 bewusst, dass ich für die Suche nach mir selbst und nach dem Sinn des Lebens nach Kenia zurückkehren musste. Ich beschloss, London für ein Jahr zu verlassen und meine Heimat zu besuchen. Nur wusste ich zuerst nicht, wie ich das finanzieren sollte. Doch zu meinem Glück konnte mir eine Freundin meiner Schwester Esther einen Job bei einer Hilfsorganisation vermitteln, die in der Nähe meiner Heimatstadt Maralal im Einsatz war.

Die Rückkehr fühlte sich diesmal gut an, denn ich hatte mir etwas vorgenommen. Ich wollte meine Familienmitglieder miteinander versöhnen. Ich hoffte, dass auch ich mich dann wohl fühlen könnte in meinem Heimatland.

Und so saß ich eines Tages mit meiner drei Jahre jüngeren Schwester Naserian und meinen noch jüngeren Halbbrüdern Laon, Niina und Babani im Bus von Nyahururu, Kenias höchstgelegener Stadt, nach Maralal. Mary, das jüngste Kind unserer Mutter, war nach dem Tod unserer Mutter bei Hellen geblieben, die mittlerweile mit ihrem Mann auf einer Farm in Ongata Rongai lebte. Ich wollte meine Halbbrüder, die in Nairobi aufwuchsen, zu meinem Vater bringen und so wenigstens für eine gewisse Versöhnung innerhalb der Familie sorgen.

Als wir uns gegen Abend meiner Heimatstadt näherten, überkamen mich die Erinnerungen an meine Kindheit: wie ich mit meinen Schwestern und Cousins und Cousinen in der Natur gespielt hatte; die wundervollen Sonnenuntergänge; die Nächte, in denen wir in der Hütte meiner Tante Ngoto Kisa den Geschichten gelauscht hatten, die von der Wildnis erzählten. Ich seufzte, als ich nach all den Jahren endlich die Hügel rund um Maralal wiedersah. Wie sehr hatte ich sie vermisst!

»Uf«, stöhnte Naserian – ein typisch somalischer Kommentar, sein Missfallen auszudrücken. Es gefiel ihr nicht in der Kleinstadt – und das gleich auf den ersten Blick. Weder Naserian noch Laon oder Niina fühlten sich wohl in Maralal, sie kehrten schon bald zurück nach Nairobi. Nur Babani blieb tatsächlich bei meinem Vater und meiner Stiefmutter. Vater schickte ihn in die Jungenschule, die sich nach wie vor neben meiner ehemaligen Schule befand.

Ich war froh, dass mein Vater sich nicht dagegen gewehrt hatte, dass ich mit den Söhnen meiner Mutter, die nicht seine Söhne waren, nach Maralal kam. Er und meine Stiefmutter nahmen sich wie selbstverständlich der Kinder an. Mein Vater hatte sich verändert. Da war keine Spur mehr von dem Monster, das meine Mutter geschlagen hatte. Es fiel mir allerdings überhaupt schwer, den mächtigen Mann in ihm zu erkennen, der er einst gewesen war. Er war kleiner geworden, und statt seiner schwarzen oder grauen Anzüge trug er ärmliche Kleidung. Er war längst nicht mehr Bürgermeister von Maralal. Und er war ein armer Mann: Mein Vater hatte vergleichsweise viel besessen und es so lange geteilt, bis nichts mehr davon übrig geblieben war. Nun war er selbst auf die Hilfe von anderen angewiesen. Obwohl es mich traurig machte, ihn so zu sehen, gelang es mir in diesem Jahr, das ich in Kenia verbrachte, wieder eine Beziehung zu ihm aufzubauen.

Allerdings sprach ich mit ihm auch nie über meine Beschneidung. Ich hatte vielleicht doch etwas gelernt bei der vergeblichen Auseinandersetzung mit den Somali-Frauen in London. Ich wusste, dass es vergeblich wäre zu versuchen, sein Weltbild zu verändern. Es brachte nichts, bei ihm anzufangen, eine ganze Kultur zu hinterfragen. Stattdessen besann ich mich auf das, was ich an ihm immer gemocht hatte: seine Geschichten. Erstmals hatte ich nun die Gelegenheit, mir mit eigenen Augen einige der Orte anzusehen, die ich nur aus seinen Erzählungen kannte.

Mit der NGO »Farm Africa«, für die ich arbeitete, ging ich nun freiwillig dorthin: an die Orte, vor denen ich mich gefürchtet hatte. Genau in die Gegend, die wir Lpurkel nannten. Lpurkel war die Wildnis, in der meine Stiefmutter aufgewachsen und in die meine Cousine Peleswan verschwunden war. Es war die Wildnis, in der mein Vater die meiste Zeit seines Lebens verbracht hatte. Endlich erfuhr ich am eigenen Leib, dass es dort genauso schön war, wie es mir meine Cousins und Cousinen immer versucht hatten, begreiflich zu machen. Hier waren kaum Zeichen der Zivilisation zu finden. Nur hin und wieder zogen einige Samburu mit ihren Rindern vorbei. Wir wohnten in Zelten, die wie die Hütten einer Manyatta aufgestellt waren. Es war aufregend und wunderschön, und ich vergaß für eine Weile meine Probleme.

Unsere Aufgabe war es, die Anzahl der Kinder zu ermitteln, die geimpft werden mussten. Jeden Vormittag fuhren wir mit einem Auto mit Allradantrieb über die Savanne und besuchten jede einzelne Manyatta, die wir finden konnten. Die Frauen hatten viele Kinder, und sie waren es gewohnt, dass ihre Kinder bei Hungersnöten und Krankheitsepidemien starben. Ich erinnere mich an eine Samburu, die noch keine dreißig Jahre alt war und schon zehn Kinder hatte. All dies hielten wir in unserer Untersuchung fest.

Unser Leiter war ein sympathischer und engagierter Brite, der nur einen Teil der Zeit mit uns und den Rest der Zeit im Hauptquartier in Nanyuki verbrachte. Außer mir gab es nur noch eine einzige Frau. Das Team der NGO bestand hauptsächlich aus Samburu-Männern, mit denen ich mich insgesamt gut verstand. Die Familien aber, die wir besuchten, gehörten meist zu den Turkana, und für diese Volksgruppe hatte ich schon immer eine gehörige Portion Faszination verspürt. Es tat mir gut, mich mit anderen Menschen auseinanderzusetzen und nicht so viel in mich hineinzuhorchen, was mir fehlte. Hier war ich immerhin in meiner Heimat.

Nachmittags hatten wir frei, und ich nutzte die Zeit, um spazieren zu gehen und die Natur zu erkunden. Besonders tief ist mir die Gegend um South Horr in Erinnerung geblieben. Die kleine Samburu-Ansiedlung liegt in einem Tal zwischen den Ndoto-Hügeln im Süden und dem Ol Doinyo Mara im Norden. South Horr ist fruchtbar und grün. Abends setzte ich mich oft auf einen bestimmten Felsen, den ich entdeckt hatte, und blickte auf die »Fever Trees«, die riesigen Akazienbäume. Ich lauschte den Geräuschen der Natur: dem Zwitschern der Vögel, dem Kreischen der Affen und dem ständigen Gezirpe der Grillen. Die Natur war voller Leben. Ich saß auf meinem Felsen und wünschte mir, dass ich auch wieder richtig lebendig werden könnte. Und ich fragte mich, was ich, zurück in London, mit meinem Leben anfangen wollte, was aus mir werden sollte, was der Sinn meines Lebens war. Überhaupt schenkte mir der Aufenthalt in der Natur Kenias so etwas wie inneren Frieden, etwa als ich in der Nähe der Oasis Lounge in Loyangalani badete, mitten in der vulkanischen Felsödnis, die an der Grenze zu Äthiopien liegt.

Mit Freunden fuhr ich zum ersten Mal nach Loyangalani an den Turkana-See, einem 6400 Quadratkilometer großen See mitten in der vulkanischen Felsödnis an der Grenze zu Äthiopien. Wie wichtig dieser Ort einmal für mich werden sollte, ahnte ich damals noch nicht. In Loyangalani besuchten wir damals die berühmte Oasis Lounge, wo auch Filmstars gerne übernachten. Ich wagte sogar ein Bad im Turkana-See. Selbstverständlich hatte ich mich vorher vergewissert, dass an dieser Stelle keine Nilkrokodile auf der Lauer lagen.

Doch mich in dieser Weise fallenlassen, das gelang mir nur selten. Denn die Diskussionen und Vorträge in London hatten mir gewissermaßen die Augen geöffnet, und ich begann, ein Bewusstsein für die politischen und sozialen Probleme in meinem Land zu entwickeln. Es schien mir, dass die Anliegen der Menschen, die im Norden Kenias lebten, in der Regierung de facto von niemandem vertreten wurden, selbst wenn es Abgeordnete gab. Ich fragte mich unwillkürlich, wie blind ein Abgeordneter sein musste, dass eine NGO aus Europa kommen und sich um die Leute kümmern musste. Insgesamt beschlich mich das Gefühl, dass es mit der Würde der Samburu bergab ging, dass sie mit den Veränderungen, die die Entwicklung Kenias mit sich brachte, nicht zurechtkamen und ihre Lebensweise durch die sogenannte Zivilisation bedroht war. Ich träumte davon, die Arbeit meines Vaters weiterzuführen und ein eigenes kommunales Entwicklungsprojekt auf die Beine zu stellen. Ich hatte das starke Bedürfnis, den Menschen zu helfen, doch mir dämmerte, dass ich nichts tun konnte, solange ich kein Geld und keine Ausbildung hatte. Damals beschloss ich, in London Sozialarbeit zu studieren.

Doch erst einmal wollte ich die Zeit hier in meiner Heimat nutzen. Ich wusste ja nicht, ob und wann ich wieder hierher zurückkehren würde. So verbrachte ich viel Zeit in Maralal bei meinem Vater, meiner Stiefmutter und ihren Kindern. Vater und ich führten lange Gespräche, und ich erzählte ihm von Europa. Ich zeigte ihm sogar ein Portfolio mit meinen Modelfotos, ohne daran zu denken, dass ich auf einem der Fotos oben ohne zu sehen war. Ich wunderte mich, dass er nicht wütend wurde, als er mich so sah.

Einmal schlug meine Stiefmutter vor, dass ich mich im traditionellen Samburu-Stil kleiden sollte. Während Babani mit den Söhnen meines Vaters spielte, zogen wir uns in eines der Zimmer zurück. Meine Stiefmutter wickelte mich in ein wunderschönes buntes Tuch und legte mir einige ihrer eigenen Perlenketten um, die nur ungefähr die Hälfte meiner Brüste bedeckten. Dann schob sie mich wieder hinaus und präsentierte mich meinem Vater. Mein Vater, der dafür gesorgt hatte, dass ich die Schule besuchte, damit aus mir kein Perlenmädchen wurde, sah mich voller Stolz an.

»Ntailan, du bist die Beste!«, sagte er. Ich wagte es auch, ihn auf seine Beziehung zu Esther anzusprechen, die leider niemals besonders gut gewesen war. Er wollte nicht darüber reden, doch ich gab nicht auf. Und kurz vor meiner Rückkehr nach England besuchte mein Vater meine Schwester Esther schließlich doch in Nairobi. Ich erinnere mich, dass ich mit ihm einen Spaziergang auf der Langata Road machte, der Straße, auf der ich mit meiner Mutter zusammen war bei unserer letzten Begegnung, nur dass ich mit meinem Vater auf der anderen Straßenseite entlangging. Es sollte auch unsere letzte Begegnung gewesen sein, denn kurz nach meiner Rückkehr erfuhr ich in England von meiner Stiefschwester, dass Vater an Malaria gestorben war. Er war in der Nähe von Baragoi unterwegs gewesen, um Ziegen zu kaufen. Sollte ich wirklich schon zur älteren Generation gehören? Innerlich hatte ich mich noch nicht einmal selbst gefunden. Es war seltsam festzustellen, dass Vater und Mutter tot waren und dass ich tatsächlich für mich selbst verantwortlich war. Jetzt hatte ich keine Eltern mehr, auf die und deren Gefühle ich bei meinem Handeln hätte Rücksicht nehmen müssen. Ich musste für mich selbst einstehen – und auch für meine Entscheidungen.

Zurück in Europa, setzte ich meinen Plan in die Wirklichkeit um und schrieb mich in einen Vorbereitungskurs der Universität ein. Ich wollte Sozialarbeit studieren. Um das Studium zu finanzieren, gab ich Somaliern Unterricht in englischer Sprache. Es machte mir Spaß, ich mochte die Somalier und fand die Männer attraktiv. Sicherlich hatte das auch etwas mit Selim zu tun.

Ich hatte Selim, einen ausgesprochen gutaussehenden und intelligenten Somalier, in Maralal kennengelernt. Seine Familie verkaufte Öl und gehörte zu den reichsten im gesamten Samburu-Distrikt. Selim hatte das Gebaren eines wirklichen Prinzen, und so dachte ich nach meiner Rückkehr in London noch lange Zeit an ihn. Für kurze Zeit trug ich sogar einen Hijab und ein langes Kleid wie die Somalier, mit denen ich arbeitete, weil ich ernsthaft überlegte, ob ich für Selim zum Islam konvertieren solle. Es blieb bei dem Gedanken, denn mein Leben nahm einen anderen Verlauf.

Ungefähr ein Jahr nach meiner Rückkehr machte ich im Zuge meines Studiums ein Praktikum in einem Obdachlosenheim. Dort lernte ich eine sympathische Deutsche kennen, eine Filmproduzentin, die mich zu einem Treffen in einer anglikanischen Kirche, der »Holy Trinity Brompton«, einlud. Dort war es ganz anders, als ich es mir vorgestellt hatte. Die Anwesenden waren gut gekleidet, ich sah zum Teil teure Marken, etwas, das ich nicht erwartet hatte. Insgesamt war alles gar nicht langweilig, und als erstes Fazit behielt ich für mich den Gedanken: »Die christliche Religion kann nicht so schlecht sein!« Also entschloss ich mich, einen sogenannten Alpha-Kurs zu besuchen, um mich mit den Grundlagen des christlichen Glaubens vertraut zu machen. Womit ich nie gerechnet hätte, geschah: Ehe ich mich's versah, war ich eine gläubige Christin. Es war, als ob ein Wind durch mein Leben gefegt wäre, der etwas Neues mit sich brachte, etwas, nach dem ich mich lange gesehnt hatte: Zum ersten Mal seit meiner Verstümmelung fühlte ich mich zu Hause in London und auf der Welt. Der Glaube an Gott schien die Last und die Folgen der Beschneidung von mir zu nehmen. Zum ersten Mal wusste ich tief in mir, dass ich über mein Trauma hinwegkommen würde. Ich hatte endlich wieder den Glauben an das Gute entdeckt. Das bedeutete allerdings nicht, dass ich mein Leben wirklich in den Griff bekam.

8. Kapitel

Die leise Stimme des Glaubens

Ich war ganz berauscht von dem Gefühl, dass es für mich eine Zukunft gab, und so suchte ich die Gesellschaft anderer Christen. Rasch stellte ich fest, dass auch sie sich nach einer besseren Welt sehnten. Ich zog in ein christliches Wohnheim, wo ich Kate kennenlernte, die genau wie ich gerade erst zum Glauben gefunden hatte und die ein Entwicklungshilfeprojekt in Kapstadt leitete. Wir wurden die besten Freundinnen, und ich genoss es sehr, jemanden gefunden zu haben, der seine Gedanken mit mir teilte und dem auch ich meine anvertrauen konnte.

Das konnte allerdings nicht meine Alltagssorgen schmälern. Es war nicht leicht für mich, neben dem Studium genug Geld zu verdienen, um die hohen Studiengebühren zu zahlen. Immer wieder musste ich um finanzielle Unterstützung ansuchen. Es gab solche Finanzhilfen für arme Studenten, doch es war nicht einfach, die richtigen Argumente vorzubringen. Eines Tages befand ich mich auf dem Weg zum nächsten Gespräch über eine Finanzierungshilfe. Ich saß gerade in der Londoner U-Bahn auf dem Weg zur Universität, als ich plötzlich eine leise Stimme vernahm.

Sie sagte zu mir: »Du brauchst doch diese Ausbildung gar nicht.«

Es war eine wundervolle Stimme, wie ich sie noch nie irgendwo gehört hatte. Es war, als ob Ströme des Friedens durch mich flossen, so als ob mich jemand mit einer Decke aus purer Liebe zudecken würde.

Abends im Wohnheim, nachdem das Sondierungsgespräch negativ verlaufen war, wurde mir plötzlich bewusst, was die

Stimme gemeint hatte: Ich benötigte doch gar kein Geld, sondern musste einfach nur England hinter mir lassen und zurück nach Kenia gehen, auch ohne Ausbildung und ohne Geld. Ich hatte eine Mission zu erfüllen, und für diese brauchte ich keine Universitätsausbildung.

Dieser Gedanke erfüllte mich, so dass ich sofort handelte und mich von niemandem überzeugen ließ. Auch das Argument, dass ich besser helfen könne, wenn ich mein Studium ordnungsgemäß abschlösse, zog nicht. Ich hatte meinen Glauben gefunden.

In der Nacht vor meinem Abflug erschienen meine Freunde und versuchten ein letztes Mal, mich von meinem Vorhaben abzubringen. Sie erinnerten mich mit Nachdruck daran, dass ich keine Ausbildung und in Kenia daher keine Perspektiven hatte. Ich aber konterte mit einer Bibelauslegung und sagte: »Wisst ihr nicht, dass Jesus von seinen Aposteln verlangt hat, ihren Beruf aufzugeben und stattdessen den christlichen Glauben zu verbreiten?«

Erst später sollte ich erkennen, dass jeder eine Ausbildung braucht. Was hatte ich mir nur dabei gedacht? Selbst meine Familie würde mich für verrückt halten: Ich kehrte ohne abgeschlossene Ausbildung, ohne Geld und als geschiedene Frau aus Europa zu ihnen zurück.

Zurück in Kenia

Nicht nur ich hatte mich verändert und war inzwischen 22 Jahre alt, auch in Kenia war das Leben weitergegangen: Mein Vater und meine Mutter waren bei meiner Rückkehr 1992 tot, und meine beiden großen Schwestern hatten selbst Familie. Esther war mit Simon Tipatet, einem der Adoptivsöhne von Wilfred Thesiger, verheiratet, einem bekannten britischen Forscher, der auch Reiseberichte verfasst hatte über meine Heimat. Hellen hatte Lamaiyan, einen wundervollen Massai, geheiratet. So war ich tatsächlich schon mehrfache Tante. Bereits 1980 war Esthers Sohn Mark auf die Welt gekommen, 1982 Hellens Sohn Boniface, den wir Bony nannten. 1983 wurde Esthers zweiter Sohn Kevin geboren, 1985 Hellens Sohn Martin, und zwei Jahre später kam meine Nichte Soila zur Welt. Im März 1992, kurz bevor ich mit der Absicht zu bleiben nach Kenia zurückging, kam Esthers Tochter Linda zur Welt. Ich freute mich darauf, sie alle endlich kennenzulernen.

Wieder sagte ich niemandem über meine Ankunft und meine Absicht Bescheid, sondern tauchte einfach im Haus meiner Schwester Esther auf. Doch diesmal weinte ich nicht. Ich war ja beseelt von dem Gefühl, in Kenia eine Aufgabe zu haben. Zudem konnte ich deutlich sehen, dass sich der Lebensstandard meiner Schwester und ihrer Familie verbessert hatte. Sie wohnten jetzt in Nairobis Stadtviertel Southland und gehörten damit zum gehobenen Mittelstand. Esthers Ehemann befand sich gerade in Pakistan, um dort Musik zu studieren. Er war bereits stellvertretender Leiter der kenianischen Armeeband und Offizier. Ich war froh zu sehen, dass es ihnen besser ging, obwohl ich natürlich bemerkte, dass sich ein kenianischer Mittelstandshaushalt noch lange nicht mit dem in einer europäischen Hauptstadt wie London vergleichen ließ. Aber Esthers Leben war leichter als früher. Sie beschäftigte sogar ein Flüchtlingsmädchen aus Somalia in ihrem Haushalt. Amina war gemeinsam mit ihrer Familie vor dem Krieg aus Somalia geflohen und hatte im Flüchtlingslager in Dadaab gelebt. Sie war davongelaufen, als ihre Eltern sie mit einem älteren Mann verheiraten wollten. Eines Tages hatte sie vor Esthers Tür gestanden und um

Arbeit als Hausmädchen nachgefragt. Sie war von Esther wie ein Familienmitglied aufgenommen worden.

Ich hatte kaum Zeit, all diese Veränderungen wahrzunehmen, denn die Nachricht von meinem Besuch verbreitete sich rasch. Ein paar Stunden nach meiner Ankunft traf meine Schwester Hellen ein. Auf den ersten Blick schien es ihr gutzugehen. Immer mehr Nachbarn und Bekannte versammelten sich bei Esther. Doch ihr Entsetzen war groß, als ich verkündete: »Ich werde nicht mehr nach England gehen! Ich bleibe hier.«

Zuerst dachten sie, ich mache einen Scherz, bis sie feststellen mussten, dass ich diesmal kaum Geschenke mitgebracht und kaum Kleidung im Gepäck hatte. Tatsächlich bestand es fast ausschließlich aus christlicher Literatur. Sie starrten mich an, als sei ich verrückt geworden. Mein Ziel, Kenia mit meinem christlichen Glauben zu retten, war im Ansatz zum Scheitern verurteilt, denn die anderen sahen in mir nur eine Verliererin, die unfähig war, die wichtigsten Aufgaben im Leben einer Frau zu erfüllen: Ich hatte meinen Ehemann verlassen, ich hatte keine Kinder. Und jetzt war ich auch noch mit leeren Händen aus Europa zurückgekommen. Da ich kein eigenes Einkommen hatte, konnte ich keine Wohnung mieten oder mich gar um meine jüngeren Geschwister kümmern. Ich war von meiner Familie abhängig und froh, dass ich bei meiner Schwester Esther bleiben durfte. Ich war acht Jahre in Europa gewesen, dort, wo das Geld auf den Bäumen wächst, und ich war mit leeren Händen zurückgekommen. Es war mehr als ein Tabu, das ich brach.

Doch damals verspürte ich diesen innerlichen Drang, den christlichen Glauben zu verbreiten. Ich wäre dazu sogar in ein Zelt voller Löwen gegangen und wäre mir sicher gewesen, dass die Löwen mich nicht gefressen hätten. Mein Glaube schenkte mir einen inneren Frieden, der mir half. Es war mir bewusst, dass eine schwierige Zeit vor mir lag, und ich dachte, dass ich diese Erfahrung brauchte, um den Stolz und die Arroganz auszugleichen, die ich mir während meiner Zeit in Deutschland und England angeeignet hatte. Mein Ziel war es, demütig zu werden. Mein Körper war nach wie vor taub, und auch meine Gefühle waren unterdrückt, doch mein Glaube konnte vieles von dem, was mir fehlte, ausgleichen.

In den ersten beiden Jahren nach meiner Rückkehr war ich hauptsächlich mit meinem Glauben beschäftigt. Ich verbrachte weniger Zeit mit meiner Familie als in christlichen Gruppen und Kirchen, in denen wir gemeinsam fasteten und für den Weltfrieden beteten. Ich war so sicher, dass ich in Kenia bleiben würde, dass ich eines Nachts einem Impuls folgte und meinen Ausweis in den Nairobi River warf: Mein Pass enthielt die unbefristete britische Aufenthaltsgenehmigung. Vielleicht war das auch eine trotzige Reaktion auf das Drängen meiner christlichen Freunde in London, die mir immer noch schrieben, und meiner Familie, die mir ständig in den Ohren lag, ob ich nicht doch zurück nach Europa gehen wollte. Ich ließ diese Möglichkeit mit meinem Pass im Nairobi River versinken! Ich würde in Kenia bleiben!

Mir blieb nichts anderes übrig, als bei meiner Schwester Esther zu leben. Sie zog bald darauf nach Langata, also in ein anderes Stadtviertel von Nairobi. Auf dem Weg zu meiner Lieblingskirche kam ich auch immer an einem der größten Märkte der Stadt vorbei, dem Kikomba-Markt. Dort wimmelte es nur so von Menschen, Massai-Frauen verkauften am Straßenrand Perlen und brachten ein wenig heimatliche Farbe in die ansonsten chaotische Umgebung, die für mich der Inbegriff afrikanischer Armut darstellte. Der Straßenlärm, Menschen mit harten Gesichtern, die sich gegenseitig anschrien, als wäre das die normale Form der Kommunikation – ich schlenderte durch die Reihen der Verkaufsstände mit Schuhen und Desi-gner-Kleidern, Obst und Gemüse, als ich inmitten des Chaos auf einem der *Mkokoteni*, der Karren, die zum Transport der Waren verwendet wurden, einen nackten Mann hocken sah. Erschrocken blieb ich stehen und beobachtete, wie eine Grup-pe von Männern den Karren mit dem Nackten herumschob. Sie riefen laut: »Wer spendet Geld? Wer spendet Geld für unse-ren armen Freund?«

Sie lachten dabei, und der Mann auf dem Karren lachte eben-falls, da ihm nichts anderes übrigblieb.

»Unser Freund ist nicht beschnitten, seht her!«, rief einer der Männer und lachte über den armen Kerl auf dem Karren.

»Unser armer Freund ist gar kein richtiger Mann!«, rief ein anderer.

»Wollt ihr ihm nicht helfen?«, riefen sie und lachten voller Hohn.

»Er ist nicht beschnitten! Nicht beschnitten!«, schrien sie und drehten den Schubkarren, so dass der Mann herumgewir-belt wurde und sich panisch festhalten musste.

Nur wenige blieben so wie ich stehen, und da war niemand, der dem Mann geholfen hätte. Da war keine Polizei, die eingriff. Der Mann auf dem Karren musste gute Miene zum bösen Spiel machen, um Schlimmeres zu verhindern. Auch ich wusste nicht, wie ich ihm helfen konnte, und wandte mich voller Hilflosig-keit und Scham ab. Doch in mir kochten wieder diese Gefühle hoch, die Fragen, was richtig war und was falsch. Gleichzeitig war ich innerlich nicht nur zerrissen, ich war taub, und wie es mir ging, das war nicht richtig. Ich wusste, es war eine Folge dieses grausamen Brauchs der Beschneidung.

Hellen und Ongata Rongai

Manchmal entfloh ich dem Leben in Nairobi, dem Haus meiner Schwester, der Kirchengemeinde, der ich mich angeschlossen hatte, aber auch der Armut des Kikomba-Markts und besuchte meine Schwester Hellen in Ongata Rongai. Doch ganz unbeschwert war ich auch dort nicht, denn Hellen lebte auf einer Farm in der Nähe des Ortes, wo wir mit unserer Mutter gelebt hatten, damals, als ich beschnitten worden war. Kam ich jetzt dort vorbei, so konnte ich kaum einen Schritt vor den anderen setzen, denn mit der Erinnerung kam auch der Schmerz, und ich nahm große Umwege auf mich, um nicht mehr dorthin zu müssen.

Das Land, auf dem Hellen auch heute noch lebt, gehört meinem Schwager, einem Massai. Wie viele andere Massai in der Gegend hat er das Land geerbt. Seine Vorfahren hatten es von der Kolonialregierung zugewiesen bekommen, und er hatte eine Weile gewartet, bevor er Teile davon verkaufte und zu Geld machte. Einige Massai wurden reich, weil sie ihr Land im richtigen Moment verkauften. Meine Onkel, auf deren Land wir früher mit meiner Mutter gewohnt hatten, waren nicht so gut darin gewesen, den passenden Moment zu ergreifen: Sie verkauften ihr Land zu früh und bekamen nicht viel Geld dafür. Mein Schwager aber baute Wohnungen von dem Erlös und vermietete sie. Heute ist er damit sehr erfolgreich. Damals allerdings, als ich gerade aus Europa nach Hause gekommen war, war noch alles unbebaut, und wilde Tiere wie Giraffen streiften dort ungehindert herum. Es war eben eine Wildnis.

Das Haus, in dem Hellen wohnte, erinnerte mich vielleicht auch deshalb an unsere Hütte in Maralal, und es schien, dass die Bienen unserer Kindheit Hellen gefolgt waren. Zwischen der inneren und der äußeren Holzwand des Hauses bauten sie

Bienenstöcke. Doch sie stachen Hellen nicht, sondern schenkten ihr Honig.

Ich aber kam mit leeren Händen aus Europa zurück, und so war Hellen verstört. Sie wollte mich zwar vor dem Gerede der Nachbarn und Bekannten beschützen, doch immer wenn ich sie besuchte, bestürmte sie mich, etwas aus meinem Leben zu machen. Doch wann immer mir die Großstadt Nairobi zu viel wurde, genoss ich es, zu ihr zu fahren und eine Weile zu bleiben. Wie frei ich dort leben konnte. Morgens ging ich einfach hinaus aufs Feld der Shamba zu einer der Bananenstauden und pflückte eine reife Banane. Ich schälte sie und verzehrte sie zum Frühstück. Den Vormittag verbrachte ich damit, das Unkraut zwischen den Mais- und Bohnensträuchern zu jäten. Zu Mittag ruhte ich mich unter einem Mangobaum aus und aß die reifen Früchte, bis ich satt war. Ich arbeitete nur einige Stunden. Den Rest der Zeit verbrachte ich damit, mich einfach hinzusetzen und in der freien Natur zu meditieren. Ich war alleine und zufrieden. Die Welt mit all ihren Problemen lag hinter mir. Es war, als hätte ich wie einer dieser Straußenvögel den Kopf in den Sand gesteckt und freute mich daran, dass ich nichts sah und nichts hörte, was mich gestört hätte. Ich genoss die frische Brise und beobachtete, wie der Wind durch die Maisstauden fuhr. Ich lauschte dem Wispern der Halme. Der Boden war fruchtbar und leicht zu bebauen. Trotz meiner vielen Arbeitspausen gedieh alles prächtig. Immer wieder blieb ich stehen, ließ den Blick schweifen, beobachtete minutenlang eine Gruppe Giraffen, bevor ich mich wieder bückte und Unkraut zupfte. So verging der Tag.

Ich trug das Haar kurz und lief barfuß in der Shamba herum. Am Abend sahen sicher nicht nur meine Füße schmutzig aus – was für ein Kontrast zu den Model-Tagen früher.

»Sieh dich doch an!«, schimpfte Hellen. »Wer würde glauben, dass du jemals im Ausland gewesen bist!«

Ich betrachtete mein Äußeres und fand mich, wie ich mich früher gekannt hatte: ein Buschmädchen, das seltsamerweise mit einem perfekten britischen Upper Class Akzent sprach. Ich hatte ihn in meiner Kirchengemeinde in South Kensington angenommen und versuchte längere Zeit vergeblich, ihn wieder loszuwerden.

Kein Wunder, dass Hellen litt, wenn sie mich so sah. Sie hatte mich immer in eine Prinzessin verwandeln wollen und schämte sich nun für das, was aus mir geworden war. Auch ich konnte es manchmal nicht glauben, dass ich freiwillig den Acker bestellte. Schließlich war das keine Arbeit für jemanden, der in Europa gewesen war, keine Arbeit für ein ehemaliges Model. Doch ich ließ mich nicht von meinem Ziel abbringen, auch wenn ich ihnen meine Gedanken dazu selten anvertraute: Mein Ziel war es, den Sinn des Lebens zu finden. Und der lag gewiss nicht darin, den Reichtum in Europa zu genießen, sondern in Kenia die Armut zu bekämpfen.

Wie oft wir darüber stritten, Hellen und ich. Sie erzählte mir ständig von anderen aus Kenia, die nach Europa gegangen waren und jetzt viel Geld zu ihren Familien nach Hause schickten. Wahre Wunder vollbrachten sie. Irgendwann konnte ich diese Geschichten nicht mehr ertragen, denn ich kannte den Preis, den man für Erfolg bezahlen musste. Niemals wieder würde ich jemanden heiraten, nur um der Armut zu entkommen. Ich würde aber auch nicht vor der Armut davonlaufen, sondern mich mutig der Realität stellen. Ich vertraute auf Gott und wusste, dass er mir im richtigen Moment helfen würde.

Aber selbst das war nun ein Streitpunkt zwischen uns: die Frage der richtigen Religion. Ich stritt mich andauernd mit Hellen darüber, denn ich war fanatische Christin, und es sollte noch Jahre dauern, bis ich entdeckte, dass wahre Freiheit und Liebe nicht durch die Zugehörigkeit zu einer bestimmten Religionsgruppe entstanden. Ich wusste noch nicht, dass es auch dazugehörte, sich selbst zu erkennen und eins mit sich und der Natur zu werden, von der Gott ein Teil ist.

Meine Mission

Doch ich predigte nicht nur meinen Glauben, sondern konnte mich regelrecht ereifern, wenn es um FGM ging. Das geht mir heute noch so. Meinen christlichen Eifer sehe ich zwar heute durchaus kritisch. Aber ich weiß, die vielen Jahre in Kenia, in denen ich meinen Schwestern ständig wiederholte, was mir die Beschneidung angetan hatte, was FGM insgesamt anrichtete, waren nicht vergebens.

Ständig brachte ich das Gespräch auf dieses Thema, auch am ersten »Jamhuri Day«, gleich nach meiner Rückkehr. Auf Kiswahili bedeutet »Jamhuri« Republik, dieser Tag ist also unser Unabhängigkeitstag. Am 12. Dezember 1963 erklärte Kenia seine Unabhängigkeit von Großbritannien. Ein Jahr später, im Jahr 1964, wurde die Republik Kenia gegründet. Der 12. Dezember ist daher einer der wichtigsten Feiertage in Kenia, den wir am liebsten mit Freunden und der Familie verbringen. Ich verbrachte den Feiertag bei Hellen in Ongata Rongai.

In ihrer Küche bereitete Hellen Chapati vor. Ich schnitt Fleisch in kleine Stücke und wandte mich dann den Kartoffeln zu.

»Weißt du, Hellen, dass ich meinem Ehemann in England immer Orgasmen vorgetäuscht habe?«, begann ich.

»Ja, das weiß ich!«, sagte Hellen.

»Wegen der Beschneidung habe ich nichts gefühlt, rein gar nicht, verstehst du?«, sagte ich zu Hellen, während ich die heißen Kartoffeln pellte.

»Ja. Du hast mir das schon hundert Mal erzählt«, sagte Hellen geduldig. Sie begann den Chapati-Teig auszurollen und meinte schließlich: »Du kannst froh sein, dass du überhaupt in England warst!«

»Verstehst du nicht, dass es falsch ist, Mädchen zu beschneiden?«, sagte ich.

»Ja, das hast du mir schon hundert Mal gesagt!«, wiederholte sie.

»Es macht mich wütend. Warum müssen sie das machen? Bis heute kann ich mich selbst nicht spüren. Warum muss das sein, warum?«, fragte ich.

Hellen schwieg, griff nach der Pfanne und seufzte. »Ich habe nicht wirklich Probleme!«, meinte sie und fuhr fort: »Ich fühle etwas mit Lemaiyan.«

Ich sah ihr eine Zeitlang schweigend zu, wie sie die ausgerollten Chapati in die erhitzte Pfanne legte. Die Chapati schlugen Blasen. Hellen wendete sie.

»Beschneidung ist falsch!«, begann ich wieder, als plötzlich meine dreijährige Nichte Soila zu uns gelaufen kam.

»Beschneidung, was ist das?«, rief sie und sah uns mit großen Augen an.

Hellen und ich schwiegen. Ich blickte auf meine Nichte. Sie hatte zwei ältere Brüder, die sie oft ärgerten. Wenn sie sehr wütend war, dann blies sie die Backen auf, dass man dachte, sie würde vor Ärger platzen. Verzweifelt kam sie dann zu uns gelaufen und beschwerte sich über ihre Brüder. Sie tat mir ein wenig leid, dass sie nicht wie ich mit zwei Schwestern aufwachsen und spielen konnte. Allerdings hatten Hellen und ich uns damals oft gestritten, und das sollte so bleiben, auch als wir älter wurden.

»So, fertig!«, sagte Hellen und überreichte Soila und mir ein Stück warme Chapati. Soila vergaß ihre Frage und lief mit dem Stück hinaus. Wir konnten hören, wie ihre Brüder versuchten, ihr das Essen wegzunehmen, und wie sie darum rangelten.

»Kommt, es gibt genug für alle!«, rief Hellen. Die Kinder stürmten zu uns in die Küche, holten sich die duftenden warmen Chapati ab und verschwanden wieder nach draußen.

»Weißt du noch, als wir selbst so klein waren …«, sagte ich, und Hellen und ich schwelgten in den Erinnerungen an unsere eigene Kindheit. Wir erinnerten uns an unsere Spiele in der Natur und an unsere Mitschüler und Lehrer im Internat, und irgendwann begannen wir so sehr zu lachen, dass wir kaum noch weiter kochen konnten. Doch die schöne Zeit, an die wir uns erinnerten, war vor der Beschneidung. Danach waren wir nie wieder so unbeschwert, das wusste ich genau.

Und jetzt waren meine Nichten so alt wie wir damals. Mir blieb noch ein wenig Zeit, um meine beiden Schwestern davon zu überzeugen, dass FGM ein Verbrechen war. Immer und immer wieder brachte ich das Thema auf den Tisch und erklärte sowohl Hellen als auch Esther meine Überzeugung. Sie sahen wohl keine große Notwendigkeit, mit mir zu argumentieren. Doch als meine Nichten älter wurden und langsam in das relevante Alter kamen, zeigten meine Predigten Wirkung: Keine meiner Nichten ist beschnitten worden. Wie sehr ich mich darüber freue, dieses Gefühl ist grenzenlos. Vielleicht habe ich doch etwas richtig gemacht, als ich damals London verlassen habe und nach Kenia zurückgekehrt bin.

Esther und Langata

Nicht überall fielen meine Worte auf so fruchtbaren Boden. Die meiste Zeit wohnte ich im Haus meiner Schwester Esther direkt am Nairobi Nationalpark und versuchte zu verhindern, dass sich das Schicksal meiner Eltern wiederholte:

Esther war die älteste von uns Geschwistern – jedenfalls war ich lange Jahre davon überzeugt. Erst als Erwachsene erfuhr ich, dass meine Mutter vor ihr bereits einen Sohn von einem anderen Mann gehabt hatte. Als wir Kinder waren, wurde darüber nicht gesprochen. Esther war die Älteste in unserem Haushalt, und als die Ehe meiner Eltern zu zerbrechen begann, betraf das Esther am meisten, denn sie liebte unsere Mutter sehr und identifizierte sich mit ihr. Sie bekam den Hass unseres Vaters ebenso zu spüren wie unsere Mutter. Unsere gesamte Kindheit über kümmerte sie sich um den Haushalt und um Hellen und mich und die anderen Kinder. Als ältestes Kind trug sie immer die Verantwortung.

Nun schien sich das alles umzukehren, und vor meinen Augen wurde Esther als Erwachsene wieder wie ein Kind. Nachdem ich aus Europa zurückgekommen war, übernahm ich es daher, mich um sie zu kümmern, so wie sie sich seinerzeit um mich gekümmert hatte. Als Kind war Esther gertenschlank, doch nun wurde sie dick. Als Kind war sie höflich und respektvoll gewesen, doch als Erwachsene begann sie zu trinken und wurde ausfallend.

Was für eine Hölle sie in ihrer Kindheit durchgemacht hatte, war neu für mich, ich hatte das nicht mitbekommen. Stundenlang saß ich bei ihr und hörte ihr zu.

»Ich hatte keine Kindheit!«, warf sie mir vor. Hellen und ich hätten eine große Schwester gehabt, die sich um uns kümmerte, als unsere Mutter immer weniger dazu in der Lage war. Für Esther sei es am härtesten gewesen, zusehen zu müssen, wie unsere Mutter immer mehr trank und ihre Kinder vernachlässigte.

Und nun schien es, als sollte sich das Schicksal erneut wiederholen. Meine Mission war es, das zu verhindern.

Ich kümmerte mich um Esthers Tochter Linda, die damals drei Jahre alt war. Wenn Esther ihr keine Zöpfe flocht, verfilzte ihr Haar, und sie sah mit ihren Dreadlocks ganz verwahrlost aus. Es war nicht einfach mit ihr, und ich sagte oft zu ihr:

»*Linda utakuliwa na ho*«, wenn sie nicht brav war: »Die War-
zenschweine werden dich holen!«

Mit großen Augen starrte sie dann auf die Wildnis des Nationalparks und riss sich zusammen. Sie hatte das Gefühl, von
gefährlichen Tieren umzingelt zu sein. Zum Glück aber lachten
wir viel und oft. Und ich hoffe, es ist mir gelungen, meine Sorgen um Esther vor der Kleinen zu verbergen.

Angst vor den Wildtieren hatte ich schon lange nicht mehr,
ich meditierte gerne in der Einsamkeit unter einer Palme, die
inmitten von Akazienbäumen stand. Ich identifizierte mich mit
ihr, weil sie mir ähnlich einsam schien, wie ich mich fühlte.
Doch nicht immer zog ich mich in die Einsamkeit zurück, um
still zu sein oder meinen Gedanken nachzuhängen. Oft flehte
ich dort Gott lautstark an, meiner Schwester zu helfen, ich rang
dort mit ihm und wagte es einmal sogar, auf einem Baum zu
übernachten, allerdings war ich bis tief in mein Innerstes überzeugt, dass ich keine Angst haben musste.

Gott lässt sich nicht unter Druck setzen, das wurde mir allzu
schnell klar. Eines Abends passte ich auf meine jüngste Nichte
auf. Princess war erst kurz zuvor zur Welt gekommen – meine
Schwester hatte sie nach Lady Di Princess genannt –, und dies
war das erste Mal, dass Esther mit ihrem Mann und Freunden
ausging. Am nächsten Morgen, als meine Schwester entdeckte,
dass ich in der Zwischenzeit ein wenig von ihrem Tee getrunken
hatte, rastete sie aus und beschimpfte mich. Ein Freund aus
England war in der Stadt, der mitbekam, wie sie mich behandelte. Er gab mir ein wenig Geld und machte es möglich, dass ich
mir eine eigene kleine Wohnung leisten konnte. Und ich konnte
mir einen Traum erfüllen: In den folgenden Jahren besuchte ich
erfolgreich einige Deutschkurse am Goetheinstitut und nutzte
jede Gelegenheit, um nach Deutschland zu reisen und für einige
Zeit dort zu leben. Ich fühlte mich wohl dort, wie zuvor in
Münster. Untergekommen war ich bei einer Freundin in der

Nähe von Frankfurt, und da sie tagsüber arbeiten ging, las ich viel. So stieß ich eines Tages auf das Buch »Desert Flower« von Waris Dirie. An dem Tag konnte ich gar nicht aufhören zu lesen und verschlang alles über das Leben dieser beeindruckenden Frau aus Somalia, das meinem so ähnlich und doch so anders war. Als ich das Buch ausgelesen hatte, blieb ein Gefühl der Leere in mir zurück. Nie hätte ich gedacht, dass ich selbst eines Tages ein Buch über meine Erfahrungen mit Genitalverstümmelung schreiben würde.

Ich war zu der Zeit nicht eingebunden in den Kampf gegen FGM, denn ich hatte meine Sexualität und alle damit verbundenen Probleme verdrängt und war eingetaucht in die Welt des Glaubens. Und dieser Glaube half mir, Abstand zu mir selbst aufzubauen. Und statt mich mit mir und meinen Problemen auseinanderzusetzen, besuchte ich eine theologische Schule, ein Priesterseminar und verschiedene andere Veranstaltungen in Deutschland. Richtig angekommen war ich allerdings noch längst nicht, weder bei mir noch in dem Land.

Immer wieder kehrte ich zurück nach Kenia. Es zog mich zu meiner Schwester Esther nach Langata und zu meinen Nichten Linda und Princess. Bei ihnen fühlte ich mich geliebt und gebraucht. Und sie zeigten mir beides: eine Welt zum Lachen und eine Zukunft, die noch vor ihnen lag.

»Wenn ich groß bin, möchte ich nach Kenia gehen!«, sagte Princess einmal zu mir. Sie hatte ihren großen Bruder sagen hören: »Wenn ich groß bin, möchte ich nach Europa gehen, so wie Tante Ntailan.«

Von da an schien Princess von einem wunderbaren Land namens Kenia zu träumen, das ihr Wunschland war, ähnlich wie Deutschland sich immer mehr als meines herausstellte. Nur dass Princess und ich damals tatsächlich längst im Herzen dieses wunderbaren Landes Kenia lebten. Noch dazu lag das Haus von

Esther und ihrem Ehemann in einem einzigartigen Teil des Landes. Die Nähe zum Nairobi National Park war unbezahlbar. Doch fast noch näher war die weite Fläche des Wilson Airports über den unzählige Touristen ins Land kamen und von dort aus in die Massai Mara, nach Amboseli und nach Tsavo gebracht wurden. Die Militärbaracke befand sich zwischen diesen beiden Sehnsuchtsorten Naturreservat und Flughafen – doch es gab noch eine dritte Seite: den Kibera-Slum.

Auf der einen Seite standen Palmen und Gummibäume, dort erstreckte sich die Savanne, auf der Gazellen und Antilopen herumzogen, während Affen in den Bäumen herumsprangen und uns täglich plagten. Auf der anderen Seite störten die Fluggeräusche die Stille und das Vogelgezwitscher aus dem Park. Und dann waren da die unzähligen winzigen und hässlichen Hütten des Kibera-Slums. Obwohl ich selbst wie im Paradies lebte, erinnerte mich ihr Anblick tagtäglich an die Hölle.

Zum Glück ging mein Fenster auf den Nationalpark hinaus. Stundenlang stand ich da und beobachtete Giraffen, wie sie mit ihren langen Hälsen die Blätter der Akazien abweideten. Dies war ein wunderbarer Ort, um über das Leben nachzudenken. Und die dunklen Gedanken waren nie weit fort, auch nicht mit diesem herrlichen Fleck Erde vor Augen.

Ließ ich meinen Blick von den Rosen vor dem Fenster nach links wandern, so war da der Slum. Ich konnte den See erkennen, der den Menschen dort die Kanalisation ersetzte. Da es im Slum keine Toiletten gibt, verwenden die Menschen sogenannte »Flying Toilets«: Plastiktüten, die später im See landeten.

Das Schicksal der Menschen in Kibera ging mir erschreckend nahe, und ich zweifelte, ob ich wirklich das Zeug zur Sozialarbeiterin hatte. Meine Zeit als Mitglied der Rainbow Alliance Party erschien mir wie ein Traum. Und ich wusste, trotz allem, was ich durchgemacht hatte, das Schicksal hatte sich mir gegenüber als großzügig erwiesen. Für mich hatte sich immer wieder eine Tür mit einer neuen Möglichkeit geöffnet. Mein Blick scheute zurück vom Slum und seinen Abgründen, ich hatte genug zu tun in meiner eigenen Familie und benötigte dafür mein Gottvertrauen. Denn Esther trank immer mehr und brachte ihren Ehemann in peinliche Situationen. So wie ich hatte sie niemals gelernt, in einer guten Art und Weise mit Männern umzugehen. Wir waren in unserer Manyatta im Prinzip ohne Männer aufgewachsen. Und außer den wenigen im positiven Sinne aufregenden Besuchen unseres Vaters, als wir klein waren, bedeutete der Besuch von Männern für uns immer Ärger. Doch wie Esther ihren Ehemann behandelte, manipulierte und wie sie ihn betrog, stürzte mich in eine Zeitschleife: Es war, als sollte sich die Geschichte meiner Mutter wiederholen. Esther wurde immer deprimierter und immer mehr. Bei ihren Wutanfällen zerstörte sie alles, worauf sie losging. Und ich konnte gar nichts für sie tun – jedenfalls drang ich nicht zu ihr durch. Meine Hilfsversuche stießen auf taube Ohren – und ich muss aus heutiger Sicht sagen: Ich verfolgte die falsche Taktik. Mit meinen vom religiösen Fanatismus getragenen Äußerungen machte ich sie nur noch wütender, als sie es ohnehin schon war. Ich verstand nicht, wie tief ihr Schmerz ging und wo er herrührte.

Auch mit ihr hatte ich immer wieder über meine Beschneidung gesprochen. Doch erst nach einer halben Ewigkeit vertraute sie mir ihre Leidensgeschichte an. Was ich nie verstanden hatte: Im Unterschied zu mir hatte sie vor ihrer Verstümmelung sexuelle Erfahrungen gemacht und litt daher noch mehr als ich darunter, dass sie nach der Beschneidung nichts mehr spürte. Als sie vom Tag ihrer Beschneidung zu erzählen begann, wurde sie leichenblass und begann zu zittern. Ich hatte Angst, dass sie jeden Moment in Ohnmacht fallen könnte, und wagte es zunächst nicht, sie weiter zu befragen. So dauerte es lange, bis ich ihre Aggressionen verstehen konnte.

Diguna

Wenn ich nicht betend durch das Haus meiner Schwester lief und mich um meine Nichten kümmerte, dann reiste ich 2002 mit dem Missionswerk Diguna durch das Land, das es sich zur Aufgabe gemacht hat, den christlichen Glauben in Zentral- und Ostafrika zu verbreiten. Die Missionare sind im Kongo, in Uganda, im Südsudan, im Tschad und auch in Kenia tätig. In Mbagathi am Nairobi National Park liegt die Basisstation von Diguna in Kenia. Die Lage ist einfach wundervoll. Von dem Gebäude aus kann man die Ngong Berge sehen und wundervolle Sonnenuntergänge beobachten. Sonnenstrahlen fallen auf den Nairobi Nationalpark und beleuchten dann mit ihrem rötlichen Licht einzelne Gruppen von Giraffen, die dort die Akazienbäumen abweiden. Da meine Kollegen bei Diguna zum Teil Deutsch sprachen, konnte ich endlich die Sprache anwenden und üben, die ich jahrelang im Goetheinstitut gelernt hatte.

Von der Basisstation in Diguna aus fuhren die Evangelisationsteams los, um im ganzen Land missionarisch tätig zu sein. Den Leiter der Mission, David Rempel, kannte ich noch von meiner Zeit als Model in Europa. Jetzt in Kenia leitete er die meisten der Reisen, die wir unternahmen. Er war mein Held, den ich bewunderte und verehrte. Ich hätte mir sogar vorstellen können, ihn zu heiraten, denn in mir lebte der Geist der Massai, der mir zuflüsterte, dass es für eine Frau letztendlich doch das Wichtigste war, verheiratet zu sein. Doch David verliebte sich nicht in mich, sondern in eine Freundin, die ich ebenfalls bei Diguna kennengelernt hatte.

Ich genoss die Zeit bei Diguna, denn wir waren viel unterwegs und kamen nordwärts durch die Akaziensavannen Kenias bis in wenig besiedelte Gebiete ganz im Norden. Verschiedene Stämme waren dort zu Hause, neben den Samburu und Rendille gab es auch ganze Siedlungen von ehemaligen Soldaten aus Somalia.

Den deutschen Missionaren gelang es nicht immer, den richtigen Ton zu finden und ihren Glauben so lebendig zu predigen, dass die Menschen sich mit ihrer Lebenswelt angesprochen fühlten oder Anknüpfungspunkte zum eigenen Schicksal fanden. Dort sah ich meinen Wert für die Mission, denn ich kannte das Leben auf dem Land und in der Stadt, und ich wusste, wann ich zu schweigen hatte, weil ein Gesprächspartner fest in seinem Glauben verwurzelt war. Es gab auch zahlreiche Muslime im Norden, und zu meiner Verwunderung waren sie uns gegenüber offener als viele andere. Mir half, dass ich Massai und Kikuju beherrschte, dazu noch Englisch und Kiswahili. Manchmal veranstalteten wir mit Jugendlichen Gospel-Treffen, und obwohl wir viel miteinander sprachen, schwieg ich über mein Trauma und wagte kein Wort zu sagen über die Praxis der Verstümmelung, die sicher viele der Mädchen persönlich betraf.

Ich liebte die Reisen, die Natur und die Menschen, die wir trafen, doch ich begann, an der Sinnhaftigkeit der Missionstätigkeit zu zweifeln. Es kam aber nicht in Frage für mich aufzuhören, denn die Unternehmungen boten mir eine willkommene Pause vom Leben bei meiner Schwester. Machten wir uns auf den Rückweg nach Nairobi, wurde ich immer ein wenig deprimiert. Ich hatte das Gefühl, in ein Kenia zurückzukommen, in dem die Menschen unfreundlich und unzufrieden waren. Ich würde zurück nach Langata fahren und mich wieder daranmachen, für meine Schwester zu beten und mich um meine Nichten zu kümmern.

Die Zeit verging, und mir wurde immer mehr bewusst, dass ich selbst älter und älter wurde, dass ich nicht verheiratet war und keine Kinder hatte. Ein Gefühl der Bitterkeit drohte sich in mir einzunisten. Zum Glück fand ich eine gute Möglichkeit, damit umzugehen: Ich begann als Freiwillige im Barnados-Kinderheim zu arbeiten.

Drei Jahre für Barnados

Da eine Freundin von Diguna mich eine Zeitlang finanziell unterstützte, konnte ich es mir leisten, als Freiwillige und ohne Bezahlung im Barnados-Kinderheim zu arbeiten, das in der Nähe des Kibera-Slums lag und Waisen aufnahm. Es geschah nicht selten, dass Mütter versuchten, ihr Kind in einem Mülleimer zu entsorgen oder es anders loszuwerden. Das geschah aus Angst vor der Familie, denn diese Mütter waren selbst manchmal noch halbe Kinder. Doch der Hauptgrund war die Armut.

Das Kinderheim erinnerte mich ein wenig an die katholische Mädchenschule, die ich als Kind besucht hatte. Es gab eine Schule und ein Wohnheim und dieselben wunderschönen Bäume mit hellblauen Blüten. Die meisten der Angestellten im Kinderheim waren ganz normale Frauen, selbst oft Mütter, die ihre eigenen Kinder irgendwo bei der Verwandtschaft zurückgelassen hatten und sie nur einmal im Jahr besuchen konnten. Sie arbeiteten im Kinderheim, während ihre Männer als Wachmann Dienst taten. Es galt damals als modern, einen Samburu oder Massai als *Waatchi* anzustellen, da sie für ihre Tapferkeit berühmt waren. Ganz normale Mittelklassefamilien in Nairobi bezahlten die tapferen Krieger dafür, dass sie ihr Haus vor Einbrechern schützten.

Neben den Müttern, die wir Mamas nannten, gab es auch ein Team von Studenten und Studentinnen der Sozialarbeit, die hier im Barnados-Kinderheim ein Praktikum absolvierten. Wie sie spielte ich mit den Kindern und versuchte, ihnen die Liebe zu geben, die sie sonst nirgends bekamen. Die meiste Zeit verbrachte ich mit den ganz kleinen Kindern, die noch nicht zur Schule gingen, was mir Kraft gab. Denn jeden Abend, wenn ich mich auf den Weg zurück nach Langata machen wollte, riefen die Kinder: »*Usiende!* – Geh nicht!«

Für die Kinder in Barnados war ich eine Ersatzmutter, und

sie waren für mich wie eigene Kinder, die ich nicht hatte. Ich adoptierte sie in meinem Herzen, und meine Bitterkeit löste sich durch die Liebe der Kinder in nichts auf. Es waren drei wundervolle Jahre, die ich im Kinderheim von Barnados war, und in dieser Zeit war die Stimme leiser, die mich auf eigene Gefühle aufmerksam machte – oder vielmehr auf ihr Fehlen.

Die Farm

Ich befand mich auf dem Rückweg von einem Treffen mit David bei Diguna und ging zu Fuß die staubige Straße Richtung Magadi Road entlang. Die Magadi Road führt von Ongata Rongai hinein ins Stadtzentrum und weiter nach Langata. In Gedanken war ich noch bei den letzten Reisen mit David in den Norden Kenias, als plötzlich ein Wagen neben mir stehenblieb.

»Hey!«, rief jemand aus dem Auto heraus. »Steig ein, ich nehme dich mit!«

Es war ein Weißer, der wohl ebenfalls gerade von Diguna kam. Er sah nicht schlecht aus, fand ich.

»Okay!«, sagte ich und stieg ein.

»Mein Name ist Manfred Berger«, stellte er sich vor.

»Ich bin Ntailan!«, sagte ich.

Ich hörte sofort, dass er aus Deutschland kam. Während wir am Rande des Nationalparks entlangfuhren, unterhielten wir uns angeregt. Wir waren uns auf Anhieb sympathisch und sprachen miteinander, als ob wir uns schon seit Jahren kannten.

»Ich muss hier nach Karen abbiegen«, sagte er schließlich.

»Du kannst mich einfach absetzen. Ich habe es nicht weit bis zum Haus meiner Schwester«, sagte ich.

»Okay, Ntailan. Gibst du mir deine Telefonnummer?«, fragte er und hielt das Auto an.

»Gerne!«, sagte ich und diktierte ihm die Nummer.

»Hat mich sehr gefreut. Ich rufe dich an!«, sagte er und brauste davon.

Mit einem *Matatu,* einem der kleinen privaten Minibusse, fuhr ich weiter bis zur Militärbaracke meiner Schwester. Ich war froh, dass ich einen Europäer getroffen hatte, sogar einen Deutschen. Seit ich 1992 wieder zurück nach Kenia gekommen war, hatte ich keinen Freund mehr gehabt. Meine Schwestern hatten mir manchmal Männer vorgestellt, von denen mich allerdings kein einziger interessiert hatte. Mittlerweile hatten meine Schwestern die Hoffnung aufgegeben, dass ich jemals wieder heiraten würde.

Einige Tage später saß ich in meinem Schlafzimmer und blickte hinaus auf den Nationalpark, als das Telefon läutete.

»Hallo?«, sagte ich.

»Hallo, hier Manfred Berger. Ntailan?«

Ich freute mich, seine Stimme zu hören. Sie klang sanft, und ich traute meinen Ohren kaum, als Manfred fragte: »Ntailan, hättest du Lust, mit mir ins Hilton zu kommen?«

»Ja, worum geht es denn?«

»Ich möchte, dass du als meine Assistentin mitkommst! Es geht um ein Treffen mit einer Gruppe von Ministern aus Somalia«, erklärte er.

»Sehr gerne!«, sagte ich.

Am nächsten Tag holte er mich in Langata ab. Wir fuhren in die Stadt und unterhielten uns. Er erklärte mir, worum es bei dem Treffen ging und wie ich mich verhalten sollte. Der Konferenzraum im Hilton Hotel war voller Somalier, darunter nur wenige Frauen, die unter den vielen Männern unwillkürlich ein wenig deplaziert wirkten.

»Das ist meine Assistentin, Ntailan Lolkoki«, stellte Manfred mich vor. Die Männer waren freundlich zu mir, und ich konnte Manfred bei seinem Treffen gut unterstützen.

Im Anschluss lud er mich zum Essen ein, und wir unterhielten uns weiter. Manfred hatte eine Art, mir zuzuhören, die mich berührte. Er vermittelte mir das Gefühl, in diesem Moment die wichtigste Person auf der ganzen Welt zu sein. Und so tat ich etwas, das ich damals normalerweise nicht tat: Ich erzählte von meiner Genitalverstümmelung.

Er hörte mir aufmerksam zu, verständnisvoll und voller Mitgefühl.

Ich bereute niemals, dass ich mich Manfred gegenüber geöffnet hatte, und schätzte seine Versuche, mir zu helfen, wenn sie auch nicht besonders fruchtbar waren.

Von da an trafen wir uns regelmäßig. Er lud mich zum Essen oder zu sich nach Hause ein. Doch er behandelte mich immer mit großem Respekt und brachte mich am Abend zurück nach Hause. Ich erzählte ihm von meinem Leben im Hause meiner Schwester und dass es meine wichtigste Aufgabe war, meine beiden Nichten Linda und Princess großzuziehen. Manfred hörte mir immer mit dieser besonderen Aufmerksamkeit zu und verschlang mich und meine Worte mit seinen Augen. Er musste etwas in mir gesehen haben, von dem ich damals selbst noch nichts wusste. Er schien meine verborgenen Talente und Fähigkeiten wahrzunehmen und wollte sie zutage fördern, mir einen Funken der Energie vermitteln, die etwas in mir entzünden sollte. Er wollte mich aus meinem Schneckenhaus herausholen und mir zu neuem Selbstbewusstsein verhelfen. Und so fragte er mich, ob ich auf der Farm arbeiten wolle, wo er als Verwalter angestellt sei.

Die Farm lag auf dem Laikipia Plateau, das sich westlich vom Mount Kenia Richtung Norden erstreckt und bis nach Maralal reicht. Es ist eine zerrissene Landschaft aus trockenen Ebenen,

Basaltfelsen, bewaldeten Hängen und beeindruckenden Schluchten. Während der Kolonialzeit wurde das Land in Ranch- und Dorfland aufgeteilt, es wurden zahlreiche Zäune errichtet und Wildtiere intensiv gejagt. Die europäischen Kolonialisten sahen im Laikipia Plateau ein ideales Gebiet für die Rinderzucht. Die Zäune sollten die Rinder der Europäer vor den zahlreichen Wildtieren schützen. Sie hinderten aber auch die nomadisierende Bevölkerung daran, mit ihren Herden umherzuziehen und ihre lebensnotwendigen Wanderungen durchzuführen. Natürlich sorgte das für zahlreiche Konflikte. Erst nach der Unabhängigkeit erfolgte ein langsames Umdenken, und die Zäune fielen. Es entstanden zahlreiche private und kommunale Schutzgebiete, so dass heute auf dem Laikipia Plateau rund 700 Elefanten, viele Raubtiere und mehr als die Hälfte aller Spitzmaulnashörner Kenias leben. Entsprechend stammt der Hauptverdienst nicht mehr aus der Viehzucht allein, sondern aus dem Wildtourismus und damit einhergehend dem Erhalt der ursprünglichen Kultur der dort lebenden Stämme.

Manfred bot mir eine Stelle als Sozialarbeiterin an. Gemeinsam mit ihm sollte ich dafür zuständig sein, zwischen den Farmarbeitern und den dort ansässigen Stammesangehörigen zu vermitteln. Ich entschloss mich, diese Chance zu ergreifen und mit ihm auf die Farm zu ziehen. Ich sollte es nicht bereuen. Nicht nur, weil ich ein wenig Abstand zu meiner Schwester hatte, sondern weil wir inmitten einer großartigen Natur lebten. Auch wenn ich nicht, so wie Manfred hoffte, meine Lebensaufgabe dort fand, konnte ich doch für eine Weile meine Probleme und sogar die Genitalverstümmelung vergessen. In der herrlichen Umgebung verspürte ich nur selten das vertraute Gefühl der Leere, das mich bis jetzt immer und überall in meinem Leben verfolgt hatte.

Außer mir gab es dort auch eine Deutsche. Carla und ich

verstanden uns auf Anhieb. Uns verband das Wissen, dass materieller Wohlstand allein nicht glücklich macht. Genauso wie ich hatte Carla dem Leben im Überfluss den Rücken gekehrt und suchte den Kontakt mit der Natur und einem einfachen Leben. Auch sie hatte ihren Ehemann verlassen, war geschieden und Single wie ich.

Mit ihr konnte ich über meine Erfahrungen und meine Gefühle sprechen, auch was das Leben auf der Farm betraf. Wir wohnten gemeinsam in einer Hütte, von der aus wir die Tiere beobachten konnten, von denen uns die Aufseher Geschichten erzählten, die mich an meine Kindheit erinnerten. So wie ich mit meinen Schwestern gebannt meinem Vater zugehört hatte, wenn er von Begegnungen mit wilden Tieren erzählte, so lauschte ich jetzt mit Carla den Geschichten der Ranger. Und noch etwas hielt mich in Atem: die Frage, ob überhaupt und was Manfred von mir wollte.

Ungefähr ein Monat nach unserer Ankunft saßen Carla und ich abends im Licht unserer Kerosinlampe und unterhielten uns mit leiser Stimme über ihn. Es war offensichtlich, dass er ein gewisses Interesse an mir hatte. Manfred war ohne Frage ein interessanter und intelligenter Mann, doch meiner Meinung nach fehlte es ihm zuweilen an Taktgefühl und Höflichkeit, Eigenschaften, die mir sehr wichtig waren. Mich persönlich behandelte er immer angemessen, doch andern gegenüber konnte er herablassend sein.

»Ich hatte immer Angst davor, dass ich mit jemandem schlafen muss, um einen Job zu bekommen!«, sagte ich gerade zu Carla, als wir Schritte hörten, die auf unsere Hütte zukamen. Es war Manfred.

»Ntailan, komm, es gibt Arbeit!«, rief er.

»Welche Art von Arbeit ist das, die nicht bis morgen warten kann?«, fragte ich durch die Tür.

»Komm!«, rief Manfred noch einmal, anstatt mir eine Antwort zu geben.

Also griff ich nach den nächstbesten Schuhen, die ich finden konnte, schlüpfte hinein und warf Carla einen Blick zu. Sie zuckte ein wenig hilflos mit den Achseln. In meinen hochhackigen Schuhen trat ich aus der Hütte und sah Manfred fragend an.

»Ein Elefant hat einen der Älteren getötet. Wir müssen hinfahren und die Manyatta besuchen«, sagte er. Ich war gleichzeitig erleichtert und erschrocken. Vor dem Bürogebäude warteten bereits mehrere Fahrzeuge und mindestens zehn Aufseher.

»Komm«, forderte mich Manfred auf, und so kletterte ich neben ihm auf den Vordersitz seines Geländewagens. Wir fuhren in die Dunkelheit. In Unterschied zu den Geschichten, die ich gehört hatte, gab es kein Mondlicht, das eine magische Atmosphäre erzeugte und in dem hin und wieder die Augen wilder Tiere aufgeblitzt hätten. In dem kargen Licht der Scheinwerfer waren nur dunkle Büsche zu sehen, sonst nichts.

Nach ungefähr vierzig Minuten blieb das Auto stehen. Die Männer sprangen sofort aus den Fahrzeugen und liefen in die Dunkelheit. Rasch stieg ich ebenfalls aus. Da drückte mir Manfred plötzlich einen Speer in die Hand und lief den Männern nach. Für eine Sekunde starrte ich vollkommen perplex auf den Speer. Wenn der Elefant, der gerade einen Mann getötet hatte, mich hier ganz alleine fand, würde er erst den Speer zerbrechen und sich dann auf mich setzen, dachte ich. Zögernd lief ich den Schatten der Männer nach, von denen sich niemand nach mir umgedreht hatte. Meine hochhackigen Schuhe machten es mir in der Dunkelheit nicht gerade leicht voranzukommen, ohne hinzufallen. Ich hatte Angst, denn ich wusste genau, wie gefährlich Elefanten für Menschen sein konnten. In dem Moment gab mir noch nicht einmal der Gedanke Trost, dass der Elefant das Schutztier meines Clans war.

Ich lief in Richtung eines Lichtscheins und erreichte schließlich eine Feuerstelle. Die Männer standen bei einer Gruppe von Älteren, die sich um den Toten versammelt hatten, der bereits zugedeckt war. Die Älteren hoben die Köpfe und starrten mich an. Ich trug hochhackige Schuhe, Hosen, hatte Rastazöpfe und einen Speer in meiner Hand, als wäre ich ein Krieger.

»*Entasupa*«, grüßte ich auf Massai. Die Älteren sahen mich wortlos an.

»*Serian ake iatata?* – Geht es euch gut?«, fragte ich. Etwas Besseres war mir in diesem Moment nicht eingefallen. Es war meine Aufgabe, zwischen den Mitarbeitern der Farm und der lokalen Bevölkerung zu vermitteln, doch ich merkte schnell, dass ich hier nicht weit kommen würde. Ich war eine Frau und wurde allein deswegen in dieser Situation nicht ernst genommen. Ich musste alles weitere den Männern überlassen.

Nachdem die Männer lange Zeit miteinander gesprochen hatten und alles geklärt schien, machten wir uns auf den Rückweg zu den Autos. Nichts war mehr von der Anspannung und der Eile geblieben. Die Männer schlenderten durch die Dunkelheit, als befänden sie sich auf einem Spaziergang durch den Park. Auch ich hatte meine Ruhe wiedergefunden und stieg vorne in den Geländewagen. Doch nach einigen Minuten blieb eines der Fahrzeuge plötzlich stehen. Der Fahrer stieg aus und setzte sich neben dem Wagen auf den Boden. Erneut begannen die Männer zu diskutieren. Es stellte sich heraus, dass der Fahrer es während der langen Gespräche offenbar geschafft hatte, Changaa aufzutreiben. Er hatte so viel davon getrunken, dass ihm schlecht geworden war. So standen wir alle um vier Uhr nachts im Kreis um den Mann herum. Irgendwie machte mir das Spaß, denn ich dachte an meinen Vater, der wohl oft solche Situationen erlebt hatte. Nachdem der Fahrer etwas Wasser getrunken hatte, schien es ihm besser zu gehen, und wir konnten uns langsam wieder auf den Rückweg machen. Bei Sonnenaufgang erreichten wir die Farmgebäude. Der

Himmel schimmerte mattrot, als wir ausstiegen. Die Männer verteilten sich in ihre Unterkünfte, und ich blieb alleine mit Manfred zurück.

»Ntailan?«, sagte er mit sanfter Stimme.

»Ja?«

»Kommst du mit in mein Haus?«

Einen Moment lang sah ich ihn wortlos an.

»Ich möchte dich in den Armen halten. Einfach nur so«, sagte er.

Ich stellte mir vor, wie es wäre, gehalten zu werden von einem Mann, den ich mochte. Ich zögerte. Sah ihn an. Atmete ein und aus.

»Manfred, es tut mir leid. Es geht nicht!«, sagte ich dann mit fester Stimme, die keinen Zweifel aufkommen ließ.

Einen Moment lang schwieg er, dann nickte er und begleitete mich zu meiner Hütte. Er verabschiedete sich mit einem Kopfnicken und ging davon. Vorsichtig öffnete ich die Tür. Carlas ruhige Atemzüge waren zu hören. Leise schlüpfte ich aus meinen Schuhen, rieb mir die Füße und ließ mich aufs Bett fallen. Nach so einer Nacht wäre es schön gewesen, von jemandem gehalten zu werden. Doch ich war noch nicht bereit, meine Prinzipien über Bord zu werfen.

Kurz darauf wurde ich befördert und war für das Wohl der Mitarbeiter zuständig. Da gab es wirklich einiges zu tun. Gleich bei meiner Ankunft war mir aufgefallen, dass die Stallungen der Pferde auf der Farm besser waren als die Unterkünfte der afrikanischen Mitarbeiter. Ich hatte mich geweigert, in ihrem Camp zu wohnen, und teilte mir eine ordentliche Hütte mit Carla. Ich wurde insgesamt wie eine Europäerin behandelt. Und nun war ich dafür zuständig, dass es auch den anderen besser ging. Darüber hinaus half ich, Nachrichten des Besitzers zu übersetzen, so fuhr ich manchmal mit dem Geländewagen mit, um den

Massai und anderen in ihrer Sprache zu erklären, was man von ihnen erwartete.

Oft machten nur Manfred und ich uns zu zweit auf den Weg. Wir waren letztendlich für alles zuständig. Für die Frauen, die in der Nähe ihrer Manyatta einen Kindergarten wünschten. Dafür, dass der Zaun, der wilde Tiere abhalten sollte, unter Strom stand. Für kranke Kühe und wasserdichte Mäntel für Hirten in der Regenzeit.

Und einmal auch für ein vergewaltigtes Mädchen der Turkana-Nomaden.

Carla und ich hatten uns gerade erst angezogen. Wir hatten noch keinen Blick aus der Hütte geworfen, um zu sehen, welches Tier sich an diesem Tag für uns in Sichtweite aufgebaut hatte wie für eine Fotosession. Uns schien es oft, als würden sie sich für uns in Positur werfen, als wären die Tiere hier im Park die Models: Würde es eine Giraffe sein, ein Zebra oder eine Hyäne? Danach würden wir wie jeden Tag gemeinsam zum Frühstück gehen. Doch an diesem Morgen kam einer der Mitarbeiter und rief nach mir: »Ntailan! Manfred braucht dich im Büro!«

Es musste wichtig sein.

»Bis später«, sagte ich zu Carla und eilte durch den gepflegten Garten Richtung Bürogebäude.

»Guten Morgen, Ntailan!«, rief unser Koch, als ich an dem Haus mit der Küche vorbeiging.

»Guten Morgen!«, sagte ich und dachte, dass ich an diesem Tag wohl auf das Frühstück verzichten musste.

Im Büro standen viele Leute. Es herrschte eine seltsame und betretene Stimmung.

»Was ist passiert?«, fragte ich.

»Meine Schwester wurde vergewaltigt!«, sagte ein Turkana, der als Aufseher bei uns arbeitete.

Manfred entschied, was zu tun war. »Wir fahren zu der

Manyatta. Ntailan kommt mit! Und ihr auch!«, sagte er und zeigte auf eine Gruppe von Aufsehern. Ich folgte ihnen zu Manfreds Geländewagen und nahm wie üblich vorne neben ihm Platz.

Nach einer Fahrt von ungefähr einer Stunde erreichten wir die Ansiedlung der Turkana. Ich sprang aus dem Auto und versuchte herauszufinden, was passiert war. Der Mann, der das Mädchen vergewaltigt hatte, war bereits weggelaufen. Also machte ich mich auf die Suche nach dem Mädchen, während Manfred und die anderen sich mit den Ältesten besprachen.

Ich war noch niemals so tief in eine Ansiedlung von Turkana-Nomaden vorgedrungen. In Maralal hatten die Turkana als Handwerker in Dörfern gelebt. Doch während die Samburu ihre jungen Mädchen ermutigten, mit älteren Männern zu schlafen, machte so ein Verhalten die Turkana wütend: Für sie war so etwas eindeutig sexueller Missbrauch.

Das Mädchen, es war ungefähr zwölf Jahre alt, war bei den Frauen des Dorfs. Ich überredete die Kleine mitzukommen und brachte sie zum Auto, denn sie sollte im Krankenhaus untersucht werden. Dann konnte das Verbrechen der Polizei gemeldet werden. Seit meiner Kindheit hatte sich offensichtlich etwas geändert am Umgang mit solchen Vorfällen, es wurde nicht mehr automatisch das Urteil gefällt, dass ein Mädchen von den Stämmen schon einverstanden gewesen sei. Aber wirklich helfen konnte ich der Kleinen leider nicht.

War es dieses Erleben meiner eigenen Ohnmacht? Ich weiß nicht, was genau mich antrieb, aber obwohl ich die Gespräche mit Manfred genoss, obwohl ich die Landschaft und das Leben dort lieben gelernt hatte, war ich schon bald entschlossen fortzugehen. Den äußeren Anlass lieferte mir Carla, denn auch ihr Aufenthalt neigte sich dem Ende zu. Vielleicht konnte ich mir auch einfach nicht vorstellen, ohne sie auf der Farm zu bleiben.

Instinktiv wusste ich, dass ich früher oder später den Avancen von Manfred nachgegeben hätte, der die Nachricht auch nicht gut verkraftete, als klar war, dass ich fortgehen würde.

So nahmen Carla und ich eines Tages Abschied und machten uns auf den Weg. Doch schienen zumindest die Tiere uns noch dort behalten zu wollen: Seltsamerweise blockierten auf unserem Weg von der Farm zur nächsten Straßenkreuzung die verschiedensten Wildtiere die Straße. Hatte Manfred es ihnen gesagt? Denn Manfred, der wenig Talent hatte, mit Menschen zu kommunizieren, hatte eine gute Verbindung zu den Tieren auf der Farm, wie ich wusste. Und dieser Gedanke, dass er die Tiere geschickt haben könnte, uns zu verabschieden, gab mir ein wenig Kraft für die weiteren Schritte.

Denn erst in Nairobi wurde mir bewusst, wie herausfordernd meine Aufgabe als »Community worker« gewesen war, wie ausgelaugt und müde ich mich fühlte: Das friedliche Zusammenleben hatte sich als Last entpuppt. Von der Verantwortung befreit, fühlte ich mich, als würde ich jeden Augenblick zusammenbrechen. Oder war es, weil mir bewusst wurde, dass ich nicht wusste, was ich weiter tun sollte? Was wollte ich als Nächstes nur mit mir anfangen? Zum Glück war ich mit Carla in einem Hostel untergekommen, und so konnte ich sie um Rat fragen.

»Ich habe keine Ahnung, wie es mit mir weitergehen soll!«, gestand ich ihr, als wir nach einem guten Essen am Pool im Schatten lagen.

»Zumindest warst du dir sicher, dass du nicht als die Freundin von Manfred auf der Farm enden wolltest!«, sagte sie und zwinkerte mir zu.

Ich nickte lachend. Dann sagte ich mit einem Seufzen: »Ich verstehe einfach nicht, dass er so überhaupt kein Gefühl für den Umgang mit Menschen hat.«

Stille breitete sich aus. Und dann fragte Carla mich unvermittelt, ob ich zu ihr nach Deutschland kommen wolle, wo sie ein Haus besaß. Ich sagte dankbar zu, wusste aber, dass ich zunächst einmal zurück zu meiner Schwester nach Langata musste.

Mir war gar nicht klar gewesen, wie sehr ich dort vermisst worden war. Doch schon auf der Straße vor dem Haus kamen mir meine Nichten entgegengelaufen.

Wie eine warme Welle schwappte die Wiedersehensfreude durch mich hindurch, und ich erwiderte ihr »*Mambo*« von Herzen.

»*Umepotea* – Du warst verschwunden!«, rief Princess und umarmte mich.

Noch während ich sie ganz fest drückte, wurde mir bewusst, dass es langsam, aber sicher an der Zeit war, mein eigenes Leben zu führen, egal, wie sehr ich die Mädchen liebte. Wenn ich nur gewusst hätte, wer ich war …

Traum von Deutschland

Um zu wissen, was ich tun wollte, versuchte ich herauszufinden, was ich gut konnte. Nach all den Jahren in Kenia war ein Leben in Deutschland ein Traum für mich geblieben, und ich lernte nicht nur eifrig beim Goetheinstitut, sondern hörte mir Deutschkurse auf Kassetten an. Dass ich jede Gelegenheit wahrnahm, um nach Deutschland zu kommen, versteht sich da fast von selbst.

Den Jahreswechsel 2004 auf 2005 konnte ich in Berlin bei einer Freundin verbringen, die ich aus der Kirche kannte. Da ich am 31. Dezember Geburtstag habe, war es etwas ganz Besonderes, »mein« Fest am Brandenburger Tor mit dem Neujahrsfeuerwerk zu feiern. Ich liebe es, dass dieser Tag für fast alle Menschen auf der Welt ein Feiertag ist. Während meine Freundin Gabi an diesem Abend sehr redselig war, wurde ich immer stiller, denn mir wollte kein Weg einfallen, wie ich für länger nach Berlin ziehen könnte.

Ich kehrte zurück nach Kenia, doch auch in den Jahren 2006 und 2007 besuchte ich erneut Berlin. Es blieb bei Kurzaufenthalten, auch wenn sich damals bereits abzeichnete, dass mein Land in Aufruhr geraten würde. Zum ersten Mal durften Oppositionsparteien offen an den Wahlen teilnehmen. Als der zuvor amtierende Präsident Mwai Kibaki zum Gewinner erklärt wurde, weigerte sich die Opposition, das Ergebnis anzuerkennen. Auch internationale Wahlbeobachter zweifelten an der Richtigkeit des Ergebnisses. Während der Auszählung der Stimmen kam es zu ersten Unruhen, die sich zu einer handfesten Auseinandersetzung zwischen den verschiedenen Gruppen auswuchsen. Bald herrschten bürgerkriegsähnliche Zustände in den großen Städten. Zahlreiche Menschen wurden dabei getötet oder mussten vor den Gewalttätigkeiten fliehen.

Auch ich flüchtete vor den Unruhen, allerdings nicht nach Deutschland, sondern nach Südafrika. Ich verbrachte zwei Wochen bei meiner jüngsten Schwester Mary, die dort studierte, und besuchte meine Freundin Kate, die in einer wunderschönen Villa in Sommerset bei Kapstadt lebte. Um in ihrem kirchlichen Entwicklungshilfeprojekt mitzuarbeiten, hätte ich finanzielle Unterstützung benötigt, die mir leider nicht zur Verfügung stand. So suchte ich mir einen Job und arbeitete als Kellnerin in einem Café direkt gegenüber von Robben Island, der Insel, auf der Nelson Mandela so viele Jahre seines Lebens in Gefangenschaft verbracht hat. Dort konnte ich meine Sprachkenntnisse gut gebrauchen, denn eine Vielzahl auch deutscher Touristen besuchte Robben Island. Nelson Mandela hatte Ausdauer – und Mut, der mir oft fehlte. Ich wurde zwar bei einer Modelagentur in die Kartei aufgenommen, traute mich aber nicht zu den Castings, innerlich überzeugt davon, sowieso keine Chance zu haben. In mir strahlte ich so wenig, wie sollte ich da eine Ausstrahlung haben, die andere überzugte? War im Café wenig los, starrte ich aufs Meer. Ich war der Heimat der Pinguine näher als meiner Wahlheimat Deutschland.

Nach drei Monaten lief mein Visum aus, und ich musste zurück nach Kenia. Zum Glück war in meinem Heimatland das Schlimmste ausgestanden: In den öffentlichen Verkehrsmitteln und auf den Straßen herrschte eine ungewöhnliche Ruhe, und die Menschen behandelten sich gegenseitig mit Respekt. Es war ein Frieden, den man spüren konnte, überraschend und intensiv.

Noch immer in Nairobi

Diesmal zog ich nicht zurück zu Esther nach Langata, sondern blieb in der Zentrale der Hilfsorganisation Diguna, bis mir Freunde halfen, eine eigene kleine Wohnung in einem Stadtteil von Nairobi, den Westlands, zu mieten. Eddy Maitum und seine Frau Gold vermittelten mir das Appartement in ihrem Wohnkomplex. Meine Wohnung war klein, doch ich war zufrieden. Eddy und Gold waren meine Nachbarn und kümmerten sich liebevoll um mich, es war eine Freundschaft quasi mit Familienanschluss. Ich konnte jeden Tag bei ihnen essen, und Gold wurde meine beste Freundin. Eddy Maitum war der Sohn des ersten Präsidenten von Uganda und ein beeindruckender Priester. Die Kirche und das Haus der beiden waren immer voller Menschen, und ich fühlte mich geborgen wie in einer großen Familie.

Eines Tages befand ich mich gerade auf dem Rückweg vom Supermarkt, als ich plötzlich ein Mädchen sah, das ich nicht einfach vorbeigehen lassen konnte.

»Hallo. Du siehst aus wie ein Model!«, sagte ich zu ihr.

Sie lachte und stellte sich vor: »Ich bin Olive!«

»Ich bin Ntailan. Ich war früher Model!«, sagte ich.

»Ja, das glaube ich sofort!«, sagte Olive und lud mich auf einen Kaffee ein.

Olive arbeite bei einem Modemagazin. Nach unserem Gespräch fragte sie mich, ob ich nicht auch wieder in der Modebranche arbeiten wollte. So bekam ich einen Job als Marketing-Assistentin bei Olives Modemagazin. Für diese Arbeit hatte ich allerdings so gar kein Talent. Doch immerhin fand ich über Olive meinen Weg zurück in die Modewelt. Ich lernte die Designerin Wambui kennen, die mir weitere Aufträge verschaffte und mit der ich mich anfreundete.

Dann gründete Olive 2008 ihre eigene Modelagentur, und wir verließen gemeinsam das Modemagazin. Ich war Olives Assistentin und konnte sogar meiner Nichte Soila Aufträge in der Welt der Mode vermitteln. Nicht nur sie träumte davon, im Ausland zu studieren, und brauchte Rat. Ihr fehlte es an Selbstbewusstsein, um ihren Traum in Angriff zu nehmen. Die Aufträge als Model halfen, ein positives Selbstwertgefühl zu entwickeln. Schließlich bewarb sie sich für einen Studienplatz in Italien, um dort Krankenschwester zu werden, der perfekte Beruf für die warmherzige und liebevolle Soila, dachte ich. Ihr und auch vielen Models versuchte ich instinktiv das mitzugeben, was mir selbst fehlte: das Selbstvertrauen und den Glauben an meine eigene Zukunft.

Erneut war ich eingetaucht in eine kapitalistische Welt. Das Stadtviertel, in dem ich lebte, war bekannt dafür, dass hier auch viele Millionäre zu Hause waren, die Kenia ausgebeutet hatten. Diese Menschen waren, wie ich sehr wohl wusste, zumeist korrupt. Von einem Tag auf den anderen umgab mich nicht mehr die wunderschöne Naturlandschaft des Nationalparks, sondern die Gebäude ragten hoch auf, und auf den Straßen wimmelte es nur so vor Menschen. Zugegeben: Ich war für ihr Glück nicht verantwortlich, wie ich es für die Menschen auf der Farm gewesen war. Und ich muss loben, dass Westlands eines der grünsten Stadtviertel von Nairobi ist. Es gab viele Bäume dort. Ganz besonders gefielen mir die Bäume, die sich im Garten der deutschen Botschaft befanden. Ich liebte es, auf meinem Weg zur Arbeit an der deutschen Botschaft vorbeizuspazieren und von Deutschland zu träumen.

Als Modelscout war es meine Aufgabe, Mädchen mit Potenzial zu entdecken oder aus der Kartei auszuwählen und mit ihnen zu arbeiten. Ich wusste aus Erfahrung, was in diesem harten Beruf zählte. Und ich hatte am eigenen Leib erfahren, dass man dazu nicht nur ein schönes Äußeres braucht, sondern sehr viel Selbstbewusstsein. Es ist ein taffer Beruf. Also bemühte ich mich, den Mädchen nahezubringen, dass wahre Schönheit von innen kommt. Ich sprach nicht über Beschneidungen, daher konnte ich nicht mit Sicherheit sagen, woher ihre Probleme rührten. Aber ich beobachtete, dass viele von ihnen Schwierigkeiten mit ihrem Selbstbild hatten und noch viel mehr mit ihrem Selbstbewusstsein. Ein Selbstwertgefühl war kaum vorhanden. Meine Aufgabe bestand also auch darin, den Mädchen das zu vermitteln, was mir persönlich ebenfalls schwerfiel: Sie sollten sich selbst achten lernen. Und wir arbeiteten daran, dass die innere Schönheit der Mädchen auch nach außen strahlte.

Für eine ganze Weile ging ich in dem Beruf auf. Nach Monaten auf der Farm, wo ich mein Wissen aus dem Studium kaum hatte anwenden können und mich das Gefühl geplagt hatte, dass ich abhängig war von Manfreds Einfluss und Einschätzung, war nun ich diejenige, die Urteile fällte, die Einfluss nahm und manchmal sogar etwas bewirken konnte. Meine Praxiserfahrung zählte – und dass ich in Europa gewesen war und wusste, was die Werbekunden dort für Vorstellungen hatten.

Mit einigen der Mädchen waren wir tatsächlich sehr erfolgreich. Ich erinnere mich an ein Mädchen, das ich entdeckt und deren Potenzial ich erkannt hatte. Sie besaß eine natürliche Eleganz und strahlte gleichzeitig Würde und Anstand aus. So gewann sie die jährliche Show »Fashion for peace« in Südafrika.

Doch während ich mich über die Erfolge meiner Models freute, brachte mich die Arbeit an ihrem Selbstbewusstsein erneut dazu, mein eigenes in Frage zu stellen. Einerseits genoss ich die intensiven Arbeitswochen, in denen wir große Modeshows organisierten. Andererseits nagte noch immer ein Zweifel an mir, ob ich mein Leben wirklich in dieser Weise verbringen wollte. Nach den Modeschauen gingen wir manchmal aus, doch ansonsten verbrachte ich die Abende stets im Haus von Priester Eddie Maitum oder bei einer anderen Nachbarin.

Überhaupt lebte ich noch immer wie eine Nonne. Seit ich als gläubige Christin nach Kenia zurückgekehrt war, hatte ich keinen Mann mehr in dieser besonderen Weise wahrgenommen und mich erst recht nicht auf eine Beziehung eingelassen. Erst ein Empfang in der tschechischen Botschaft, zu dem wir mit einigen Models eingeladen waren, sollte daran etwas ändern.

9. Kapitel

Begegnung mit dem Traummann

Marvin

Die tschechische Botschaft lag in Muthaiga, dem schönsten Stadtteil von Nairobi, den man auch als das Botschaftsviertel bezeichnet. Das Haus, in dem sich die tschechische Botschaft befand, war riesig und von einem liebevoll gepflegten Garten umgeben. An einem Samstagnachmittag war dort ein großes Zelt mit Tischen und Stühlen aufgestellt. Zahlreiche tschechische Köstlichkeiten wurden den Gästen angeboten, von denen wohl viele aus der russischen Botschaft gekommen waren.

Der Sohn des Botschafters, ein Geschäftsmann, hatte gemeinsam mit seiner kenianischen Freundin eine Gruppe von Kindern aus dem Kibera-Slum eingeladen, die für die Gäste tanzten und trommelten. Die Musik war tschechisch, doch der Trommelrhythmus war ungemein afrikanisch und ging mir unter die Haut. Ich verspürte das Verlangen, meinem Körper nachzugeben, der sich gern zu der Sprache der Trommeln bewegt hätte, wie es die Massai und Samburu seit jeher taten. Doch ich hielt mich zurück.

Ich trug ein enges, rotes Kleid, das ich mir von der Modelagentur ausgeborgt hatte. Es wurde für exklusive Fotosessions benutzt und betonte meine Kurven. Ich sah wohl ebenso atemberaubend und sexy aus wie die Models unserer Agentur, mit denen ich unterwegs war. Viele der anwesenden Männer versuchten, mit mir ins Gespräch zu kommen, und mit einigen sprach ich auch, mehr aus Pflichtgefühl als aus Interesse. Die meisten Menschen suchten draußen den Schutz des Zelts, da es ein wenig nieselte. Die Stimmung war festlich, und dennoch hatte ich wie so oft das Gefühl, dass etwas Wesentliches fehlte.

Da brach plötzlich die afrikanische Sonne durch die Wolken, und es wurde unvermittelt so hell, dass nur mehr der feuchte Boden an den Regen erinnerte. Und obwohl ich anfangs eher professionell versucht hatte, einen weiteren dieser Abende in fremder Gesellschaft durchzustehen, machte sich in mir langsam eine unbestimmte Hoffnung breit, dass genau an diesem Abend etwas passieren würde, das mein Leben verändern sollte. Ich hätte nicht sagen können, was es war oder woran ich dachte. Doch in mir erwachte eine Stimmung, wie ich sie seit langem nicht mehr empfunden hatte.

Der Boden war feucht nach dem Regen, und es fiel den Models schwer, sich auf ihren hochhackigen Schuhen zu bewegen. Ich schlug daher vor, ins Haus zu gehen. Dort befanden sich im Salon der Botschaft einige festlich gekleidete Festgäste, eine bunte Mischung aus Europäern und Afrikanern.

Mein Blick schweifte durch den Raum, und auf einmal setzte mein Herz für einen Schlag aus. Es schien zu wissen, was ihm widerfahren sollte. Ich starrte und staunte: Er war ein Krieger. Er war älter als die Massai- und Samburu-Krieger, die ich aus dem Busch kannte, aber er war unverkennbar ein Krieger: ein großer, kräftig gebauter Mann, sehr sorgfältig gekleidet und attraktiv. Selbst aus der Entfernung fielen mir seine sprechenden Augen auf. Ich kannte Männer wie ihn sonst nur aus dem Fernsehen, Männern, deren Präsenz mir auffiel, ich hatte nicht gedacht, dass jemand wie er tatsächlich existierte. Alles um mich her versank in Bedeutungslosigkeit, und wie magnetisch angezogen setzte ich mich in Bewegung und ging direkt auf ihn zu.

»Hallo, ich bin Ntailan, ich arbeite für die Kinkey Model Agency«, sagte ich und bot ihm meine Visitenkarte an.

Er ergriff die Karte und streckte mir seine Hand entgegen.

»Sehr erfreut. Ich bin Marvin Fischer«, sagte er und sah mich ein wenig fragend an.

Ich schüttelte ihm die Hand und konnte mir ungefähr vorstellen, was er von mir dachte. Das Modelbusiness war in Kenia nicht besonders angesehen.

Daher sagte ich schnell: »Ich weiß, wer Sie sind. Ich bin in Gilgil geboren und habe von Ihrer Pferdefarm gehört! Aber wissen Sie auch, dass in meinem Wohnzimmer eine Flagge Ihres Landes hängt?«

»Nein, wirklich?«, sagte er schmunzelnd.

»Ja, ich liebe nicht nur Pferde, ich liebe auch Deutschland! Als junges Mädchen habe ich dort gelebt, und seitdem träume ich immer davon, nach Deutschland zurückzukehren. Mein größter Traum ist es, in Berlin Schauspiel zu studieren!«, erklärte ich ihm, selbst überrascht, dass ich so freiheraus von mir sprach. Und dass ich Schauspielerin werden wollte, hätte ich zuvor kaum vor mir selbst eingestanden.

»Wirklich?«, sagte er noch einmal und fixierte mich mit seinen blauen Augen.

Meine Knie wurden weich, und für einen Moment fehlten mir die Worte. »Und ich möchte Afrika aus der Armut retten!«, brach es aus mir heraus. Eine Stimme in meinem Hinterkopf schimpfte mit mir, dass ich ihn so naiv überfiel.

Er aber sah mich erstaunt an.

Ich riss mich zusammen und erklärte ihm, dass ich lange Zeit für die Kirche gearbeitet hatte. Ich berichtete ihm auch von meinen Reisen nach Deutschland, und je länger ich erzählte, desto interessierter hörte er mir zu. Vielleicht waren es nur fünf Minuten, vielleicht auch zehn oder zwanzig, in denen wir gemeinsam im Salon standen und uns unterhielten. Inzwischen war die kritische Stimme in meinem Kopf leiser geworden. Ich konnte es kaum glauben, dass dieser einzigartige Mann sich so viel Zeit für mich nahm, als würden die anderen Gäste gar nicht existieren.

Als einer seiner Freunde sich zu uns gesellte und ihn bat mitzukommen, sagte er mit einem freundlichen Blick: »Entschuldigen Sie mich, ich muss leider weiter. Aber vielleicht haben Sie Zeit und Lust, mich in meinem Büro zu besuchen? Es liegt in der Nähe der Deutschen Botschaft.«

Ich nickte wortlos, als er mir seine Karte überreichte und sich verabschiedete. Dann ging er mit seinem Begleiter davon und sprach konzentriert mit einigen anderen Leuten. Ich weiß nicht, wie lange ich dort auf der Stelle verharrte. Meine Beine waren wie festgeschraubt, und ich konnte mir nicht vorstellen, mich jemals wieder mit irgendjemand anderem zu unterhalten.

Als ich mich am nächsten Tag auf den Weg in die Modelagentur machte, schwebte ich noch immer wie auf Wolke sieben. Passend zu meiner Stimmung sangen die Vögel in dem netten Viertel Westlands, in Lavington, wo ich durch die Straßen lief. Und an diesem Tag schienen ihre Stimmen eine Brücke zu bauen bis hin zu seinem Büro. Die Stadt schrumpfte zusammen, so dass ich mich fühlte, als brauchte ich nur den Arm auszustrecken und könnte erneut in seine Welt eintauchen.

Natürlich führte mich an diesem Morgen mein Weg ganz zufällig in die Nähe der Adresse vorbei, die er mir genannt hatte. Ich hielt Ausschau nach seinem Büro, das ich tatsächlich unweit der Agentur entdeckte. Wie oft war ich schon hier vorbeigegangen, ohne zu ahnen, dass er sich vielleicht gleich dort drüben befand?

Zum Glück musste ich an diesem Tag nicht mit den Models arbeiten, denn ich hätte mich kaum auf sie konzentrieren können. Zum ersten Mal in meinem Leben war ich verliebt – und das Hals über Kopf.

An diesem und an den folgenden Abenden fühlte ich diese Verbindung mit ihm, nicht nur, wenn ich an seinem Büro vorbei nach Hause ging. Blickte ich aus dem Fenster meines Zimmers auf die Sterne am Himmel, wusste ich mich dem gesamten Universum verbunden. Ich fing sogar an, mit den Sternen und mit dem Mond zu reden. Es war mir ganz egal, dass meine Nachbarn mich für verrückt halten mussten. Ich hatte das Bedürfnis, dem Universum mitzuteilen, dass ich seit einer Ewigkeit wieder etwas in mir spürte, dass ich tatsächlich Gefühle für einen Mann hatte, dass ich trotz allem, was mir widerfahren war, eine Frau war, eine Frau, die in ihrem Herzen Liebe verspürte.

Ich hätte mich ganz in dieses Gefühl hineinstürzen mögen. Doch nach all den Jahren, die ich wie eine Nonne gelebt hatte, war das nicht selbstverständlich. Immerhin glaubte ich fest an das Zölibat und hatte verinnerlicht, dass Sex außerhalb der Ehe etwas Verwerfliches war. Die Religion und mein Glaube hatten mir den Halt gegeben, den ich so dringend gesucht hatte. Und ich war überzeugt, dass ein Mann, mit dem ich etwas anfangen wollte, genauso gläubig sein müsse wie ich selbst. Und nun das: Ich hatte mich Hals über Kopf in den Manager einer Pferdefarm verliebt. Nichts ließ den Schluss zu, dass es sich bei ihm um einen zutiefst religiösen Menschen handelte. Und ich befürchtete, dass meine Gefühle von Liebe, Sehnsucht und Verlangen mich bald schon in einen Konflikt mit meinem Glauben stürzen würden. Die beiden inneren Stimmen kämpften eine ganze Weile miteinander, mein Glaube und meine Gefühle waren beide sehr stark. Und so dauerte es Monate, bis schließlich die Sehnsucht gewann.

Ein halbes Jahr nach unserer ersten Begegnung bei dem Botschaftsempfang sprachen wir in der Modelagentur über neue Geschäftsmöglichkeiten, als mir die Idee kam, wie ich diesen Marvin Fischer wiedersehen könnte. Ich erzählte meinen Kollegen, dass ich diesen erfolgreichen Geschäftsmann persönlich kannte, und schlug vor, einen Termin in seinem Büro zu vereinbaren, um mit ihm über eine mögliche Zusammenarbeit zu sprechen. Nur eine Woche später war es so weit. Meine Kollegin Olive und ich wurden in sein Büro gebeten. Gemeinsam gingen wir zu dem Gebäude, an dem ich im vegangenen halben Jahr so oft vorbeigelaufen war. Wie oft hatte ich von ihm geträumt – und wie sehr mit mir gerungen.

Natürlich hatte ich mich besonders sorgfältig angezogen, doch ich wollte einen anderen Eindruck hinterlassen als beim Botschaftsempfang. Aber Eindruck machen – klar wollte ich das: Ich trug daher schlichte braune Hosen und eine ordentliche weiße Bluse. Das Haar war zu Zöpfen gebunden, und ich fühlte mich stark und selbstbewusst – und war gleichzeitig unendlich nervös. Im Eingangsbereich des Gebäudes befanden sich einige Deutsche, die mich anstarrten, und für einen kurzen Moment befürchtete ich, jeder könne sehen, dass ich in ihren Chef verliebt war. Wir gingen bis zu seinem Büro, wo uns eine Sekretärin freundlich in Empfang nahm.

»Herr Fischer ist gleich so weit, bitte nehmen Sie noch kurz Platz. Möchten Sie etwas trinken?«, fragte sie lächelnd und deutete auf ein gemütliches Sofa. Olive und ich baten um Wasser und beobachteten die Sekretärin, die in ihrem eleganten Kostüm bildhübsch aussah. Noch dazu war sie schrecklich sympathisch, schrecklich in meinen Augen, denn wie sollte er bei so einer Sekretärin Augen für mich haben?

Doch in dem Moment, als sich die Tür seines Büros öffnete, vergaß ich alle Minderwertigkeitsgefühle. Marvin Fischer sah nicht nur aus, als wäre er direkt einem Modemagazin entsprungen, sondern er freute sich auch sichtlich, mich zu sehen.

Meine Kollegin und ich standen auf, er kam direkt auf uns zu und gab mir die Hand.

»Das ist Olive Gathara, die Gründerin unserer Modelagentur«, stellte ich Olive vor. Er gab auch ihr die Hand und führte uns in einen großen Besprechungsraum. Seine ganze Art ließ mein Herz höher schlagen, sein Charme war für mich unwiderstehlich.

»Ich freue mich, dass Sie mit uns zusammenarbeiten wollen!«, sagte ich auf Deutsch und wechselte dann ins Englische, damit auch Olive dem Gespräch folgen konnte. Wir unterhielten uns eine Zeitlang über Geschäftskontakte, die er uns vermitteln konnte, und über Einsatzmöglichkeiten unserer Models, und obwohl das Gespräch zu Beginn sehr geschäftlich verlief, war kein Wort verschwendet, so aufmerksam lauschte ich. Mir gefielen seine Stimme, sein Akzent und die Art und Weise, wie er mit großem Respekt über andere Menschen sprach. Ich war beeindruckt von dem Wissen, das er über die verschiedenen Gebiete Kenias hatte. Ich fühlte mich ihm immer mehr verbunden, als ich erkannte, dass er nicht nur ein erfolgreicher Geschäftsmann mit einer Leidenschaft für Pferde war, sondern auch jemand, der sich für die Menschen interessierte und der aus tiefster Überzeugung Gutes tun wollte und tat.

»Ich sehe, dass Kenia Ihnen am Herzen liegt!«, sagte ich.

»Vielleicht ist es so wie bei Ihnen. So wie Sie Deutschland lieben, so liebe ich Kenia!«, antwortete er und fuhr fort: »Meine Familie hat mich von Berlin nach Kenia geschickt, um die Pferdefarm in Gilgil zu managen. Ich liebe dieses Land, seine Vielfalt, die unterschiedlichen Stämme mit ihren Traditionen und diese besondere Naturverbundenheit. Besonders fasziniert mich der wilde Norden, auch wenn es dort Sicherheits- und Umweltprobleme, Hunger und rivalisierende ethnische Gruppen gibt. Ich habe einmal eine Reise zum Turkana-See unternommen und mich ganz einfach in diese Gegend verliebt!«

Ich nickte wortlos und beobachtete diesen Mann, der mir aus der Seele zu sprechen schien.

»Haben Sie vom Lake Turkana Festival gehört, das demnächst zum ersten Mal stattfinden wird?«, fragte er voller Enthusiasmus.

Ich schüttelte gespannt den Kopf.

»Die Idee des Festivals ist es, die Stämme, die sich im Norden bekriegen, friedlich zusammenzubringen. Der Gedanke dazu kam aus Loyangalani, aus der größten Siedlung am Ostufer des Sees. Verschiedene ethnische Gruppen, die Rendille, die Samburu, und die Turkana werden sich jeweils mit typischen Speisen, ihrer Tradition, ihrer Kultur und ihrem Kunsthandwerk vorstellen. Sie alle sind eingeladen, gemeinsam zu tanzen und zu feiern, als ein Zeichen des Friedens. Und das alles vor dieser atemberaubenden Landschaft am Turkana-See, dem größten Wüstensee der Welt!«

Er hielt inne und sah mich ein wenig fragend an, als interessiere ihn, was ich davon hielt. Ich nickte und schloss die Augen. Vor mir stiegen Bilder aus meiner Kindheit auf. Bereits damals hatten mich die Turkana fasziniert. Vor meinem inneren Auge sah ich die starken Turkana-Frauen, die einen *Debe,* einen Container mit zwanzig Litern Wasser, auf ihrem Kopf balancierten und dabei so anmutig einherschritten wie jedes unserer Models. Ich erinnerte mich an die Zusammenkünfte, bei denen mein Vater Reden gehalten hatte und anschließend getanzt worden war. Ich sah die Turkana, wie sie tanzten. Ich sah Turkana-Männer, die hinter Turkana-Frauen hersprangen und sie im Tanz verfolgten. Ich sah den scheibenförmigen Halsschmuck aus Perlen, sah die Halsringe der Frauen, wie sie auf und ab hüpften, während die Lehmhaube der Männer mit den Straußenfedern darauf im Takt mitwippte.

Ich wollte nichts lieber, als diese Bilder mit Marvin Fischer zu teilen, aus einem Impuls heraus stand ich auf und begann, mich zu bewegen wie eine Turkana-Frau. Mitten in seinem Büro in Nairobi tanzte ich einen Turkana-Tanz. Ich sprang hoch und nieder, von einer Stelle zur anderen und erklärte Marvin und meiner sprachlosen Kollegin dabei, wie der Tanz der Turkana ablief.

»Seit meiner Kindheit liebe ich die Turkana. Sie galten immer als gefährlich, aber sie sind so faszinierend«, sagte ich schließlich fast wie eine Entschuldigung und setzte mich wieder auf das Sofa.

Marvin und meine Kollegin starrten mich noch eine Sekunde wortlos an, dann sagte er: »Sie müssen unbedingt mitkommen. Ich lade Sie ein!«

Mir verschlug dieses Angebot die Sprache, übertraf es doch meine kühnsten Träume. Ich riss mich zusammen, denn ich wollte nicht, dass er mitbekam, wie sehr ich mich danach sehnte, wieder in den Norden zu reisen – mit ihm gemeinsam!

»Warten Sie einen Augenblick, ich versuche sofort einen Platz für Sie in der Reisegruppe zu organisieren!«

Ehe wir noch etwas sagen konnten, war er aufgestanden und verließ den Raum.

»Du weißt, wie gefährlich es ist, in den Norden zu fahren?« Olive, die in Nairobi zwischen weißen Ausländern und reichen Kenianern aufgewachsen war, klang besorgt, als sie ergänzte: »Selbst mit einem deutschen Wagenkonvoi!«

Ich nickte. Die Geschichten meines Vaters gingen mir durch den Kopf, der getötete Elefant im Busch, die Turkana-Männer mit ihren Messern. Automatisch kam mir in den Sinn, dass Maralal, wo ich seit über zehn Jahren nicht mehr gewesen war, quasi auf dem Weg zum Turkana-See lag.

»Vor vielen Jahren, als ich noch in London gelebt habe, bin ich einmal mit Freunden aus Maralal mit einem Auto zum Turkana-See gefahren! Ich war mit Missionaren schon in Turkana-Siedlungen. Habe einmal einem vergewaltigten Mädchen geholfen, dass ihr Fall vor Gericht kam«, sagte ich gedankenverloren zu Olive. »Aber am Turkana-See selbst war ich nur einmal.«

»Was hast du dort gemacht?«, wollte sie wissen.

»Ich weiß es gar nicht mehr genau, ich erinnere mich aber,

dass ich damals ganz alleine schwimmen gegangen bin. Ich konnte gar nicht richtig schwimmen und wollte nicht, dass mir jemand dabei zusieht. Ich war ganz alleine, nur mit den Kindern der umliegenden Manyattas. Die haben sich einen Spaß daraus gemacht, unter Wasser auf mich zuzutauchen und nach meinem Knöchel zu greifen, als wären sie Krokodile!«, erzählte ich.

»Am Turkana-See befindet sich die weltweit größte Kolonie Nilkrokodile!«, sagte Olive entsetzt.

»Die Krokodile leben im Nordosten des Turkana-Sees. Wir waren in der Nähe von Loyangalani in der Oasis Lodge, und dort waren wir eher von Hollywood-Berühmtheiten als von Krokodilen umgeben!«, sagte ich lachend.

»Wirklich?«, fragte Olive mit großen Augen.

»Ja, die Oasis Lodge war damals richtig angesagt. Es gab Wasserflugzeuge, die auf dem See landeten und denen dann Berühmtheiten wie Mick Jagger oder David Bowie schon einmal entstiegen sind. Es ist auch wirklich paradiesisch dort. Einmal bin ich alleine spazieren gegangen und habe zwischen einigen Steinen eine natürliche Quelle mit ganz klarem, warmem Wasser entdeckt. Es war wie ein natürlicher Jacuzzi. Ich habe mich hineingelegt und den Palmenblättern gelauscht, die mich umgaben und durch die der Wind fuhr, und den Vögeln, die sangen, es war einzigartig!«, schwärmte ich.

Olive sah mich ein wenig skeptisch an und meinte: »Und der Weg dorthin ist ein tagelanger Trip über staubige Straßen durch das Stammesgebiet von Ethnien, die sich bekriegen. Ein Weg voller Schlaglöcher und Banditen!«

Erst als die Tür aufging, fiel mir auf, dass Marvin Fischer recht lange weg gewesen war. Als er endlich wieder ins Zimmer kam, wirkte er betrübt. Er entschuldigte sich bei uns: »Leider ist die offizielle Reisegruppe ausgebucht. Es gibt keinen Platz mehr, nicht einmal für meine Freunde. Das ist wirklich ärgerlich. Ich würde gerne die Anreise für Sie organisieren, aber leider habe ich gerade schlechte Nachrichten erhalten und muss so schnell wie möglich zurück nach Gilgil zu meiner Farm.«

Olive schien erleichtert, doch ich hatte längst beschlossen, dass ich zu diesem Festival an den Turkana-See reisen würde.

»Sie dürfen auf keinen Fall alleine in den Norden von Kenia fahren!«, sagte Marvin Fischer, als hätte er meine Gedanken gelesen.

»Warum nicht?«, fragte ich.

»Die somalischen Warlords werden Sie entführen und ein Lösegeld von zweihundert Kamelen fordern.«

»Nur zweihundert?«, fragte ich ein wenig aufgebracht. Ich konnte nicht verstehen, warum jemand mir erklärte, dass ich nicht alleine in den Norden fahren dürfe. Marvin Fischer konnte mich nicht davon abhalten, durch meine Heimatstadt Maralal in den Norden Kenias zu reisen.

»Zweihundert für jede von Ihnen!«, sagte er und versuchte uns zu erklären, wie gefährlich es war. Meine Kollegin Olive stimmte ihm zu und erklärte, dass sie nicht mitfahren würde. Als er merkte, wie entschlossen ich war, zuckte er wohl die Achseln, insistierte nicht weiter. Aber ich wusste, ich würde mich nicht abhalten lassen. Auch wenn es gefährlich war, alleine in den Norden zu reisen, so würde ich einen Weg finden.

Fest am Lake Turkana

Als ich am Tag der Reise erwachte, war ich aufgeregt wie damals als Kind, wenn wir meinen Vater an einem seiner Stützpunkte besuchen fuhren. Ich wollte zudem nicht irgendwohin, sondern nach Maralal, in meine Heimatstadt.

Zuerst nahm ich ein Matatu nach Nyahururu. Von dort ging es mit einem anderen Matatu weiter nach Maralal. Ich war zehn Jahre lang fort gewesen und sah sofort, wie sehr sich die Stadt verändert hatte. Entlang der Hauptstraße standen Holz- und Wellblechhütten, die Post, Banken, Bars und Geschäfte. Doch die Somalis, die in meiner Kindheit das Stadtbild dominiert hatten, waren weniger geworden. Die vielen ein- fachen Übernachtungsgelegenheiten verdeutlichten die Bedeu- tung des Ortes als Durchgangsstation für alle Reisenden Rich- tung Norden.

Ich wusste, meine Stiefmutter hatte unser Haus nach Vaters Tod verkauft, was ich auch gut fand, denn es war umfunktio- niert worden zu einer Schule für Samburu-Kinder. Sie nahmen jeden Morgen einen weiten Weg auf sich, um im Haus meiner Kindheit etwas zu lernen. Ich hatte das gewusst. Aber es war etwas ganz anderes, all das direkt vor mir zu sehen. Natürlich erfüllte mich auch ein Gefühl der Traurigkeit, weil das Haus, in dem ich die glücklichsten Stunden meiner Kindheit verbracht hatte, nicht mehr meiner Familie gehörte. Auch die Umgebung des Hauses hatte sich verändert, war zugebaut worden. Hinzu kam, dass der Wald zurückgestutzt und gerodet worden war und dadurch viel von seiner Magie verloren hatte. Bei aller Wie- dersehensfreude war ich froh, dass ich nicht lange in Maralal bleiben würde.

Zuerst besuchte ich meine Cousine und blieb über Nacht bei ihr. Ich empfand Hochachtung für sie, denn sie kümmerte sich um gelähmte Kinder, die von den Stämmen als verflucht ange- sehen und ausgestoßen wurden. Meine Cousine nahm sie in einem Haus auf und kümmerte sich darum, dass sie die not- wendige medizinische Hilfe bekamen. Tatsächlich konnte sie einigen von ihnen zu einem selbständigen Leben verhelfen.

Die zweite Nacht verbrachte ich im Yare Camel Camp, das von einem Safari-Anbieter geführt wird, der auf Reisen in Nordkenia spezialisiert ist. Ich hatte auf die kritischen Stimmen gehört, die vor Gefahren warnten, und so hatte ich mich einer

Gruppe aus Nairobi angeschlossen, die mich in ihrem Konvoi mit nach Norden nehmen wollte.

Am nächsten Morgen saß ich unter lauter Europäern, von denen die meisten noch nie so weit ins nördliche Kenia vorgedrungen waren. Ich presste das Gesicht ans Fenster, als es nun endlich weiter Richtung Norden ging, und hatte wieder Vaters Geschichten im Kopf: wie er gestohlenes Vieh zurückbrachte, gegen Shiftas kämpfte. Würde ich dort wirklich den Mann treffen, in den ich mich verliebt hatte? War es mehr als die allgemeine Sorge gewesen, als er versucht hatte, mich davon abzuhalten, auf eigene Faust zu dem Festival zu reisen, weil ich auf dem Weg von Shabaab-Milizen gekidnappt werden könnte? Vor mir lag der Norden, wo meine Stammesleute lebten, aber auch andere Stämme, deren Traditionen ich liebte und fürchtete. Ich konnte es kaum erwarten.

Von Maralal fuhren wir zuerst Richtung Porro, und ich saugte den Anblick des üppig grünen Tals in mich auf. Langsam ging es bergauf ins karge Bergland. Wir gelangten in hügeliges Gelände und konnten von der Anhöhe aus das Kerio-Tal überblicken. Wir erreichten Morijo, ein hübsches Missionszentrum mit einigen verstreuten Manyattas und bezaubernd einfachen Häusern, von wo aus es allmählich bergab Richtung Marti und Baragoi ging. Wir gönnten uns eine Mittagspause. Schließlich erreichten wir South Horr in der Nähe des nordwestlich gelegenen Mount Nyiro. Einer Samburu-Sage nach ist dies der Ort, an dem Nkosikoi lebt, der Gott des Stammes. Es soll keinen friedlicheren Ort auf der Welt geben als das Gebiet rund um den Mount Nyiro. Der Fluss, der durch South Horr verläuft, strömt direkt von dem mit tiefgrünem Wald umgebenen Gipfel herab, zumindest kam es mir so vor, und die Atmosphäre war so beeindruckend, dass nicht nur ich wie hypnotisiert war. Ich erinnerte mich daran, wie ich hier in meiner Jugend schon einmal gewesen war und meditierend dagesessen hatte. Wir lauschten den Geräuschen der Natur, von denen ich einige wiedererkannte. Sie hörten sich an wie die Laute aus dem Buschwerk rund um mein Elternhaus in Maralal. Andere aber waren auch für mich vollkommen neu. Fast fiel es uns schwer, diesen Ort hinter uns zu lassen und weiter Richtung Norden zu fahren. Den ganzen Tag wurden wir auf der unebenen Straße durchgeschüttelt, dass uns der Rücken weh tat. Wir waren froh, als es langsam Abend wurde und die Dämmerung hereinbrach – und damit ein Ende der Reise nahte. Das Abendlicht hüllte die Steinwüste um uns her in ein samtiges Licht, fast als steuerten wir auf ein einsames, verwunschenes Paradies zu.

Allmählich wurde ich nervös, denn auch das Treffen mit Marvin Fischer rückte näher. Ich war entgegen seinen Bitten auf eigene Faust nach Norden gereist. Wie würde er reagieren?

Zuerst sah ich das Wasser des Turkana-Sees, das von den letzten Sonnenstrahlen beschienen fast magisch leuchtete. Dann entdeckte ich Marvin Fischer. Er steuerte direkt auf unser Fahrzeug zu, in dem auch einige Bekannte von ihm mitgefahren waren. Ich versuchte, mich unter meinem Hut und hinter der Sonnenbrille zu verstecken, erfüllt von der Angst, jemand könne bemerken, dass mir das Herz bis zum Hals schlug.

Marvin begrüßte seine Bekannten und warf mir einen ungläubigen Blick zu. Doch er sagte nichts. Er wies uns den Weg, und langsam steuerten wir nach Loyangalani hinein. Dort folgten auf Betonhäuser die traditionellen Schilfhütten der Rendille, Turkana und Samburu vom See. Eine Gruppe von Samburu-Mamas begrüßte uns mit einem Gesang. Ich spürte Marvins Blick auf mir ruhen und bemühte mich, so zu tun, als würde ich ihn ignorieren. Doch sobald er sich seiner Arbeit zuwandte, beobachtete ich ihn: die Leidenschaft, mit der er bei der Sache war. Die Art und Weise, wie er mit den Menschen sprach. Er erinnerte mich an meinen Vater, und doch war er so anders.

Ich konnte nichts gegen die Faszination tun, die er auf mich ausübte.

Ich bezog meine Unterkunft in einer Rendille-Hütte und wusch mich in einem einfachen Waschraum. Dann ging ich zurück Richtung Lodge, wo sich die anderen Gäste eingefunden hatten. Mit dem Einbruch der Nacht war es kühl geworden, die Palmen rauschten in einem sachten Wind, und über mir leuchteten eine Million Sterne. Ich blickte nach oben, in Gedanken noch immer bei Marvin. Die Müdigkeit nach der langen Reise überfiel mich, doch ich wusste, ich wurde von meinen Mitreisenden erwartet. Ich riss mich zusammen und ging zu ihnen und zum gemeinsamen Abendessen. Es waren bereits viele Gäste anwesend, Marvin Fischer saß neben einem wichtig aussehenden Mann weit weg von mir. Ich sehnte mich nach ihm, doch es schien mir unpassend, aufzustehen und zu ihm hinzugehen. So wanderte ich schließlich alleine zurück in meine Rendille-Hütte und schlief viel zu spät ein.

Am nächsten Morgen erwachte ich durch Klänge, die mich sofort belebten. Mein Körper reagierte ganz von selbst, denn was ich hörte, waren Turkana, die tanzten. Schnell zog ich mich an und lief in Richtung der singenden und tanzenden Menschen. Es war eine Gruppe von traditionell gekleideten Turkana, Männer und Frauen. An diesem Morgen wurde ich eine von ihnen. Ehe ich mich's versah, mischte ich mich unter sie. In ihrem Kreis tanzte ich wie noch nie zuvor. Alle Zweifel an meinem Körper, seiner Unzulänglichkeit, meine Unsicherheiten und die Gedanken über Keuschheit waren für den Moment aus mir gewichen, und ich fühlte mich fast wieder wie befreit.

Turkana und Samburu hatten sich lange Zeit bekriegt, sie hatten gegenseitig ihre Dörfer angegriffen und sich Vieh gestohlen. Als Samburu war ich damit aufgewachsen, dass die Turkana unsere Feinde waren, dass sie schlimme Dinge taten und wir uns vor ihnen in Acht nehmen mussten. Die Musik aber wirkte, und ich hätte die Turkana um mich her am liebsten umarmt in meinem Überschwang. Ich war in der Welt herumgekommen und hatte mich von den Vorstellungen meines Stammes befreit. Ich war bereit für die Aussöhnung. So tanzte ich an diesem Morgen als einzige Samburu mit den Turkana und vergaß dabei für den Moment sogar Marvin.

Später fuhr ich mit zwei Bekannten aus unserer Gruppe hinunter zum See. Loyangalani, der gesamte Ort, strahlt etwas Reines aus, etwas Ursprüngliches, etwas, das einem den Atem raubt und den Geist klar macht.

»Ich muss nachdenken«, erklärte ich meinen Begleitern und machte mich alleine auf den Weg entlang des Sees, der sich blaugrün schimmernd und riesengroß vor mir erstreckte. Meine Gedanken streiften immer wieder Marvin, doch eigentlich ging es um mich selbst, um meine Zukunft, um mein Leben. Viele Jahre hatte ich nun schon hier in Kenia verbracht. Ich hatte mein Land kennengelernt und war erwachsen geworden. Ich hatte in hungrige Gesichter geblickt. Ich hatte die unbeschreibliche Schönheit meines Landes bewundert, eine Schönheit, die man allerdings nicht essen kann.

Und hier war ich nun in Loyangalani am Ufer des Turkana-Sees, ganz nah an der Wiege der Menschheit. Auch ich sehnte mich nach einem Neuanfang, wurde mir bewusst. Ich musste es noch einmal versuchen. Ich musste noch einmal weggehen und mich woanders auf die Suche nach mir selbst und dem Sinn meines Lebens machen. Ich wollte zurück nach Europa, ich wollte nach Deutschland, nach Berlin. In der unendlichen Weite der Natur flehte ich Gott an, mir zu helfen. Ich blickte auf einen Punkt in der Ferne des Sees und betete. Ein paar Kinder rissen mich aus meiner Konzentration. Sie waren zum Seeufer gestürmt und spielten nun lautstark dort. Ich warf einen letzten Blick auf den See und atmete die saubere Luft ein. Ich war bereit für ein neues Kapitel in meinem Leben.

Am Nachmittag versammelten wir uns alle und feierten gemeinsam das erste Marsabit-Lake Turkana Festival, benannt nach mehreren Seegemeinden: Marsabit. Wieder tanzten die Turkana, dann auch die anderen Stämme, und immer war Marvin in meiner Nähe. Doch er war umgeben von wichtigen Geschäftspartnern und Botschaftsangehörigen, und so fand ich keine passende Gelegenheit für ein Gespräch. Vielleicht wusste etwas in mir, dass hier und jetzt noch nicht unsere Zeit war. Obwohl ich mir damals insgeheim wünschte und hoffte, dass diese Zeit bald kommen würde, auch wenn ich nicht ahnte, wie ich mich selbst überwinden, wie ich Zugang zu meinen Gefühlen finden sollte – und ob und wie ich überhaupt mit Marvin zusammenkommen würde. Das wunderbare Festival ging vorbei, bald schon war ich wieder in Nairobi, im Alltag.

Einige Zeit nach dieser Reise schickte Marvin mir eine SMS: »Ich werde Kenia verlassen und gehe zurück nach Berlin.«

»Dann sehen wir uns in Berlin«, antwortete ich und lächelte, während meine Finger die Buchstaben tippten. Ich war fest entschlossen, das Wagnis zu versuchen. Nach fast zwanzig Jahren in Kenia war ich bereit, Afrika zu verlassen und zurück nach Europa zu gehen. Ich hatte mich umgetan und hatte tatsächlich einen Arbeitgeber in Berlin gefunden für ein längeres Praktikum. Mit dem normalen Touristenvisum, aber immerhin: Ich hatte eine Möglichkeit gesucht und gefunden, endlich wieder in das Land meiner Träume zu fahren. Also gab ich meinen Job auf und meine Wohnung. Ich verabschiedete mich von meiner Familie und fieberte dem Tag entgegen, an dem es endlich losgehen sollte.

10. Kapitel

Trauma im Traumland

Aufbruch mit Hindernissen

Ein Traum, den ich fast zwanzig Jahre lang geträumt hatte, sollte endlich Wirklichkeit werden: Endlich durfte ich wieder nach Deutschland, in das Land, das ich liebte – und wo Marvin Fischer lebte, was sicher auch keine geringe Rolle spielte. Nicht für meinen Entschluss, in Deutschland leben zu wollen. Aber sicher gab mir der Gedanke die Kraft, meinen Traum umzusetzen und endlich konkrete erste Schritte zu tun.

Morgens um halb fünf sollte mein Flug nach Berlin gehen. Es war zwei Uhr in der Nacht, als Hellen und ihr Mann Lamaiyan mit ihrem Auto bei mir im Appartement eintrafen, um mich in Westlands abzuholen und mich zum Flughafen zu bringen. Meine Nichte Soila war gerade auf Heimatbesuch und war ebenso wie ihr Bruder Martin mitgekommen. Gemeinsam verfrachteten wir die Gepäckstücke ins Auto. Ich hatte alles eingepackt, was sich in den letzten zwei Jahren in meiner Wohnung angesammelt hatte, schließlich hatte ich nicht vor, wieder nach Kenia zurückzukommen. Dann stiegen wir ins Auto und fuhren zur Ausfahrt des Wohnkomplexes.

Doch als wir zum Tor kamen, weigerte sich der Wachmann, es zu öffnen und uns gehen zu lassen. Er fand es seltsam, dass wir mitten in der Nacht mit Sack und Pack die Wohnung verließen, und hegte den Verdacht, dass ich mich aus dem Staub machen wolle, ohne meine Miete bezahlt zu haben. Sofort rief ich bei meinem Vermieter an, doch niemand hob ab. Der Wachmann hatte so große Angst davor, seinen Job zu verlieren, dass er nicht nachgab. Wir ließen das Gepäck bei ihm zurück, Soila und Martin noch dazu, und machten uns auf den Weg durch das nächtliche Nairobi nach Karen, wo mein Vermieter wohnte. Wir läuteten, doch wir bekamen nur das aufgeregte Bellen des Hundes zur Antwort. Mittlerweile war es schon drei Uhr, und Panik machte sich in mir breit. Alles schien sich gegen mich verschworen zu haben. Aufgeregt diskutierte ich mit Hellen und Lamaiyan, was ich tun konnte, während wir so schnell wie möglich zurück zu meiner Wohnung fuhren. Ich hatte keine Zeit mehr zu verlieren. Ich sprang aus dem Wagen und ging entschlossen auf den Wachmann zu.

Wütend sagte ich: »Mein Vermieter schläft. Ich habe meine Miete bezahlt, aber wenn Sie mir nicht glauben, dann kann ich nichts machen. Ich weiß, Sie machen nur Ihren Job. Ich lasse Ihnen alle meine Sachen hier. Ich nehme nur meine Kleider mit. Es ist nicht gerecht, aber es ist mir egal. Ich muss diesen Flug erreichen!«

Lamaiyan unterstützte mich: »Ich gebe Ihnen meinen Namen und meine Adresse und mein Wort, für alle Kosten aufzukommen, die entstehen könnten. Wir müssen zum Flughafen, und zwar schnell!«

Endlich nickte der Wachmann. Während Lamaiyan ihm seine Daten aufschrieb, suchte ich in Windeseile das Wichtigste an Kleidung zusammen und stopfte es in eine kleine Tasche. Den Rest stellte ich bei dem unnachgiebigen Wachmann ab, und dann brausten wir zum Flughafen. Es war schon nach vier Uhr, als wir ankamen und ich einchecken konnte.

»Ich danke euch!«, sagte ich wie ein Mantra ständig neu zu Hellen und ihrer Familie, als ich mich von ihnen verabschiedete. Mit meiner kleinen Tasche in der Hand machte ich mich auf den Weg durch die Sicherheitskontrollen. Doch am Gate stand ich vor einem weiteren Wachmann. Gerade gingen der Kapitän und ein Steward der ägyptischen Fluglinie durch das Gate an mir vorbei hinaus zum Flugzeug.

Der Angestellte der Fluggesellschaft vor dem Gate aber grinste mich erwartungsvoll an und sagte: »Sie sind zu spät!« Lakonisch fügte er hinzu: »Da kann ich leider nichts machen.«

Ich wusste genau, was der Flughafenbedienstete von mir wollte und was ich tun musste, damit er doch noch etwas »machen« konnte. Ich aber war mit meiner Kraft am Ende und bereit, alles aufzugeben. Wir starrten uns wortlos eine Weile an, als plötzlich wie durch ein Wunder neben mir ein Ägypter auftauchte, der noch später dran war als ich und der ebenfalls den Flug erreichen wollte. Auf den Hinweis des Angestellten, er sei zu spät, ging er gar nicht erst ein, sondern nahm sein Handy und begann zu telefonieren. Ich verstand kein Wort von dem, was er auf Arabisch sagte. Die Zeit verging. Nun war es schon halb fünf, und meine Stimmung war an einem Tiefpunkt angelangt.

Aus dem Gang vor mir kam auf einmal der Steward auf uns zu und wechselte ein paar Worte mit dem Ägypter, woraufhin nicht nur er, sondern auch ich die letzte Sicherheitskontrolle passieren durften. Mir schlug das Herz bis zum Hals, so freute ich mich, als ich begriff, dass ich tatsächlich auf dem Weg nach Deutschland war. Ich hatte alle Hindernisse überwunden und fühlte mich frei wie ein Vogel, der endlich aus dem Käfig gelassen wird. Wären die Rhythmen der Turkana-Trommeln in diesem Augenblick zu hören gewesen, ich wäre die Gangway zum Flieger entlanggetanzt. So aber wärmten die ersten Strahlen des frühen Sonnenaufgangs mein Gesicht und drangen bis in mein Herz. Das Flugzeug drehte ab Richtung Norden, und die Sonne schickte ihr leuchtendes Licht über meine Heimat, als wollte sie mir den letzten Gruß vergolden. Wie viel ich erlebt hatte, seit ich als Teenager erstmals mein Land verlassen hatte und nach England geflogen war. Ich hoffte, dass ich diesmal größeres Glück haben würde. Doch mit den Strahlen der Sonne keimte die Hoffnung in mir, dass sich diesmal alles zum Guten wenden würde. Ich jedenfalls brachte aus Kenia den starken Willen mit, mich nicht unterkriegen zu lassen, dazu die Ausdauer, die ich in den letzten Jahren gezeigt hatte – und die Hoffnung, dass es auch für mich so etwas geben könnte wie persönliches Glück.

Auf dem Flug konnte ich die Augen nicht abwenden von der Landschaft unter mir. Erst ging es über Gegenden von Kenia, die ich kannte und liebte. Trauer mischte sich unter die Vorfreude auf Deutschland und der Gedanke, dass ich in den letzten Jahren zumindest mit meiner Heimat meinen Frieden gemacht hatte, wenn auch nicht mit mir selbst.

Auf dem Weiterflug nach Kairo erstreckte sich tief unter mir die Wüste. Lebensfeindlich und unnahbar verabschiedete sich mit ihr gleichsam der Kontinent Afrika von mir. Ein wenig Flugangst hatte ich auch, das Mittelmeer unter mir rief mir in Erinnerung, dass ich nie richtig schwimmen gelernt hatte. Und dann ragten sie unter mir empor wie die letzte Hürde vor dem Ziel: Berge, die mit Schnee bedeckt waren – die Alpen. Dann wurden die Berge allmählich niedriger, gingen in Hügel über und schließlich in die Felder, die ich mit Deutschland verbinde: fein säuberlich gezogene gerade Linien, gepflegte und klar abgegrenzte Felder, die trotzdem unendlich schienen, als sie sich unter mir zu einem Flickenteppich aneinanderreihten. Am Nachmittag um zwei Uhr landeten wir sanft und sicher in Tegel. Ich hatte es geschafft!

Mit einem Lächeln auf dem Gesicht ging ich durch den Zoll. Und zu meiner Freude wurde ich gleich am Flughafen von einem Mitarbeiterteam von Teen Challenge begrüßt. Dies waren die Kollegen, mit denen ich in den nächsten Monaten zusammenarbeiten würde. Deutschland erwiderte mein Lächeln. Ich fühlte mich willkommen.

Sozialarbeiterin in Berlin

Ich liebte Berlin und war überglücklich, dass ein neues Kapitel in meinem Leben begann. Mein neuer Arbeitgeber Teen Challenge war eine christliche Organisation, die Jugend- und Suchtkrankenhilfe leistet. Sie hatten mich als Sozialarbeiterin eingestellt für die Dauer meines Touristenvisums. Teen Challenge stellte mir eine voll ausgestattete Wohnung zur Verfügung, die einer christlichen Gemeinde in Reinickendorf gehörte. Mit so viel Komfort hatte mich noch kein Zuhause empfangen, das ich mein Eigen nennen durfte. Dabei saß ich noch nicht einmal einsam herum wie anfangs in meiner Ehe. Im Gegenteil: Gleich am ersten Tag nach meiner Ankunft lernte ich verschiedene Gemeindemitglieder kennen. Alle waren ungemein freundlich, und ich fühlte mich sofort wohl in ihrer Mitte.

Am zweiten Tag begann ich bereits mit der Arbeit. Der Verein Teen Challenge kümmert sich in erster Linie um Kinder und Jugendliche, die suchtgefährdet oder abhängig sind, aber auch Erwachsene sind in den Einrichtungen willkommen. So betreibt der Verein unter anderem ein Café in Kreuzberg, für das ich eingeteilt wurde. Ich kümmerte mich dort um die verlorenen Seelen, die ihren Weg zu uns fanden. Denn sie konnten uns im Café ihre Sorgen anvertrauen. Wir hörten ihnen zu, lasen ihnen aus der Bibel vor und sangen gemeinsam. Diese Arbeit lag mir, jedenfalls kann ich behaupten, dass die Suchtkranken mich liebten. Vielleicht profitierten sie ein wenig von der Energie, die ich verbreitete. In diesem Moment meines Lebens war ich ja selbst von Zuversicht erfüllt und konnte davon sogar noch etwas abgeben. Die Mitarbeiter von Teen Challenge nannten mich sogar »die Sonne«, weil ich immer so fröhlich war und so viel positive Stimmung verbreitete.

Das war aber nur die eine Seite der Medaille. Tatsächlich trafen mich die Schicksale und Geschichten der Drogenabhängigen schwer und belasteten mich. Es waren durchweg traurige Geschichten, die ich täglich zu hören bekam und denen ich mit meiner Fröhlichkeit etwas entgegenzuhalten versuchte. Ich hörte von Kindesmissbrauch und anderen schweren Traumata, mit denen die Süchtigen zu kämpfen hatten. Noch niemals in meinem Leben hatte ich so viel Zerrissenheit und gebrochene und enttäuschte Menschen erlebt. Kam ich abends in meine Wohnung, brauchte ich einige Stunden, um mich von den Eindrücken zu erholen und wieder neue Kraft zu schöpfen. Doch obwohl es ungemein anstrengend war, liebte ich die Arbeit dort.

Anfangs bewegte ich mich nur zwischen Reinickendorf, wo ich im Herzen der Gemeinde lebte, und Kreuzberg. Die türkischen Familien erinnerten mich an die Somalier, mit denen ich in Maralal aufgewachsen war. Die Mütter trugen Kopftuch wie die Somalierinnen, doch sie waren nicht so laut, sondern auf eine sanfte und distanzierte Weise stolz. Die türkischen Väter erinnerten mich an die Somali-Väter, die in die Maralal-Moschee gingen, wo der Imam laut rief: *Allah hu akbar* – Gott ist groß. Es war Sommer, das Wetter war großartig, und wir konnten draußen vor dem Haus oder auf der Terrasse sitzen und den Kindern beim Spielen auf dem Spielplatz zusehen.

Dennoch hatte ich das Gefühl, noch nicht vollständig in jenem Berlin angekommen zu sein, nach dem ich mich gesehnt hatte. Ich wünschte mir, mehr von der Stadt zu sehen und Kunst und Kultur zu genießen, wie ich es vor Jahren mit Hans gemacht hatte. Doch meine Arbeit ließ dazu keinen Raum. Woche um Woche verging, und bald konnte ich meine Augen nicht mehr vor der Tatsache verschließen, dass ich keine langfristige Aufenthaltsgenehmigung für Deutschland hatte.

Ich war mit einem Touristenvisum nach Berlin gekommen, das sich nicht weiter verlängern ließ. Irgendwie war ich überzeugt davon, dass sich für mich eine Lösung finden würde und ich für immer in Deutschland bleiben könnte. Es musste einfach einen Weg geben! Ich glaubte fest, dass Gott meinen Wunsch teilte und ich daher eine Möglichkeit entdecken würde. Denn noch immer nagte der Gedanke an mir, dass ich die Pflicht hatte, Sinn in meinem Leben zu finden – und zwar in Berlin.

Ich wartete wohl auf ein Wunder, doch ohne mein Zutun geschah gar nichts, und die Zeit verstrich unglaublich schnell. Mir wurde bewusst, dass ich endlich handeln musste, und vielleicht hatte es auf der Hand gelegen, an wen ich mich wenden musste: Marvin Fischer!

Wiedersehen mit Marvin

Niemals lag ich neben ihm unter den Sternen im Norden Kenias. Niemals ging ich mit ihm Hand in Hand durch die Steinwüste rund um den Turkana-See. Niemals wurde ich von seinem Chauffeur in Nairobi herumgefahren wie eine Königin. Oder hatte ich das alles tatsächlich getan? Was war Wunsch, was war Wirklichkeit? Ich musste es herausfinden – und war das der Weg auch zu mir selbst? Ich weiß nicht, ob mir all diese Fragen damals durch den Kopf gingen. Eins aber weiß ich sicher: Ich war sehr nervös, nun, da es an der Zeit war, ihn wiederzutreffen.

Ich suchte im Internet nach der Firma von Marvin Fischers Familie, und da stand sie tatsächlich: eine Adresse samt Telefonnummer, hier in Berlin. Mit zitternden Händen rief ich an und fragte nach ihm.

»Tut mir leid, Herr Fischer ist heute nicht im Haus. Kann ich etwas ausrichten, oder wollen Sie es morgen noch einmal versuchen?«, fragte mich eine freundliche Sekretärin, die in mir unweigerlich meinen Besuch in seinem Büro in Nairobi wachrief. Auch dort war seine Assistentin sehr zugänglich gewesen.

»Vielen Dank! Ich versuche es morgen noch einmal!«, antwortete ich und legte auf. Ich war unglaublich froh, dass ich ihn aufgespürt hatte, er tatsächlich hier in Berlin war und ich ihn erreichen konnte. Am nächsten Tag versuchte ich es erneut. Dieses Mal stellte mich die Sektretärin zu ihm durch.

»Marvin Fischer, hallo?«, hörte ich seine Stimme. Ich konnte es kaum glauben.

»Hallo Marvin, hier spricht Ntailan Lolkoki aus Kenia!«

Marvin schwieg für eine Sekunde, als versuchte er, sich zu erinneren.

»Wir hatten uns einmal in Nairobi und dann am Turkana-See getroffen. Es war wunderschön«, half ich ihm auf die Sprünge.

»Ntailan! Es war wirklich wunderschön am Turkana-See. Leider musste ich Kenia kurz darauf verlassen. Und Sie, wo sind Sie?

»Ich bin in Berlin!«, hauchte ich, weil meine Stimme fast versagte. Endlich sprach ich mit ihm!

»In Berlin?«, wiederholte er überrascht und fügte hinzu: »Wie lange bleiben Sie? Können wir uns treffen?«

Marvin und ich verabredeten uns für den nächsten Tag zum Frühstück in Kreuzberg. Unser Telefonat hatte genügt, um mich sofort wieder Hals über Kopf in ihn zu verlieben. Ich konnte kaum glauben, dass er sofort ein Treffen vorgeschlagen hatte. Ich konnte nicht glauben, dass ich nun in Berlin den Mann wiedersehen würde, in den ich mich in Nairobi auf den ersten Blick verliebt hatte.

Es war mittlerweile Herbst. Die Blätter der Bäume leuchteten gelb und rot in der Morgensonne, als ich mich auf den Weg zum Kottbusser Tor machte, wo wir uns verabredet hatten. Ich hatte ein hübsches schwarzes Kleid angezogen und war aufgeregt wie ein Teenager vor seinem ersten Date.

Ich entdeckte ihn sofort. In meinen Augen sah er aus wie ein Gott, als er direkt auf mich zusteuerte. Ich lief einfach quer über die Adalbertstraße ihm entgegen und umarmte ihn. Dann sah ich ihm in die Augen, und für einen Moment blieb die Welt für mich stehen, denn seine Augen weiteten sich, als er den Blick erwiderte.

»Ntailan, wie schön, Sie hier zu sehen!«, sagte er, und ich nickte stumm, gefangen in seinem Blick.

Wir setzten uns gleichzeitig in Bewegung und gingen Richtung Oranienstraße zu dem Café, in dem wir gemeinsam frühstücken wollten. Natürlich bestellte ich etwas, einen Frühstücksteller, aber eigentlich hatte ich keinen Appetit. Ich war viel zu fasziniert von seinen sanften sprechenden Augen, von seinem markanten Gesicht und von den Erinnerungen, die seine Stimme in mir auslöste. Wir unterhielten uns über Kenia und über Deutschland und gingen wie selbstverständlich zum Du über.

Nachdem der Kellner unsere Getränke gebracht hatte, wagte ich es doch und brachte mein Anliegen vor: »Marvin, ich habe eine große Bitte. Mein Visum für Deutschland läuft aus. Doch ich möchte hier bleiben. Ich möchte für immer in Deutschland leben, aber ich weiß nicht, wie ich es anstellen soll. Ich weiß, du kommst aus einer Familie mit großem Einfluss und kennst viele Diplomaten. Könntest du mir helfen?«

Ich zeigte ihm meinen Reisepass und meine Papiere. Erst nachdem er sich alles sorgfältig angesehen hatte, antwortete er schließlich: »Ich kann dir nichts versprechen. Aber ich werde versuchen, dir zu helfen.«

Schließlich kamen unsere Frühstücksteller, und wir begannen zu essen, wobei wir uns weiterhin nicht aus den Augen ließen. Die Brötchen, die Marmeladen, nichts auf dem Teller interessierte mich wirklich, denn ich hatte noch etwas auf der Seele. Plötzlich konnte ich nicht anders, als mich ihm zu öffnen.

Zögernd fragte ich: »Darf ich dir noch etwas von mir erzählen?«

»Natürlich, bitte!«, sagte er und sah mich gespannt an.

»Ich wurde in Kenia beschnitten!«

Marvin legte das Messer zur Seite. Sein Blick zeigte mir, dass er mehr hören wollte.

»Ich war zwölf Jahre alt«, fuhr ich leise fort, und er lauschte mir mit einer Aufmerksamkeit, die mich das Café mitsamt seinen Besuchern vergessen ließ. Es gab nur mehr meine Erinnerungen und Marvins Gesicht, das mich voller Liebe, Verständnis und Mitgefühl ansah. Meine schrecklichen Erfahrungen waren auf einmal wieder da und schnürten mir beim Erzählen fast die Kehle ab. Dazu dieser mitfühlende Blick aus Marvins Augen, in denen ich Tränen schimmern sah. Auch mir kamen die Tränen, und die Stimme versagte, ich konnte nicht weitersprechen. Da schob Marvin den Teller zur Seite und griff über den Tisch hinweg nach meiner Hand. Er drückte sie sanft und sah mir tief in die Augen.

»Ntailan«, sagte er, »hast du gewusst, dass es möglich ist, sich rückoperieren zu lassen?«

Ich wusste nicht, wohin ich schauen und was ich darauf sagen sollte. So konkret also interessierte ihn mein Problem. Irgendwie rückte damit die Welt wieder an ihren Platz, und ich konnte auch meine Umgebung wieder wahrnehmen. Ich fühlte mich, als starrten mich alle an. Bestimmt fragten sie sich, warum wir hier händchenhaltend und weinend saßen. Oder hatten sie alle mitgehört, worum es ging. Ich versuchte, weiter zu atmen.

»Ntailan!«, riss Marvin mich aus der Starre und drückte meine Hand.

Ich hob den Kopf und wagte es erneut, ihm in die Augen zu sehen, obwohl ich mich so klein, so unsicher fühlte. Doch bei ihm war ich aufgehoben.

Er sagte: »Alles wird gut. Alles wird gut, glaub mir.«

Er strahlte Ruhe aus, und auf einmal schien mir das gar nicht mehr so irrwitzig, dass ich ausgerechnet dem Mann, in den ich mich verliebt hatte, meine größte Schwäche präsentierte. Aber ich hatte mich dem Richtigen anvertraut, denn Marvin hatte sich bereits mit dem Thema Genitalverstümmelung auseinandergesetzt und fand es wichtig, dagegen zu kämpfen. Er glaubte daran, dass betroffene Frauen wie ich ihr Trauma überwinden können. Und er war überzeugt, dass diese grausame Tradition eines Tages ausgerottet sein würde. Er dachte positiv, und das gab mir Hoffnung.

Natürlich war seine Aufgeschlossenheit, sich mit dem Thema zu befassen, ein Grund mehr für mich, ihn zu lieben. Nie hätte ich geglaubt, dass ein deutscher Mann über das Thema mehr wissen könnte als ich. Das löste ein erstaunliches Gefühl aus bei mir, und ich muss gestehen: Als wir uns an jenem Tag trennten, war ich ihm in meinem Herzen bereits für immer verbunden.

Auf dem Nachhauseweg hätte ich am liebsten die ganze Welt umarmt, mit den Bäumen, den Blumen, ja mit jedem Grashalm gesprochen. Stattdessen flüsterte ich dem Wind ganz leise zu: Danke. Ich fühle mich großartig. Ich fühlte mich in Marvins Gegenwart – wie eine Frau.

Er schickte mir gleich am nächsten Tag eine Kurznachricht per SMS, da er auf Geschäftsreise war, und ermutigte mich noch einmal, mich über die Möglichkeit einer Rückoperation zu informieren. Es schien ihm wirklich ein Anliegen zu sein, mir zu helfen.

Ich sehe ihn vor mir, wie er mich nach unserem zweiten Treffen zur U-Bahn brachte, denn jede Sekunde unserer Anfangszeit hat sich mir tief eingeprägt, als wollten die Erinnerungen die Zeit meiner Beschneidung, meiner Ehe und der vielen einsamen Jahre überschreiben. Marvin kam mit bis zum Bahnsteig, und dort küsste er mich zum Abschied auf die Stirn, wie ein Vater seine Tochter küsst. Wieder musste er für einige

Zeit verreisen. Ich vermisste ihn furchtbar und konnte es nicht erwarten, ihn wiederzusehen.

Nach seiner Rückkehr von der Geschäftsreise lud er mich zum ersten Mal in seine Wohnung ein. Er kam direkt vom Flughafen und sah ziemlich müde aus.

»Ntailan, komm herein!«, sagte er, und sein Lächeln war echt.

Ich betrat die Wohnung und schließlich stand ich im Wohnzimmer, das mir auf Anhieb gefiel.

Ich bewunderte den antiken Schreibtisch mit dem Computer.

»Ich arbeite oft von hier!«, meinte Marvin und wandte dem Arbeitsplatz schnell den Rücken zu.

Ich nickte und bemerkte ein einladendes Sofa neben dem Schreibtisch. »Bitte«, sagte Marvin und deutete darauf. Ich setzte mich, und auch er ließ sich fallen und streckte die Beine von sich. Man sah ihm an, dass er froh war, wieder zu Hause zu sein. Ein bisschen fühlte ich mich eingeschlossen in diesen Gedanken. Konnte es wahr werden? Betrachtete er mich auch als zugehörig zu diesem Zuhause?

Und auf meine Frage, wie die Reise gewesen sei, begann er, mir tatsächlich aus seinem Lebensalltag zu erzählen. Er vertraute mir offensichtlich, wie ich ihm vertraute. Während er von seiner Arbeit und seinen Problemen berichtete, konnte ich die Augen nicht von ihm lassen: das offene Gesicht, die sanften Hände. Er war attraktiv. Doch Marvin wusste, dass ich religiös war, er wusste, dass ich eine furchtbare Beschneidung durchlitten hatte, und ich wusste wiederum, dass er ein Gentleman war. Es war schon spät, als ich zurück in meine Unterkunft in Reinickendorf fuhr mit einem neuen, wunderbar stimmigen Gefühl in meinem Herzen: einem winzigen Funken Hoffnung.

Es geschah, als ich entdeckte, dass er Johann Sebastian Bach ebenso liebte wie ich. An jenem Abend war er gerade von einer Geschäftsreise aus Fernost zurückgekehrt und vertraute mir an, dass er auf seinen Reisen durch die ganze Welt immer Musik auf seinem Smartphone dabeihabe. Das helfe ihm beim Abschalten, meinte er, und dann schloss er sein Smartphone an die Boxen an und ließ sich neben mir auf dem Sofa nieder. Ich erkannte sofort, was es war: das erste Brandenburgische Konzert. Wir saßen da, umgeben von den Klängen der Hörner, Oboen und Violinen, lauschten dem Solo der Violino piccolo und sahen uns immer tiefer in die Augen. Mein Körper reagierte auf die Musik wie eine Blume auf das Morgenlicht: Er begann sich langsam zu öffnen.

Bei den ersten Takten des zweiten Brandenburgischen Konzerts konnte ich nicht mehr ruhig sitzen bleiben. Ich stand auf und begann, mich zu den hellen Klängen des Orchesters zu wiegen, als wäre ich selbst eines der Instrumente in Bachs Orchester. Endlich einmal war ich im Einklang mit mir, eins mit dem Universum. Marvin ließ mich nicht aus den Augen, und als ich wieder saß und sah, dass sich seine Hand ganz langsam meiner näherte, ließ ich es geschehen. Er strich sanft über meine Hände, die unwillkürlich die Liebkosung erwiderten. Ein Staunen erfüllte mich, denn ich fühlte tatsächlich die Berührung, ich spürte nicht nur die Wärme seiner Hand, sondern wie sich diese ausbreitete und eine Welle durch mich hindurchschickte, eine Welle, die sich in mir ausbreitete, die Taubheit durchbrach und Nerven erreichte, die endlich wieder fühlten. Alles in mir, was leblos gewesen war, wurde durch ihn zum Leben erweckt, und mich erfasste wahre Liebe.

Auch an diesem Abend fuhr ich nach Hause. Marvin rief mir ein Taxi und begleitete mich nach unten.

»Ich danke Jesus für diesen wundervollen Abend!«, sagte er zum Abschied.

An diesem Abend auf Marvins Sofa und an jenen, die ihm folgten, war ich die glücklichste Frau der Welt. Ich hatte den Mann meiner Träume getroffen. Nach Jahren, in denen ich meine Gefühle und meine Sexualität vermisst hatte, nach Jahren des Hoffens, dass doch noch der Richtige in mein Leben treten würde, hatte meine Suche ein Ende, und es geschah, woran ich schon nicht mehr zu glauben gewagt hatte. Ich hatte den besten Mann auf der Welt für mich gefunden.

Kein Mann hatte jemals zuvor so einen Eindruck auf mich gemacht wie er. Ich mochte seine Stimme und hätte ihm stundenlang zuhören können. Denn er hatte sich viel mit anderen Kulturen beschäftigt und war aufgeschlossen auch für eine andere Denkungsart oder Lebensweise. Aber obwohl ich diese philosophischen Gespräche mit ihm genoss, konnten wir auch einfach dasitzen und irgendeine Show im Fernsehen ansehen, eine Serie und herzhaft darüber lachen. Was aber am wertvollsten war für mich, war wohl, dass ich sehr genoss, wie er mich liebte. Ich bekam nie genug davon, ihn anzuschauen. Und wenn wir Zärtlichkeiten austauschten, geschah das sanft und vorsichtig. Seine Berührungen fanden einen Weg durch die Taubheit meines Körpers hindurch bis zum Grund meiner Seele, ja, er erkannte mich, die ich mich seit Jahren vergeblich danach gesehnt hatte, tatsächlich berührt zu werden. Wenn er mit mir zusammen war, dann lebte in mir eine kleine Hoffnung auf, dass mein Selbst wiederhergestellt werden und ich die Frau in mir wiederentdecken könnte, die am Tag meiner Beschneidung abgetrennt worden war von meinen Gefühlen. Die Hoffnung belebte mich, doch es dauerte nicht lange, und das Trauma gewann wieder die Oberhand.

Das tiefe Loch

An Tagen, an denen mich die Hoffnung verließ, war es nicht einfach für mich, den Schmerz auszuhalten, der mich überflutete. Ich erschreckte mich aber auch selbst, weil ich selbst Marvins

Bemühungen nicht akzeptieren konnte, weiterhin den Kontakt zu mir, zu meinem Selbst, aufrechtzuerhalten. Am Anfang gelang es ihm trotzdem, die Kraft aufzubringen und bei mir zu bleiben.

»Ich würde meine Arbeit aufgeben, um das gemeinsam mit dir durchzustehen!«, sagte Marvin, als es begann. Das konnte und wollte ich nicht von ihm verlangen. Obwohl es das Romantischste war, was ich jemals gehört hatte. Zum Glück erkannte ich, dass ich professionelle Hilfe brauchte.

Ich suchte eine Therapeutin auf, die für eine Einrichtung arbeitete, die FGM-Opfern in Berlin half. Mit ihr begann ich, ausführlich über das zu sprechen, was mir angetan worden war. Wenn ich darüber sprach, begann ich zu zittern, einer Ohnmacht nah. Ich erzählte von meinen Eltern, meinen Schwestern, von der Klinik in Ongata Rongai. Und endlich konnte ich auch darüber reden, wie es mir ging, über die Leere, die sich in mir ausgebreitet hatte, über meine Ehe, in der ich gelernt hatte, Männer und Sex zu fürchten, und über die lange Zeit in Kenia, in der ich den Schmerz unterdrückt hatte. Es dauerte eine Weile, bis ich akzeptieren konnte, dass ich nicht vor Schmerz zitterte oder vor Angst, sondern vor Wut. Manchmal war ich so außer mir, dass ich am liebsten ein Maschinengewehr genommen und um mich geschossen hätte. In solchen Momenten war ich froh, dass mir der Glaube geblieben war, der mich auch lehrte, dass ich nur heilen konnte, wenn ich zu verzeihen lernte. Zunächst aber überwältigten mich der Zorn und die Wut, die ich so lange unterdrückt hatte. Und leider waren sie stärker als meine Gefühle für den Mann, den ich doch liebte.

Ich begann, Marvins Berührungen zu misstrauen. Konnte mir nicht vorstellen, dass ich ihm genügte. Alles Sexuelle wurde zur Unmöglichkeit. Sosehr ich mich nach Nähe und Liebe sehnte, so wenig konnte ich sie ertragen. Dabei war ich mir sicher: Ich liebte Marvin, doch in dem emotionalen Ausnahmezustand, der in mir tobte, konnte ich mit dem Gefühl der Liebe nicht umgehen. Vielleicht auch, weil Marvins Wunsch, ich möge gesund werden, Druck auf mich ausübte und ich nicht wusste, wie ich in positiver Weise damit umgehen konnte.

Marvin erkannte, dass er mir mehr Raum geben musste. Im Dezember des Jahres beschlossen wir jedenfalls, uns nicht mehr zu sehen. Wie gerne würde ich sagen, dass ich ihm vertraute und erkannt hatte, er wusste, ich würde heilen. Nein, ich konnte das nicht, vertrauen oder an eine Zukunft glauben. Ich wurde beherrscht von dem Gefühl, nicht zu genügen. Überzeugt war ich davon, dass er mit einer Frau zusammen sein wollte, die sexuelle Erfüllung erleben konnte. Es war nicht so eindeutig, diese Überzeugung in mir, aber ich wusste, dass ich für ihn gesund werden wollte. Als wir uns trennten, fiel dieses Ziel weg, meine Welt brach zusammen.

Und als wäre das nicht genug, als könnte ich noch tiefer fallen, lief ausgerechnet zu dem Zeitpunkt meine Aufenthaltsgenehmigung ab. Es dauerte drei Wochen, bis ich die Kraft hatte, gegenüber der Ausländerbehörde auszusagen und zu schildern, warum ich nicht wieder in mein Heimatland konnte, in dem ich beschnitten und verstümmelt worden war. Ich hatte Glück. Die Offenheit half: Ich durfte in Deutschland bleiben, um mein Trauma behandeln zu lassen.

Ich konnte mein Glück gar nicht richtig begreifen. Eine Ahnung davon hatte ich, wann immer ich in Berlin unterwegs war. Dies war meine Wahlheimat. Hier zu sein – das fühlte sich richtig an. Erst recht, wenn ich in meiner Lieblingskirche sein konnte, dem Berliner Dom, der nicht nur genau in der Mitte von Berlin lag, sondern für mich das Zentrum meiner Welt darstellte, seit ich bei meinem ersten Weihnachten in der Stadt dort das Weihnachtsoratorium von Bach gehört hatte und in Tränen ausgebrochen war. Das war 2010 gewesen. Während des

Konzerts hatte ich Marvin und meinen Schmerz vergessen. Hier war ich zu Hause.

Doch ich wusste, ich war weder stabil in meiner Gefühlslage noch gesund. Ich wünschte mir nichts mehr als Heilung durch eine Rückoperation. Dadurch erhoffte ich mir auch, doch noch eine Beziehung zu Marvin haben zu können.

Obwohl ich nicht mehr für Teen Challenge arbeitete, denn ich war infolge des Traumas arbeitsunfähig, unterstützte mich eine Freundin aus der Gemeinde und ermöglichte es mir, nach Tübingen in die Frauenklink zu fahren, wo man sich auf Rück-operationen spezialisiert hatte. Ich war beherrscht von Eupho-rie, allein die Möglichkeit, endlich etwas fühlen zu können! Doch dann kam die Ernüchterung: Nachdem sie mich unter-sucht hatten, erklärten mir die Ärzte, dass sie mich nicht ope-rieren würden. Sie hatten Sorge, dass sie meine Klitoris bei einer Operation noch mehr zerstören würden. Bei mir war die Klitorisvorhaut weggeschnitten worden und nicht die gesamte Klitoris. In der Klinik waren sie darauf spezialisiert, die Klito-ris wiederherzustellen. Aus der Traum: Gab es denn für mich keine Möglichkeit, den angerichteten Schaden zu beheben? Ich war bodenlos verzweifelt, als ich nach Berlin zurückfuhr.

Ich wusste nicht mehr, was ich machen sollte oder wer mir helfen könnte. Meine Freunde machten sich große Sorgen um mich, und zum Glück konnten sie einen Platz im Schlössle für mich organisieren, einer Therapieeinrichtung im Schwarzwald, die zugesagt hatte, mich kostenfrei zu therapieren.

Die Therapie

Ich hatte kein gutes Gefühl dabei, Berlin zu verlassen. Im Schwarzwald würde ich weit weg von Marvin sein, und ich befürchtete, dass sich dadurch unsere Chance auf eine gemeinsame Zukunft weiter verringern würde.

»Wir sehen uns in tausend Jahren«, schrieb ich ihm. Denn ich wusste inzwischen, dass ich im Schlössle mit niemandem in der Außenwelt Kontakt haben durfte, denn es war auch eine Einrichtung für Suchtkranke. Ebenso wie ihnen war auch mir das unbegleitete Verlassen des Geländes strengstens verboten. Überhaupt galten alle sehr restriktiven Regeln auch für mich, obwohl ich nicht drogensüchtig war. Ich durfte das Haus verlassen, nicht aber das Gelände. Von einem Tag zum anderen wurde ich von jemandem, der sich um Süchtige kümmerte, eine Person, die selbst wie eine Süchtige behandelt wurde. Kein Wunder, dass die ersten beiden Monate dort ein Alptraum waren. Dabei folterte mich ein jeder Gedanke an Marvin, den ich unendlich vermisste. Ich war untröstlich, weil ich befürchtete, ihn verloren zu haben. Doch soviel ich auch weinte, die Therapeutin meinte, ich müsse ihn vergessen.

»Ihr müsst meinen Brustkorb aufstemmen und mein Herz herausschneiden, dann werde ich vielleicht nicht mehr an ihn denken!«, rief ich.

Doch die Klinikärzte blieben hart. Sie erklärten mir, dass meine Liebe zu ihm mich von mir selbst ablenke. Ich müsse loslassen, um zu gesunden und einen Sinn in meinem Leben zu finden. Es sollte lange dauern, bis ich einsah, dass sie recht hatten, und jeder Tag war wie eine Ewigkeit für mich.

Bei jedem Flugzeug, das über unser kleines Dorf hinwegflog, dachte ich an ihn. Während ich die hölzerne Treppe reinigte und mit Öl polierte, bis sie glänzte, dachte ich an ihn. Beim Aufwachen und beim Einschlafen war er mein erster und mein letzter Gedanke. Ein Tag ohne ihn erschien mir wie tausend Jahre. Er war so weit weg und hatte keine Ahnung, dass ich mich in diesem kleinen Dorf befand, umgeben von Kühen, behandelt wie eine Drogensüchtige auf Entzug. Vom Fenster meines Zimmers aus konnte ich die Kühe sehen. Sie grasten auf den Feldern und schienen, anders als die Kühe in Maralal, niemanden zu brauchen, der auf sie aufpasste.

Allmählich kam ich auf andere Gedanken, ich begann, mich im Haus wohl zu fühlen und wieder zu mir zu kommen. Dies war der erste Schritt meines Heilungsprozesses. Mir half besonders die Ruhe, das Alleinsein. Denn im Keller des Hauses lag ein großer, leerer Ruhe- und Meditationsraum, in dem ich einen großen Teil meiner freien Zeit verbrachte. Es gab darin nur einige wenige Stühle, die mich an die Hocker erinnerten, die die Turkana-Ältesten mit sich herumtrugen. In diesen Raum zog ich mich zurück und meditierte für Stunden, ging immer wieder auf und ab oder tanzte. Ich begann auch zu komponieren.

So entstanden mein Song »It's time for you« und ein weiterer Song über FGM:

I'm stuck in a prison, oh my god,
I'm stuck in a prison, won't you come
Come along and set me free
The song, oh the sadness and frustration is mine
Wanting to be far away from here but I'm here
Wanting to do what I want to do
But I can't
Wanting to be who I want to be
But I can't
I'm stuck in a prison, oh my god
I'm stuck in a prison, won't you come
Come along and set me free

Ich merkte bald, dass die Therapeutinnen das Thema meiner Beschneidung auszublenden versuchten. Ich nahm an, dass sie in dieser Hinsicht keine Erfahrung hatten, woher denn auch.

Letztendlich entschloss ich mich, als ich allmählich stabiler wurde, selbst alle Informationen zusammenzutragen und nach einer Möglichkeit zu suchen, die Wunden zu heilen, die die Genitalverstümmelung bei mir verursacht hatte. Und wenn ich dieses Wissen gefunden hatte, wollte ich ein Buch darüber schreiben. Obwohl es inzwischen zahlreiche Bücher über FGM gab, darunter auch Waris Diries, hatte noch niemand zuvor über Lösungen geschrieben, wie wir geheilt werden konnten, die wir diese furchtbare Erfahrung gemacht hatten und unter den Folgen litten. Der Gedanke gab mir Kraft, dass ich nicht nur für mich auf die Suche gehen würde, sondern auch für all die anderen Frauen, die wie ich gleichsam in einem Panzer lebten und wütend auf ihre Angehörigen waren, auf die Kultur, aus der sie kamen. Für die Millionen von Frauen, die nicht wussten, was es heißt, eine Frau zu sein und doch keine Befriedigung durch einen Mann erfahren zu können. Zugegeben, ein bisschen hoffte ich, dass Marvin stolz auf mich wäre, wenn ich es erst so weit brächte, aber das war nur ein kleiner Gedanke in meinem Hinterkopf. Der Sinn meines Lebens war es, gesund zu werden, die Beschneidung zu überwinden und dies anderen Frauen möglich zu machen.

Erst aber musste ich ein großes Problem lösen: meinen Aufenthaltsstatus. Mir war inzwischen bewusst geworden, dass ich Asyl beantragen musste, wenn ich in Deutschland bleiben wollte. Es kostete mich einige Überwindung, zumal ich mir Schreckensszenarien ausmalte, wie ich wohl in einem Flüchtlingsheim zurechtkäme. Doch ich lebte ja bereits in einem Heim, und so durfte ich bleiben, in Deutschland und im Schlössle.

Es war nicht immer leicht dort. Die kranken Frauen um mich her, Eifersüchteleien, dazu musste ich rassistische Anwürfe über mich ergehen lassen, die natürlich niemand geäußert haben wollte, wenn es zu Aussprachen kam. Ich will da nichts schönreden, ich habe kein einfaches Temperament, aber ich glaube, ich habe mir nichts zuschulden kommen lassen, was den plötzlichen Rauswurf aus dem Schlössle gerechtfertigt hätte. Doch genau das geschah, auf einmal stand ich alleine da. Nur war ich eine andere, ich hatte ein Ziel und den festen Willen, mich nicht unterkriegen zu lassen.

Die Enttäuschung

Einfach war es nicht, in dieser Situation den Mut nicht gleich wieder zu verlieren: Ich hatte nur vierzig Euro und keinen Plan, wohin ich fahren sollte. Doch ich war glücklich, denn ich war frei, ich stand wieder auf eigenen Füßen, traf Entscheidungen. Für meine Zukunft. Und ich beschloss, ein Zugticket für die weiteste Strecke zu kaufen, die mir mein Geldbeutel erlaubte: Ich nahm den nächsten Zug nach Stuttgart, denn dort lebte eine ehemalige Nachbarin und Freundin aus der Gemeinde in Berlin, Kim.

Ich freute mich riesig, dass ich sie nicht nur gleich am Telefon erreichte, als ich am Hauptbahnhof Stuttgart strandete, sondern dass sie sich über die Überraschung freute, meine Stimme zu hören. Gleich nach Feierabend kam sie und holte mich ab. Wir fanden schnell ein gemeinsames Thema, denn auch sie war über 35 und Single. In Kims Leben gab es damals niemanden, und als Christin wartete sie schon jahrelang auf »den Richtigen«. Ich hätte nicht zu sagen gewusst, ob ich froh war, meinen »Richtigen« zu kennen. Was würde Marvin sagen, wenn ich mich, zurück in Berlin, mit ihm in Verbindung setzte?

Auf meine Freunde aus der Gemeinde konnte ich mich verlassen. Ich war ihnen willkommen. Und so fand ich in Berlin Unterkunft bei einer Freundin. Ich wusste, das war keine Lösung auf Dauer. Immerhin hatte ich wieder Mut, in die Zukunft zu sehen und eigene Vorstellungen zu entwickeln. Ich hatte die Traurigkeit überwunden, die mich so tief hinabgezogen hatte, dass ich nicht mehr frei hatte denken können.

Ich war froh, endlich eine Aufgabe gefunden zu haben, und das war, anderen zu helfen, die Folgen einer Genitalverstümmelung zu bewältigen. Zuvor wollte ich mit Marvin ins Reine kommen: Ich für meinen Teil wusste, ich liebte ihn und hätte ihn am liebsten vom Fleck weg geheiratet. Gleichzeitig fühlte ich mich noch zu schwach und zu verletzlich, um mich bei ihm zu melden. Ich hatte Angst, dass ich nicht gut genug für ihn war, dass ich ihm noch immer nicht das geben konnte, wonach er sich sehnte. Und ich war nach wie vor von Wut erfüllt, weil unsere Beziehung an meiner zerstörten Sexualität zerbrochen war.

Ich zog um in ein billiges Hostel in Kreuzberg, das nicht weit von Marvins Wohnung entfernt lag. Ich hatte kaum Geld, doch ich wollte auf keinen Fall in ein Flüchtlingsheim gehen. So teilte ich mir das Zimmer mit zehn anderen. Obwohl es ein weiterer Abstieg war im Vergleich zum Schlössle im Schwarzwald, war ich froh, denn ich konnte wieder frei atmen. Ich fühlte mich, als wäre ich aus dem Gefängnis entlassen worden. Manchmal tanzte und sang ich mitten auf der Straße und kümmerte mich nicht darum, was die Menschen um mich herum denken mochten. Angestellte des Berliner Doms nahmen mich manchmal mit in das Radisson Hotel, wo sie gratis essen konnten. Sie halfen mir auch, eine neue Wohnung zu finden. Nach ungefähr zwei Monaten zog ich in eine Wohnung in Neukölln, die ich mir mit einem ehemaligen Priester und einer lesbischen Frau teilte.

Im November entschloss ich mich schließlich, Marvin zu kontaktieren. Auch wenn es mir unangenehm war, mich ausgerechnet mit einer Bitte an ihn zu wenden, wollte ich es wagen. Deutschland zu verlassen, das kam nicht in Frage. Und vielleicht konnte er mir mit meiner Aufenthaltsgenehmigung helfen. Oder hatte ich auf die leise Stimme im Hinterkopf gehört, die in meiner Traumwelt lebte und fest daran glaubte, dass er mich heiraten würde, wenn er mich wiedersähe?

Ich weiß nur, dass es der 11.11.2011 war, als ich mich auf den Weg in sein Büro machte und an diesem glücksverheißenden Datum seine Sekretärin bat, ihm einen Stapel von Dokumenten von mir zu übergeben. Darunter war ein Bescheid, dass ich in der Tübinger Frauenklinik abgelehnt worden war, eine Bescheinigung, dass ich an einer posttraumatischen Belastungsstörung litt, und ein persönlicher Brief von mir. Stundenlang hatte ich dagesessen und über den Worten gebrütet.

»Würden Sie bitte auch Ihre Telefonnummer hinterlassen?«, sagte die Sekretärin, und so schrieb ich meine Nummer auf ein Blatt Papier, das ich in den Umschlag zu den Dokumenten steckte. Dann verließ ich das Büro Richtung Alexanderplatz, da ich das geschäftige Treiben der Menschen, die ihn täglich überquerten und sich vor der Weltzeituhr trafen, mochte. An einem Ort zu sein, den ich liebte, half mir in diesem Moment über meine innere Unruhe hinweg. Da klingelte mein Handy.

»Hallo, hier ist Marvin!«

Ich traute meinen Ohren kaum: Er klang, als wäre er weit entfernt. »Hallo«, sagte ich vorsichtig. Es war Monate her, dass ich seine Stimme gehört hatte. Ich hatte nicht gewagt, ihm zu schreiben, dass man mich in der Therapieeinrichtung nicht länger geduldet hatte.

»Wie geht es dir?«, fragte er, und allein die Art, wie er es sagte, sprach Bände: oberflächlich, aufgesetzt, gleichgültig.

Und dann hörte ich ihn plötzlich sagen: »Ich habe eine Frau kennengelernt. Wir sind zusammmen!«

Mein Mund war trocken, und ich hatte das Gefühl, dass sich der gesamte Alexanderplatz um mich zu drehen begann. Wie durch einen dichten Nebel drangen die Worte zu mir, und ich musste mich konzentrieren, um ihnen zu folgen. In meinem Kopf dröhnte es: mit einer anderen zusammen, mit einer anderen.

Hatte er das wirklich gesagt: Wir könnten doch Freunde sein? Mir wurden die Knie weich, und das Herz wurde schwer, nein, auf eine Affäre mit ihm würde ich mich nie einlassen.

Und dann sagte er plötzlich: »Was wir hatten, war doch nichts!«

»Für mich war es viel!«, antwortete ich leise, und die Schwingungen, die mir sein Schweigen übermittelte, gaben mir zu verstehen, dass er log. Ich hatte ihm sehr wohl etwas bedeutet. Und meine Worte waren nicht stark genug: Was wir hatten, war alles für mich gewesen. Er war alles für mich.

Was er noch zu sagen hatte – ich wollte es nicht hören. Ich unterbrach ihn: »Du hast offenbar vergessen, was wir hatten. Ich habe es nicht vergessen. Ich werde mich nie wieder bei dir melden!« Dann legte ich auf.

Da stand ich vor der U-Bahn-Station Alexanderplatz. Leute kamen und gingen. Doch die Welt war für mich zu Ende.

Fast war ich froh, dass meine Wut gewann und mich wieder mit Leben erfüllte, als ich realisierte: Ein Mann stand viel zu nahe bei mir, und ich war mir sicher, dass er alles mit angehört hatte. Ich wollte ihn abschütteln. Und wie in Trance ging ich zur U-Bahn, fuhr nach Neukölln und ging in meine Wohnung.

Ich weiß nicht, wie viele Tage ich dasaß, wie viele Stunden sich meine Gedanken im Kreis drehten.

Ich konnte es nicht glauben, dass der Mann, den ich liebte, der Mann meiner Träume mit einer anderen Frau zusammenlebte.

Natürlich, ich war nicht gut genug für ihn, würde es niemals sein. Doch wie hatte er so grausam sein können zu behaupten, dass unsere Beziehung nichts bedeutet hatte. War dies der Mann, in den ich mich verliebt hatte? Den ich so sehr liebte?

Ich war nicht so zerstört wie nach unserer Trennung im Jahr zuvor. Im Schwarzwald war ich zu Kräften gekommen, und ich hatte Ziele für mich entdeckt. Ich hatte gelernt, wie ich mit schwierigen Situationen umgehen konnte. Ich hatte die Musik und meine eigenen Lieder, und ich hatte die Hoffnung. Die Hoffnung half mir zu überleben. Doch diese Hoffnung war trügerisch, und so brach ich meinen Vorsatz und rief Marvin noch einmal an. Es sollte das letzte Mal sein. Sie hatten geheiratet.

Ich war schwer getroffen. Verzweifelt. Einsam. Doch ich schwor mir zu kämpfen. Immer und immer wieder sang ich eines meiner Lieder, das ich im Schlössle im Schwarzwald geschrieben hatte:

You gotta fight … for what is right … it's what is right that'll see you
  through …
You gotta fight for what is right … through what is right you'll find
  freedom …
To understand what is right … you've got to break … in your
  soul … and in the making … you'll learn to be free …
And it's the freedom in your heart … that'll lead you to the light …
  where you find happiness peace and strength …
And through the freedom in your heart … you will find healing for
  your soul … and then you'll be ready, ready for the world …
Fight for the right to be free … fight for the right to be happy …
  fight for right common and fight, common and fight right now …
Fight for the right to live right … fight for the right common and
  fight … and in the making you'll learn to be free …

Meine Mitbewohner taten ihr Bestes, aber Hilfe konnten sie mir nicht geben. Wie denn auch, sie waren nicht Marvin. Immerhin erfuhr ich von der Frau, dass es in Deutschland sogenannte »Frauenhäuser« gab, in denen Frauen Schutz, Zuflucht und Unterstützung finden konnten. Da ich kein Geld mehr hatte und nicht wusste, wie ich meine Miete bezahlen sollte, ging ich schließlich zu einem dieser Frauenhäuser und erklärte meine Situation. Ich bekam einen Platz in einem Frauenhaus in Wedding. Außerdem schickten sie mich ins Landesamt für Gesundheit und Soziales (LAGESO), wo ich überrascht feststellte, dass ich von der Regierung finanzielle Unterstützung bekommen konnte. Bis zu diesem Zeitpunkt hatte ich nichts von dieser Möglichkeit gewusst. Ich war den Menschen in Deutschland unendlich dankbar!

Einmal im Monat musste ich auf das Amt gehen. Die Besuche brachten mich zwar jedes Mal an den Rand der psychischen Belastbarkeit, die Atmosphäre aus Verzweiflung, die Menge der Menschen in Not. Und unter ihnen war ich, dort, wo ich niemals hatte enden wollen. Angewiesen auf Almosen, herabgewürdigt durch lüsterne Blicke der Wartenden, ich hatte kein Gefühl mehr für meinen Wert, sah mich selbst als wertlos. Der Hoffnungsfunke in meinem Herzen drohte zu erlöschen.

Wieder waren es vor allem mein Glaube und die Musik, die mir Halt gaben, und so überstand ich auch den folgenden Winter, diese Jahreszeit der Dunkelheit und Kälte.

Nur mit Mühe gelang es mir, den Kontakt zu mir selbst nicht ganz zu verlieren, mich nicht aufzugeben. Was mich rettete, war mein Tagebuch, das ich seit 2010 geführt hatte. Dort, im Frauenhaus, begann ich, ernsthaft zu schreiben. Ich war dankbar, dass ich finanzielle Hilfe und auch psychische Unterstützung bekam. Doch ich spürte, dass die Sozialarbeiter und Therapeuten, mit denen ich in dieser Zeit zu tun hatte, keine Ahnung von meinem Trauma hatten. Das Ausmaß meiner Verzweiflung nicht ermessen konnten. Denn sie wussten nichts von dem Panzer aus Fühllosigkeit, der auf mir lastete. Instinktiv erkannte ich, dass ich ihn selbst finden musste, den Weg aus meinem Gefängnis.

11. Kapitel

Schritte zur Hoffnung

Singen und Trost

Zuerst begann ich Gesangsunterricht zu nehmen. Ich erinnerte mich, dass ich als Kind gerne gesungen hatte, und ich wollte meine eigene Stimme wiederfinden. Ich nahm Unterricht bei einem Gesangslehrer und Opernsänger aus Israel. Zwi hatte eine unbeschreiblich schöne Stimme und sang Stücke von Bach, Schubert und Händel, als wäre es ein Leichtes. Mit seinem sanften Wesen erinnerte Zwi mich an die Angehörigen meines Stammes, an die respektvollen Umgangsformen, die dort eine wichtige Rolle spielten. Zwi war nicht abgehoben oder arrogant wie so viele Großstädter. Er war vornehm, doch auf eine natürliche Art und Weise. Ich war fasziniert von ihm und froh, dass er mich nicht sofort wieder wegschickte, sondern mir respektvoll zuhörte, obwohl meine Stimme am Anfang klang wie die eines weinenden Krokodils. Zwi glaubte an mich. Das war sehr wichtig für mich. Auch wenn ich die Hälfte meines Geldes dafür aufwenden musste, ich hätte nicht auf eine der Stunden verzichten mögen. Ich aß stattdessen weniger, um mir die Gesangsstunden leisten zu können.

In diesen Stunden zählte Harmonie. Trat ich wieder hinaus auf die Straße, erschreckte mich die Aggressivität der Menschen in Wedding, ihre Bereitschaft zur ständigen Auseinandersetzung. Und ich schämte mich, dass ich so bereitwillig auf ihre Provokationen einging. Konnte ich im Gegenzug andere beleidigen, fühlte ich mich für einen kurzen Moment lang gut, ich hatte gewonnen, doch schon bald danach bereute ich, dass ich dem Hass so viel Raum gegeben hatte, dass ich unmenschlich geworden war. Wie das mit meinem Glauben zu vereinen war? Mit dem Halt, den mir die Gemeinschaft im Dom noch immer schenkte? Ich weiß es nicht, doch ich bin dankbar dafür. Zumindest während des Gottesdienstes ließ meine Anspannung nach. Gleich danach aber verschluckte mich die Realität, und ich war innerlich gewappnet für den nächsten Angriff.

Wie gut war es da, in meine Zuflucht zurückkehren zu können, in das Frauenhaus, wo ich endlich eine Unterkunft für mich alleine gefunden hatte. Und ich genoss es, mich einmal unbeobachtet mit mir selbst vertraut zu machen. Mit meinem Körper. Den Gefühlen, die ich hervorrufen konnte, wenn ich mir die Zeit dafür nahm. So fand ich ein wenig inneren Frieden. Ich bereitete mich sorgfältig vor, ich breitete für mich eine Decke auf den Boden und stellte eine Flasche Olivenöl daneben. Ich setzte mich im Schneidersitz hin, griff nach der Flasche und goss Olivenöl in meine Hand. Und dann begann ich, zunächst die eine Schulter langsam und sanft einzuölen.

»Es ist okay«, sagte ich zu mir selbst und massierte das Öl in die Haut, die ganz eindeutig zu mir gehörte. Die mir Gefühle übermittelte. Und leise sagte ich weiter: »Sie haben dir weh getan, sie haben dich beschnitten und verstümmelt. Doch jetzt ist es okay, es ist vorbei, es ist vorbei.«

So sprach ich zu mir selbst, während ich immer wieder nach der Flasche griff, Öl in meine Hand gab und es auf meinem Nacken verteilte, den Schultern, den Armen.

»Alles wird gut, alles wird gut«, sagte ich mir, während ich meine Brüste, meinen Bauch, meine Beine bis hinunter zu meinen Füßen und meinen Zehenspitzen sorgfältig einölte, sanft berührte und endlich einmal so etwas wie ein Gespräch mit mir selbst führte. Ich versöhnte mich mit meinem Körper und begann, ihm und mir selbst endlich die Liebe zu geben, die ihm so lange vorenthalten worden war. Wie ich erkannte, hatten nicht nur die anderen ihm die Zuneigung versagt, auch ich selbst hatte mir keine gegönnt. Das war nun anders. Unter dem sanften Druck meiner eigenen Hände begannen die Mauern zu bröckeln, die ich aufgebaut hatte. Das Öl machte meinen Körper weich, und die Last der Jahre, in denen ich Orgasmen vorgespielt und mich der Sexualität verschlossen hatte, löste sich langsam. Ich konnte sie abstreifen mit den leisen Bewegungen meiner Hände. Mein Körper wurde mir vertrauter, mit jeder Berührung wurde er empfindsamer.

Nachdem ich entdeckt hatte, wie gut mir dieses Ritual tat, wurde ich selbst mein bester Freund, mein bester Liebhaber. Und ich selbst entdeckte die beste Therapie für mich: Ich lernte, mich zu lieben.

Das Ritual schenkte mir eine neue Stärke, frei von dieser leidigen Aggressivität. Endlich gelang, was ich so lange vergeblich versucht hatte: Ich strahlte die notwenige Ruhe aus, um einen Vermieter zu überzeugen, und ich fand eine neue Wohnung ganz in der Nähe des Alexanderplatzes. Hier wollte ich sein. Im Herzen von Berlin.

Ich lerne auszudrücken, was ich fühle

Zwei Jahre nachdem ich nach Berlin zurückgekehrt war, lebte ich also endlich mitten in Berlin. Und ich genoss nicht nur das Treiben auf den Straßen, sondern auch die Möglichkeit, in Museen zu gehen, meinen Horizont zu erweitern. Und endlich frische Farben vor meinen Augen zu sehen, alte Kunst, neue Kunst. Auch ich hatte einmal gemalt. Daran erinnerte ich mich wieder: wie ich in Berlin begonnen hatte zu malen.

Je näher ich mir selbst kam und meinen Gefühlen, umso mehr verstand ich, dass Marvin jetzt ein Teil meiner Vergangenheit war. Ich träumte nicht mehr davon, ihm plötzlich über den Weg zu laufen. Aber diese Erkenntnis, dass ich entgültig Abschied nehmen musste von meiner großen Liebe, entfremdete mich wieder von mir. Ich wusste nicht, wie ich einen Ausweg finden sollte aus den dunklen Gedanken, die mich erneut zu überwältigen drohten, und so suchte ich verzweifelt nach Hilfe. Zum Glück fand ich im Internet eine Therapeutin, deren Praxis ganz in meiner Nähe lag und die mir helfen konnte, auch wenn sie nicht viel von dem Trauma durch Beschneidung verstand. Aber es gelang ihr, mich wieder aufzubauen. Sie brachte mich dazu, über meine Probleme zu sprechen. Ich ging wieder aus, begann Sport zu treiben. Denn die Therapeutin ließ mich über das sprechen, was mich tatsächlich bedrückte. Das war zum einen noch immer Marvin und damit verbunden mein Minderwertigkeitskomplex. Zum anderen stieß ich mit dieser Psychologin zum ersten Mal so richtig auf meine Wut und schaffte es, sie zu bearbeiten. Die Frage blieb, was ich anfangen wollte mit meinem Leben. Für eine Karriere als Model war ich längst zu alt. Eines Tages erinnerte ich mich daran, dass ich als Kind gerne Theater gespielt hatte. Im Internet fand ich eine Schauspielschule und durfte eine Woche ein Probetraining absolvieren. Von den vielen Bewerbern würden am Ende nur zwei in die Schauspielausbildung aufgenommen werden.

Ich wusste sofort, dass ich dort richtig war, dass die Schauspielschule der perfekte Ort für mich war. Ein Ort, um mich weiter selbst zu entdecken. Mich auszuprobieren. Selbstsicherheit zu gewinnen. Als ich im Oktober erfuhr, dass ich aufgenommen worden war, konnte ich es erst kaum glauben. Ich durfte bleiben und mir gleichzeitig helfen lassen, meinen Körper, meine Seele und meinen Geist mehr und mehr zu öffnen. Meine Kollegen waren alle erst zwanzig Jahre alt, doch das fühlte sich für mich ganz normal an. Als Teenager war ich verheiratet gewesen und hatte die Ehefrau gespielt. Nun durfte ich mich tatsächlich einmal wie ein Teenager fühlen und genoss es sehr. Manchmal wurden wir sogar alle zu Kindern und benahmen uns wie im Kindergarten. Aber auch das war eine Entdeckung: dass ich albern sein konnte wie ein Kind.

Wir erhielten Unterricht in Schauspiel, Sprache und Literatur. Wir lasen Gedichte und versuchten, sie darzustellen. Wir hatten Musikunterricht, so dass ich mich von Zwi verabschiedete. Wir lernten Pantomimen – und bewegten uns wie Tiere. Wir machten Yoga und lernten, uns gegenseitig zu massieren.

Die Berührung durch andere zuzulassen war eine besondere Herausforderung für mich. Ich musste mir selbst lange und geduldig zureden, bis ich mir erlauben konnte, eine Berührung durch einen anderen Menschen tatsächlich zu spüren. Erstaunt stellte ich fest, dass es okay war, von anderen berührt zu werden, und nicht jede Berührung hatte etwas mit Sex zu tun. In der geschützten Atmosphäre der Schauspielschule begann ich, mich langsam freier zu fühlen. Es war wunderbar. Und nur wenn ich mich wieder aus der Mitte dieser neuen Erfahrungen löste, erkannte ich, dass ich noch immer anders war, mir etwas fehlte: Mein sexuelles Erleben war erwacht, es lebte aber quasi noch immer hinter den Mauern, die das Trauma in mir errichtet hatte. Noch immer geschah es, dass ich überzeugt war, dass die anderen mir missgünstig gegenüberstanden. Ich wusste nicht, wie ich damit umgehen sollte, wie ich mich selbst schützen oder wie ich anderen helfen konnte, mit mir umzugehen. Meinen Nachbarn schien die Veränderung in mir suspekt. Oder war ich mir selbst noch immer fremd? Wie sollte ich dieses Gefühlswirrwarr auflösen?

Doch dann hörte ich eines Abends nach der Schauspielschule von einer Klinik in Berlin, wo man Rückoperationen durchführte. Sollte ich es wagen, mich dort einmal vorzustellen?

12. Kapitel

Flügel für den Schmetterling

Der Tag nach der Operation

Ich schlug die Augen auf. Mein Blick fiel auf die langen Vorhänge, die halb zugezogen vor dem Fenster hingen. Sie waren gelb, und der Farbton leuchtete so intensiv wie noch nie zuvor in meinem Leben. Neben meinem Bett stand eine Lampe. Sie war orange, und auch diese Farbe war so wundervoll, dass ich sie eine Zeitlang voller Staunen anstarrte, diese starke, lebendige Farbe. Plötzlich hellwach, sprang ich aus dem Bett.

Ein stechender Schmerz durchfuhr mich und erinnerte mich daran, dass ich gerade erst operiert worden war. Noch musste ich vorsichtig sein. Das hatte man mir eingeschärft. Ich zwang mich dazu, mich wieder hinzusetzen und es langsam anzugehen. Wie gerne wäre ich hinausgelaufen, hinaus in den wunderschönen Garten des Krankenhauses Waldfriede, hinaus in die Welt. Ich wollte keine Sekunde länger warten, doch ich musste vorsichtig sein. Ich atmete durch.

Vorsichtig, um nicht noch einmal diesen Schmerz zu spüren, griff ich nach meinem Radiowecker, den ich von zu Hause mitgebracht hatte, und schaltete ihn ein. Wie auf Bestellung ertönten die ersten Töne der Arie »Bist du bei mir« von Johann Sebastian Bach. Wie oft ich sie gehört hatte, wenn es mir schlechtging. Ich atmete tief durch und richtete mich langsam auf, stellte die Füße sacht und doch fest entschlossen auf den Boden des Krankenhauszimmers. Ich stand auf zu den Klängen meines Lieblingsliedes, trat ans Fenster und blickte hinaus. Die Bäume, grün wie nie, ein Meer von Blumen in voller Frühlingsblüte. Wie gern ich jetzt dort unten gestanden hätte, den Duft der Blumen in der

Nase. Die ganze Welt hätte ich urmarmt. Ungeduldig blickte ich mich um. Da war niemand, der mich aufgehalten hätte.

Ich musste unbedingt und genau in diesem Moment die Berliner Frühlingsluft atmen, das wusste ich. Also schlüpfte ich in meine Kleider, die schon bereitlagen, und verließ vorsichtig, einen Schritt nach dem anderen, das Krankenhauszimmer.

Die Schmerzen hielten sich in Grenzen. Ich fühlte mich stark genug. Eine neue Kraft durchströmte mich, als ich schließlich in den Garten hinaustrat. Ich hätte singen und tanzen können vor Glück. Doch ich riss mich zusammen, weniger wegen möglicher Schmerzen als aus Rücksicht auf das deutsche Krankenhauspersonal, die deutschen Patienten und Patientinnen und die Besucher, die sich in der Nähe aufhielten. Sie hätten mich für verrückt erklärt, wenn ich die Hände zum Himmel gestreckt und gesungen hätte, wenn ich geschrien hätte vor Glück oder durch den Park des Krankenhauses getanzt wäre. Sie waren derartige Gefühlsausbrüche nicht gewohnt, das wusste ich, und so tat ich das, was ich mir so sehr gewünscht hatte in der stickigen Luft meines Krankenzimmers: Ich atmete tief die sanfte Luft und versuchte, die Schönheit des Gartens mit all meinen Sinnen in mich aufzunehmen.

Ich ging langsam den Weg weiter, der vorbeiführte an den Tafeln, die über die Arbeit des Desert Flower Centers informierten, hin zu dem kleinen Wäldchen, das sich am Rand des Krankenhausgeländes erstreckte. Die postoperative Schwäche ignorierte ich bewusst, denn die Vögel sangen, und durch das Grün der Bäume sah ich blau den Himmel über Berlin schimmern. Zum ersten Mal nach sehr, sehr langer Zeit fühlte ich mich wieder wie eins mit der Natur. An diesem Tag nach meiner Rückoperation im Krankenhaus Waldfriede wurde ich wiedergeboren.

Ich war so sehr mit mir selbst beschäftigt und mit meinem neuen Körpergefühl, dass ich fast ein wenig erschrak, als ich plötzlich eine Stimme hörte, die fragend meinen Namen aussprach: »Ntailan?«

Ich hob den Kopf und blickte in die blauen Augen von Peter, meinem Schauspieler-Freund, der mich zu meinem ersten Termin mit der Klinikärztin begleitet, alle vorbereitenden Schritte gemeinsam mit mir gemacht und während der OP einen Spaziergang unternommen hatte. Nun stand er vor mir und musterte mich freundlich.

»Du siehst anders aus«, meinte er.

Ich lachte und senkte verlegen den Kopf. »Wirklich?«, fragte ich, doch ich wagte nicht, ihn anzusehen. »Ich fühle mich anders«, gestand ich ihm ein, während mein Blick sich festhielt an den Stämmen der Bäume.

»Ntailan, warum bist du auf einmal so schüchtern?«, hörte ich seine Stimme.

Ich bemühte mich vergeblich, die Fassung zu wahren, doch das Gefühl breitete sich von den Zehen durch meinen ganzen Körper aus, drückte mir die Mundwinkel nach oben, und dann konnte ich nicht mehr anders und sah ihn mit einem strahlenden Lächeln an, das aus meinem tiefsten Innern kam.

Peter lächelte zurück, und obwohl ich im vergangenen Jahr viel Zeit mit ihm verbracht hatte, war es, als sähe ich ihn in diesem Moment zum ersten Mal. Er trug ein hellblaues T-Shirt, das seine blauen Augen zum Strahlen brachte. In diesem Moment war er mein Prinz und ich seine Prinzessin. Während wir uns gegenseitig anlächelten, blickte ich auf seinen Mund und betrachtete den Schwung seiner Lippen, die mir bisher noch nie so bewusst aufgefallen waren.

Peter schüttelte lächelnd den Kopf und hielt mir dann seine Hand entgegen.

Ohne ihn und seine Lippen aus den Augen zu lassen, berührte ich mit den Fingerspitzen seine Handfläche. Meine Finger kribbelten, als sie die Berührung dieser anderen Hand und ihrer warmen und weichen Haut fühlten, und ich schloss die Augen, als die Energie langsam von seinem Körper zu meinem floss.

Er musste es auch gespürt haben, denn er zog mich zu sich, küsste mich auf die Lippen, zog mich weiter hinter das Krankenhaus, wo wir uns hinsetzten und uns küssten, als wären wir sechzehn Jahre alt, als hätten wir die Liebe gerade erst entdeckt, als wären wir beide zum allerersten Mal verliebt.

Tief in meinem Herzen wusste ich, sosehr ich diesen Mann schätzte, dass er nicht der Mann meines Lebens war. Ich wusste, dass Marvin immer den ersten Platz in meinem Herzen einnehmen würde. Doch an diesem besonderen Tag konnte ich kaum aufhören, Peter anzulächeln, ihn zu berühren und zu küssen. Auch er hätte stundenlang damit weitermachen können, doch ich nahm mich schließlich zusammen. Was sollte das Krankenhauspersonal von mir denken, wenn ich gleich nach meiner Operation stundenlang im Park herumschmuste wie ein verliebter Teenager?

»Peter, musst du nicht zur Arbeit gehen?«, sagte ich schließlich.

»Ja, eigentlich schon. Ich habe mir nur den Vormittag freigenommen. Aber ich begleite dich noch zurück!«, antwortete er.

Hand in Hand gingen wir um das Gebäude herum und verabschiedeten uns nun wieder ein wenig schüchtern mit einem kurzen Kuss auf den Mund voneinander. Peter ging, doch das Gefühl, das ich gerade mit ihm gemeinsam erlebt hatte, blieb in mir lebendig. Ich fühlte mich unendlich glücklich, jung, verliebt, energiegeladen, und ich musste meiner Freude einfach Ausdruck verleihen. Ich wollte niemanden stören, obwohl mir das Herz bis zum Hals pochte vor Freude. Mit einem Lied auf den Lippen ging ich die Krankenhausgänge zurück. Melodien hatte ich im Kopf, die ich zuletzt als Kind gesungen hatte, als ich in der Wildnis auf Ziegen aufgepasst hatte. Leise begann ich, vor mich hin zu summen, Liedtexte auf Kiswahili gingen mir durch den Kopf, Massai-Lieder, die ich vor meiner Beschneidung gesungen hatte.

Summend öffnete ich die Tür zum Gemeinschaftsraum, der so kurz vor der Essenszeit leer war. Und dort, im Gemeinschaftsraum des Krankenhauses, begann ich erst leise und dann etwas lauter zu singen. Ich sang ein Lied, das ich in der Zeit der Trennung von Marvin geschrieben hatte, als das Trauma mich so schwer heimgesucht hatte wie nie zuvor. Ein selbstgeschriebenes Lied, das meine Gefühle widerspiegelte aus den Wochen, in denen ich begonnen hatte, mich mit den schlimmsten Erinnerungen auseinanderzusetzen. Und so findet sie sich in diesem Text, die Hoffnung, die keimte, als alles andere abgestorben war in mir:

> »… it's time for you to know that it's well … it's time for you to know that it is right … forget the past and know that now is well, forget the past and know that now is right …
> It's time for you to put your fears behind … it's time for you, to put your doubts behind … knowing it well, you have a solid faith, knowing it well you have a solid faith …
> It's time for you to celebrate your life, it's time for you to celebrate your life, knowing it well, the future is for you knowing it well, the future is for you …«

Meine Zukunft hatte soeben begonnen, und ich spürte sie in jeder Pore meines Körpers.

Ich ging zurück auf das Zimmer und aß gemeinsam mit meinen Zimmergenossinnen zu Mittag. Obwohl die eine der beiden Damen sehr alt und die andere todkrank war, genossen wir an diesem Tag alle drei die festliche, fröhliche Stimmung. Wir unterhielten uns, als wären wir in einem Hotel auf Urlaub und nicht in einem Krankenhaus. Ich fühlte mich den beiden Damen verbunden, als wären sie ein Teil meiner Familie. Auch die

Krankenschwester, die von Zeit zu Zeit nach uns sah, ließ sich von unserer Fröhlichkeit anstecken, als wäre sie das Gegenstück zu jener zornigen, missmutigen Krankenschwester, der ich im Alter von zwölf Jahren begegnet war.

Am Nachmittag überwältigte mich eine große Müdigkeit. Sie kam nicht überraschend. Meine Ärztin, Dr. Cornelia Strunz, hatte mir angekündigt, wie wichtig es war, mich nach der Operation auszuruhen. Ich hatte eigentlich keine Lust dazu, es langsam anzugehen. Ich hatte über dreißig Jahre meines Lebens verloren. Doch mir war etwas schwindlig, und ich befolgte den vernünftigen Rat meiner Ärztin. Als ich mich im Bett zurücksinken ließ, merkte ich erst, wie viele Eindrücke und Emotionen ich durchlebt hatte und wie intensiv ich sie verspürte. Und wie ungeübt mein Körper darin war, denn er strafte mich nun mit einer großen Schwäche. Ich ließ es geschehen.

Gerne akzeptierte ich diesen Preis für die neuen Gefühle, und mit Dankbarkeit erinnerte ich mich daran, wie es gewesen war, als ich noch gezögert hatte, ob ich den Schritt wagen wollte. Wie es war, als ich zum ersten Mal vom Desert Flower Center Berlin hörte, damals, als ich nach einem langen, anstrengenden, aber guten Tag in der Schauspielschule abends alleine nach Hause gekommen war, den Kopf noch voll von den neuen Impulsen. Gerade als ich das Radio neben meinem Bett ausschalten wollte, ließen mich einige Worte aufhorchen: »Im Krankenhaus Waldfriede in Berlin-Zehlendorf wurde im September 2013 das weltweit erste ganzheitliche Betreuungszentrum für Opfer von weiblicher Genitalverstümmelung eröffnet. Das Desert Flower Center, das unter der Schirmherrschaft von Waris Dirie gegründet und eröffnet wurde, wird von Dr. Cornelia Strunz geleitet und bietet rekonstruktive Operationen für Opfer von FGM an.«

Auf einen Schlag war ich hellwach und lauschte voller Konzentration dem Radiobericht, der über die Arbeit des Desert

Flower Centers informierte. Seit Marvin mir zum ersten Mal von der Möglichkeit einer Rückoperation erzählt hatte, war dieser Gedanke in mir lebendig: Ob man mir auch in dieser Weise helfen konnte? Doch bisher hatte man mir da keine Hoffnungen machen können.

Es fiel mir schwer einzuschlafen, und auch am nächsten Tag konnte ich mich in der Schauspielschule nicht wirklich auf den Unterricht und die Aufgaben konzentrieren. Ich wartete auf die Pause, auf einen Moment der Ruhe, in dem ich mich davonstehlen und im Krankenhaus Waldfriede anrufen konnte. Der Vormittag bis zur Mittagspause erschien mir endlos, doch schließlich war es so weit. Ich wollte nicht, dass irgendjemand hörte, worüber ich sprach, ich suchte mir eine ruhige Ecke und wählte die Nummer, die ich mir am Ende der Radiosendung notiert hatte.

»Hallo, Cornelia Strunz«, höre ich ein warme Stimme, die ich schon aus dem Radiobeitrag kannte und bei deren Klang ich mich sofort entspannte. Ich hatte keine Sekretärin am Apparat, sondern die Ärztin persönlich erreicht.

Ich schluckte. Das war es doch, was ich mir vorgenommen hatte: Diesmal wollte ich mich nicht abwimmeln lassen. Und so sagte ich mutig: »Hallo, ich bin Ntailan. Ich möchte eine Rückoperation machen lassen.« Doch in mir meldete sich eine Stimme mit der Frage, ob man mir wohl anhören konnte, wie ängstlich ich war.

»Am besten, Sie kommen direkt in meine Sprechstunde, dann können wir alles persönlich besprechen!«, sagte die Ärztin.

Nur wenige Tage später begleitete mich mein Freund Peter zu meinem ersten Termin mit Frau Dr. Strunz, die uns in ihrem Büro erwartete. Die Ärztin war genau so, wie ich sie mir vorgestellt hatte: warm, feminin und sensibel und gleichzeitig kompetent und professionell. Ich spürte, dass ich ihr vertrauen konnte.

»Erzählen Sie mir doch bitte erst einmal ein bisschen etwas über sich und über Ihre Probleme!«, bat sie mich.

»Ich bin in Maralal aufgewachsen, in einem kleinen Dorf im Norden von Kenia. Dort bin ich mit meinen beiden Schwestern zur Schule gegangen. Mein Vater ist Samburu und meine Mutter eine richtige Massai. Die Samburu und die Massai praktizieren FGM.«

Es fiel mir schwer weiterzusprechen. Frau Dr. Strunz nickte sanft, und so erzählte ich ihr schließlich einiges von dem, was ich durchgemacht hatte. Am Schluss sagte ich: »Doch mein größter Wunsch ist es, meine Sexualität zurückzuhaben. Ich möchte wieder eine vollständige Frau sein. Ich möchte mich als Frau spüren. Deshalb bin ich hier.«

»Ich bin sicher, dass wir Ihnen helfen können. Zuerst muss ich Sie einmal untersuchen, und dann erkläre ich Ihnen, wie die Operation abläuft und alles, was Sie wissen möchten. Kommen Sie bitte!«, sagte sie und erhob sich.

Ich ließ Peters Hand los und stand ebenfalls auf. Er sah mich mit einem fragenden Blick an. Ich nickte ihm tapfer zu und folgte der Ärztin ins Untersuchungszimmer.

Wie lebendig diese Erinnerung noch war. Daran, wie Frau Dr. Strunz mich geduldig von diesem ersten Treffen bis zur Operation begleitet hatte. Sie hatte mir alles erklärt und sich um mich gekümmert. Jetzt war der Nachmittag fast vorüber, und mir fiel ein, dass sie mir auch aufgetragen hatte, die Binden, die ich nach der Operation tragen musste, regelmäßig zu wechseln. Ich ging also ins Badezimmer und kümmerte mich vorsichtig um meinen intimsten, wieder vollständig hergestellten Körperteil.

Ich lag kaum wieder im Bett, KlassikRadio tönte aus meinem Radiowecker, da klopfte es an der Tür, und Frau Dr. Strunz kam herein.

»Guten Tag!«, sagte ich erfreut.

»Ntailan, du siehst großartig aus!«, sagte sie und lächelte mich freundlich an. Dann fügte sie ein wenig verwundert hinzu: »Du hörst klassische Musik?«

»Ja, aber am meisten mag ich Bach!«, sagte ich und dachte, dass das vermutlich nicht viele ihrer Patientinnen von sich sagen konnten. Der größte Teil von ihnen kam, wie ich wusste, aus Somalia.

Dr. Strunz nickte und fuhr fort: »Ich wollte nachsehen, wie es dir geht. Und ich habe hier einige Dinge für dich, die du mitnehmen kannst, wenn du uns verlässt. Binden und Medikamente gegen den Schmerz. Morgen kannst du schon nach Hause.«

Frau Dr. Strunz wollte genau wissen, wie ich mich fühlte, und erklärte mir dann ausführlich, was ich in den nächsten Tagen beachten musste. Schließlich sagte sie: »Morgen ist mein freier Tag. Ich muss mich also leider heute schon von dir verabschieden. Wir sehen uns bei deiner Nachuntersuchung! Pass gut auf dich auf!«

»Vielen Dank für alles, liebe Frau Doktor. Ein wunderschönes Wochenende!«, sagte ich und lächelte sie an.

Ich mochte die Ärztin. Ich spürte, dass sie das Herz auf dem rechten Fleck hatte, und konnte sehen, wie sehr sie ihre Arbeit liebte. Genauso war es mit der netten Krankenschwester. Im Krankenhaus Waldfriede fühlte ich mich geborgen und sicher. Ich war froh, dass ich mich noch einen Tag lang hier ausruhen durfte.

Dann würde meine Zukunft beginnen, mein neues Leben, das ich schon jetzt in jeder Pore meines Körpers fühlen konnte. Doch ich muss jetzt, im Rückblick, gestehen, dass ich mir wohl auch damals im Krankenhaus nicht gedacht hätte, wie frei ich heute über alles reden – und schreiben – kann, was mir widerfahren ist.

Aufklärungsarbeit

Ich lernte nach und nach, über das zu reden, was Frau Dr. Strunz erreicht hatte. Viele Frauen in meiner Heimat kennen ihre eigenen Geschlechtsteile nicht wirklich. Es ist fast ein Privileg, dass ich mich damit heute nicht nur gut auskenne, sondern auch frei darüber reden kann.

Das Zentrum der weiblichen Lust, die Klitoris, ist tatsächlich viel größer als der kleine Teil, den man äußerlich sehen kann und der bei mir im Alter von zwölf Jahren so stark verletzt wurde, dass ich bis zu meiner Rückoperation in diesem Bereich gefühllos war.

Dieser äußere Teil ist nur die Spitze eines Nervenstranges, der bis zu neun Zentimeter lang sein kann und der die Vagina sozusagen umschließt. Unter den Narben, die durch die Genitalverstümmelung entstehen, lag der Großteil der Klitoris also noch unverletzt in meinem Körper – und hatte nur die Verbindung verloren.

Bei der rekonstruktiven Operation, wie sie von einem gewissen Dr. Foldès entwickelt und von Dr. von Fritschen im Desert Flower Center Waldfriede durchgeführt wird, öffnen die Ärzte das vernarbte Gewebe vorsichtig, die Klitoris wird nach vorne gezogen und damit wiederhergestellt. Dr. Cornelia Strunz hatte mir das alles vor der OP genau erklärt.

Direkt im Anschluss an die Rückoperation hatte ich das Gefühl, meine Klitoris von der Spitze bis zum Ende tief in mir spüren zu können. Für jemanden wie mich, die ich meine Klitoris, meine Vagina und damit sexuelle Gefühle fast mein ganzes Erwachsenenleben lang so gut wie gar nicht hatte, war das eine unglaublich große Veränderung.

Zugegeben, unter den Betäubungsmitteln war da am Anfang noch gar nicht allzu viel, doch die Voraussetzungen waren geschaffen. Die Klitoris war allerdings extrem empfindlich und durch die Operation noch stark geschwollen. Ich fühlte mich schwach und verwundbar – und vielleicht infolge neu freigesetzter Hormone voller Gefühle.

Da die Schauspielschule gerade Ferien hatte, brachte mich Peter, der mich während des gesamten Prozesses der Rückoperation unterstützt hatte, zu einer Freundin. Sosehr ich Berlin liebte, so war ich doch froh, nach meiner Operation der rastlosen Atmosphäre der Stadt zu entkommen. In der Natur konnte ich mich erholen. Während meine Freundin arbeiten war, machte ich Spaziergänge und erkundete die Umgebung. Mitten in einem Waldstück entdeckte ich einen Container an einem kleinen Teich. Es war ein Container, wie er für Flüchtlingsunterkünfte benutzt wird. Vielleicht gehörte er Hippies, die dort lebten, oder jemandem, der sich ein Wochenendhaus bauen wollte. Da die Besitzer des Containers nirgends zu sehen waren, ging ich jeden Tag hin, ließ mich am Teich nieder und picknickte. Ich genoss die Zeit für mich, alleine in der Natur, über mir der blaue Himmel mit einigen weißen Wolken und unter mir das frische Gras mit einigen Wildblumen, auf denen bunte Schmetterlinge saßen, aufflatterten und in der Luft tanzten. Sie erinnerten mich an meine eigenen Gefühle, die plötzlich wieder bunt zu schillern schienen.

Als ich mich ein wenig erholt hatte, kehrte ich nach Berlin zurück und hatte ein Erlebnis, das ich wohl nie vergessen werde – und auch nicht vergessen muss, denn es geschah, wonach ich mich mein Leben lang gesehnt hatte, das ich aber niemals in dieser Heftigkeit erwartet hatte:

Meine Sexualität explodierte regelrecht, überwältigte mich, und ich war mir ihrer plötzlich mit einer Heftigkeit bewusst, die mich aus dem Gleichgewicht brachte. Da war sie also, die Lust, die ich seit meiner Genitalverstümmelung nicht mehr verspürt hatte. Die Lust, nach der ich mich in den Jahren der Wüste meiner Ehe gesehnt hatte. Die Lust, die ich jahrelang unter meinem christlichen Glauben vergraben hatte und nach der ich mich wieder zu sehen begonnen hatte, als mein Trauma ausbrach. Doch Lust war etwas vollkommen Neues für mich. Plötzlich war jede Faser meines Körpers erfüllt von einer sexuellen Energie, machte mich überschwenglich vor Freude. Und das Leuchten, das aus mir hervorbrach, blieb auch meiner Umgebung nicht verborgen.

Die Männer auf der Straße starrten mich mit großen Augen an, pfiffen hinter mir her oder gaben sogar anzügliche Kommentare von sich. Die Frauen betrachteten meine neu gewonnene Ausstrahlung mit einer Mischung aus Bewunderung und Neid. Meine Kolleginnen in der Schauspielschule waren mehr als beeindruckt von der Veränderung, die stattgefunden hatte, einige äußerten sich sogar neidisch. Andere begannen, ganz offen mit mir zu flirten. Selbst die Lehrer und Lehrerinnen behandelten mich plötzlich ganz anders. Oder hatte ich nur auf einmal eine neue Wahrnehmung der Welt? Ich kann das nicht ausschließen, ich fühlte mich jedenfalls wie ein Teenager in einem neuen, plötzlich seltsam attraktiven Körper.

Die Reaktionen der anderen waren entsprechend verwirrend und stressig für mich. Ich sehnte mich danach, alleine zu sein und meine Sexualität in Sicherheit und in Ruhe neu zu entdecken. Ich konnte es kaum glauben, dass so ein kleiner Körperteil eine so große Veränderung auf allen Ebenen meines Seins hervorgerufen hatte. Es war wie ein Wunder.

Am Abend war es endlich so weit. Ich schloss die Tür meiner Wohnung hinter mir und war alleine. Zuerst ging ich zu meinem Fernseher und schaltete ihn ein. Auf ARTE lief eine Dokumention, in der Bilder aus der Natur Afrikas zu sehen waren. Ich schaltete den Ton aus. Dann ging ich zu meinem Radiowecker und machte ihn an, lauschte den vertrauten Klängen. Langsam ging ich zu meiner Couch und ließ mich darauf nieder.

Ich warf einen Blick zum Fernseher und dachte zurück an

meine Kindheit, daran, was ich gefühlt hatte, wenn ich mich berührt hatte. Und an diesem Tag, nach mehr als dreißig Jahren, spürte ich mich zum ersten Mal wieder. Ganz bewusst nahm ich meinen eigenen Körper wahr.

Ich war Ntailan. Ich war eine Frau. Da waren noch die Nähte der Operation und das wiederhergestellte Zentrum meiner Weiblichkeit, der kleine Körperteil, der alles verändert.

Da waren tausend Empfindungen, die sich mit jedem Atemzug in meinem gesamten Körper ausbreiteten, von der Stelle zwischen meinen Beinen, über meine Brüste, meinen Mund, meine Finger- und Zehenspitzen. Schauer überliefen mich, steigerten sich zu einer Welle, die mich durchzuckte, dass ich die Zähne zusammenbiss, um nicht vor Vergnügen zu schreien. Ich war überwältigt von dem Gefühl, eins zu sein mit dem Universum.

In der Zeit nach meiner Rückoperation war ich von meiner eigenen Sexualität wirklich beeindruckt und entdeckte sie gerne. Jeden Tag freute ich mich auf den Abend. Dann konnte ich alleine sein und diesen neuen Körperteil kennenlernen, der mir so lange gefehlt hatte. War das nicht faszinierend, dass ein so kleiner Körperteil so eine Flut an Empfindungen auslöste? Ich muss zugeben, dass ich das Alleinsein genoss.

Es war auch nicht leicht, mit allen diesen neuen Empfindungen umzugehen. Blickten mir die Männer tatsächlich hinterher? War das Eifersucht, was ich fühlte? Und wie sollte ich das bezähmen, was mich mit so unbändigem Glück erfüllte?

Mein Körper war lebendig und spielte verrückt. Ich konnte nachts kaum schlafen, so sehr sehnte ich mich danach.

Das Begehren und die Stärke der Empfindungen ließen alles andere in den Hintergrund rücken. Das war besonders in den ersten zwei Wochen nach der Rückoperation der Fall, als wäre die sexuelle Energie überall, in allem Lebendigen.

Tatsächlich war ich sehr vorsichtig. Ich war Christin und wollte genau überlegen, mit wem ich zusammen war. So schlief ich auch nicht mit Peter, obwohl ich ihn nach der Rückoperation plötzlich mit anderen Augen sah. Seine Berührungen waren intensiver, und in manchen Momenten hatte ich sogar das Gefühl, in ihn verliebt zu sein.

Meine Geschichte mit Peter

Ich hatte Peter ungefähr ein Jahr vor der Rückoperation in der Berliner S-Bahn kennengelernt. Damals hatten mich einige Mädchen schief angeschaut, als ich die lange Fahrtzeit nutzte, um meinen Körper ein wenig zu dehnen und zu strecken. Ich hätte mich über meine Mitreisenden geärgert, wenn mir nicht plötzlich ein Mann aufgefallen wäre, der mich anlächelte. Sein Gesicht war offen und freundlich, und er sah nett und unschuldig aus. Mit seinen roten Haaren erinnerte er mich an meinen Ex-Mann. Ich lächelte unwillkürlich zurück, und er fragte mich nach meinem Namen.

»Ntailan«, antwortete ich, und so begannen wir, uns zu unterhalten. Die S-Bahn-Stationen zogen vorbei, und die anderen Menschen in der S-Bahn rund um uns herum verblassten. Er war auf dem Weg zur Arbeit, bestens gekleidet für seinen Job in einer Agentur, doch er nahm sich die Zeit, um mit mir bei meiner Station auszusteigen und mich bis zu meiner Schauspielschule zu begleiten. Den ganzen Weg über unterhielten wir uns. Am Ende überreichte er mir seine Karte und sagte, dass er sich freuen würde, mich wiederzusehen und mich besser kennenzulernen.

Eine Woche später meldete ich mich bei ihm, bei diesem Mann, der bereits Mitte vierzig war, der aber wesentlich jünger aussah, so als ob ein Teil von ihm niemals erwachsen geworden und für immer Kind geblieben wäre. Ich fühlte mich ihm verbunden, da auch ein Teil von mir nie hatte erwachsen werden dürfen: mein Sexualleben. Ich schätzte sein zurückhaltendes, höfliches, bescheidenes Wesen, und ich war dankbar für die Unterstützung und den Halt, den er mir in dieser Zeit meines Lebens gab.

Überhaupt sollte er sehr wichtig für mich werden, denn er nahm Anteil an meinem Problem, half mir, als ich vor der Entscheidung stand, ob ich mich operieren lassen wollte. Und er hatte mich sogar in die Klinik begleitet, als ich mich zu der Rückoperation im Krankenhaus Waldfriede entschlossen hatte. Er nahm sich frei und wich mir nicht von der Seite, von den Vorbesprechungen bis zum Tag der Operation.

Er hätte es verdient, dass ich mich in ihn verliebte, denn Peter war immer für mich da, und ich war ihm mehr als dankbar. Doch er war einfach nicht der Mann, dem mein Herz gehörte. Er war nicht der Richtige für mich. Und als der erste Rausch der Gefühle vorüber war, den ich nach der Rückoperation gespürt hatte, musste ich ihm das schließlich gestehen. Es war eine Entscheidung, die ich mir nicht leichtgemacht habe. Und zum Glück verstand er das. Doch, Peter war wirklich ein wunderbarer Mensch. Denn auch nachdem ich ihm meine Wahrheit gestanden hatte, versicherte er mir, dass er immer für mich da sein und mich weiterhin unterstützen würde. Und ohne ihn hätte ich mir den Besuch der Schauspielschule gar nicht leisten können.

Enttäuschte Liebe

Meine Schauspielkolleginnen und ich waren in Trance. Wir waren wilde Tiere, Raubkatzen und bewegten uns auf allen vieren durch den Raum. Aus unseren Kehlen war das Brüllen der Löwen zu hören, das dem Brüllen unserer Verwandten im Busch von Kenia in nichts nachstand. Janina, die Leiterin der Schule und unserer Lehrerin, schrie ebenfalls. Sie gab uns Anweisungen, wie wir uns noch tiefer in unsere Rolle und unsere Tiergestalt hineinversetzen sollen. Dann brach sie die Übung ab und forderte uns auf, je einen Stuhl zu nehmen und uns damit im Raum zu verteilen.

Alle warteten gespannt auf die weiteren Anweisungen unserer Lehrerin. Ich rechnete mit irgendeiner Art von Improvisation, die wir machen sollten.

»Und nun liebt euren Stuhl!«, befahl Janina.

»Was?«, dachte ich. Doch die anderen schienen nichts Besonderes daran zu finden. Sie begannen, sich bereits ihren Stühlen anzunähern, sie zu umkreisen und sich in ihre Rolle hineinzuversetzen.

Ich fühlte mich seltsam, konnte mir nicht vorstellen, wie ich diesen Stuhl lieben sollte. Es war ein Stuhl, keine Person. Wie konnte ich einen Stuhl lieben? Was war denn das für eine Idee, dieses überwältigende Gefühl einfach an- und abstellen zu können? So war das bei mir nicht, das wusste ich, denn in meinem Herzen hatte noch immer Marvin die Oberhoheit über das Wort Liebe.

Ich begann mich zu fragen, was der Sinn des Liebens und überhaupt des Lebens war. Und hatte auch dieser Stuhl einen Sinn, war er zu etwas gut? Ja, denn er war da, die Menschen zu tragen, die vor ihren Computern einer monotonen Arbeit nachgingen. Er beschwerte sich nie, er trug sie ohne Murren und hielt ihrem Gewicht stand. Solange er nicht missbraucht wurde, erfüllte er seinen Zweck. Man durfte ihn nicht schlagen. Schlagt den Stuhl nicht. Er wird zerbrechen, wenn ihr ihn zerschlagt! Und dann wird er einfach weggeworfen. O Gott, dieser Stuhl, wie sehr ich ihn plötzlich liebte, so sehr. Ich war ihm so dankbar dafür, dass es ihn gab, ich wollte ihn umarmen und küssen. Niemals hätte ich gedacht, dass ich einen einfachen Stuhl so sehr lieben könnte. Das war doch absurd, dachte ich plötzlich, und ein unkontrolliertes Lachen platzte aus mir heraus.

Ich hatte Angst vor Janina, doch je mehr ich versuchte, mein Lachen zu unterdrücken, desto schlimmer wurde es. Ich lachte und lachte immer lauter, die anderen waren so verloren in ihrer Übung und so sehr in ihren eigenen Stuhl verliebt, dass sie es nicht einmal bemerkten. Entgegen meinen Befürchtungen wurde Janina nicht böse. Sie ließ mich einfach lachen, bis ich mich ausgelacht hatte.

Ich sollte noch oft daran zurückdenken: Wenn ein einfacher Stuhl schon so einen großen Zweck im Leben erfüllte, um wieviel größer war dann die Bestimmung eines Menschen?

Obwohl Peter mich und meinen Unterricht an der Schauspielschule finanziell unterstützte, hatte ich leider ziemlich hohe Schulden angehäuft. Sie waren so hoch, dass ich Peter nicht damit belasten wollte, zumal ich mich mehr oder weniger von ihm getrennt hatte.

Als wieder einmal eine Mahnung in meinem Briefkasten lag, bekam ich Panik. Was sollte ich nur tun? Wen konnte ich diesmal um Hilfe bitten? Nicht alle meine Freunde waren so wohlhabend, dass sie mich unterstützen konnten. Ich traute mich kaum, jemanden zu fragen. Meine Gedanken kreisten, und es ist sicher nicht verwunderlich, dass sie immer wieder bei der Person landeten, deren Name groß in meinem Herzen stand. Sollte ich oder sollte ich nicht? Er hatte gesagt, dass ihm unsere Beziehung nichts bedeutet hatte. Ich würde es versuchen, beschloss ich. Ich würde ihn nicht unter Druck setzen, sondern ihn einfach nur fragen, ob er mir aus der Patsche half.

Als ich bei der Firma anrief, um mich nach seiner aktuellen E-Mail-Adresse zu erkundigen, erklärte mir die Sekretärin, dass Marvin Fischer gerade in Berlin sei. Mein Herz blieb zuerst stehen und begann dann heftiger zu schlagen als jemals zuvor. Marvin war nicht am anderen Ende der Welt, sondern in Berlin! Obwohl ich mir nichts mehr wünschte, als ihn wiederzusehen, versuchte ich, ruhig zu bleiben. Schließlich war Marvin mit einer anderen Frau zusammen, und ich bedeutete ihm nichts mehr. Eigentlich hatte ich die Hoffnung, dass noch irgendetwas zwischen uns sein könnte, aufgegeben. Zumindest fast.

Ich riss mich zusammen und schrieb ihm eine kurze E-Mail, in der ich ihm meine Situation erklärte und ihn um finanzielle Hilfe bat.

Seine Antwort kam schnell: »Denkst du nur an mich, wenn du etwas brauchst?«

Ich starrte auf den Bildschirm, auf die Worte, auf seine Frage, und ehe ich wusste, was ich tat, antwortete ich ihm freiheraus und ehrlich.

»Ich liebe dich!«, schrieb ich und schickte die Antwort ab.

Nach nur wenigen Sekunden kam seine Reaktion: »Wie sehr?«

»Ich liebe dich über alles!«, schrieb ich und konnte kaum glauben, was da gerade geschah.

Marvin schlug mir ein Treffen vor.

Nach all der Zeit, in der ich mich nach ihm gesehnt, ihn verwünscht und mich wieder nach ihm gesehnt hatte, sollte ich ihn am kommenden Sonntag zum Frühstück treffen. Ich, Ntailan, die Verwandelte, die wieder lebendig geworden war.

Sorgfältig schminkte ich mich und machte mich hübsch. Noch nie war mir das so leichtgefallen, doch ich konnte mich jetzt mit liebevollerem Blick betrachten. Ich wusste, wie sehr es Marvin gefiel, wenn eine Frau sich um sich kümmerte, etwas auf sich hielt. Endlich konnte ich das nachvollziehen. Selbst empfinden. Ich fühlte mich wunderschön, von oben bis unten, von innen und von außen.

Erst auf dem Weg zum Treffen überkam mich wieder die alte Unsicherheit. Was erwartete mich? Wie würde es zwischen uns sein nach allem, was ich mit ihm erlebt und mir erhofft hatte?

Ich musste mich beeilen, denn ich war mal wieder zu spät dran. Wie typisch für mich, ich musste rennen, und dann ging ich noch einmal langsam, um zu verschnaufen, bevor ich ins Café trat.

Ich entdeckte Marvin sofort und erschrak. Sein Gesicht war gealtert, er hatte dunkle Augenringe, wirkte zerknittert und hatte nicht diese Präsenz, die ich von ihm in Erinnerung hatte. Ich versuchte, mein Zögern zu überspielen, und sagte mit meiner von der Schauspielschule geschulten Stimme auf Deutsch munter: »Hey, wie geht's dir?«

»Schön, dich zu sehen!«, antwortete Marvin mit einem echten Lächeln, das wieder ein wenig Leben auf seine Gesichtszüge zauberte. Er erhob sich, wie es sich für einen Gentleman gehörte. Doch dann beugte er sich über den Tisch und küsste mich vor allen Leuten. Mitten auf den Mund!

Überrumpelt ließ ich ihn gewähren, in mir kämpften ein Gefühl der Freude über diese Nähe gleich bei der Begrüßung und mein Schamgefühl um ihr Vorrecht. Die Erleichterung siegte: Immerhin wusste ich nun, woran ich war. Er hatte mich doch nicht vergessen!

Von da an war meine Scheu verflogen, es war so leicht, die Hand auszustrecken und ihn zu berühren. Unter meinem Blick entspannte auch er sich sichtlich, und nach wenigen Minuten saß wieder der selbstbewusste und aufrichtige Mann vor mir, den ich so sehr liebte.

»Warum hast du mich nicht gebeten, sieben Jahre auf dich zu warten?«, sagte er schließlich.

»Wenn es nur sieben Jahre gewesen wären, dann hätte ich gewusst, dass es noch eine Chance gibt. Doch bei tausend Jahren dachte ich, es sei endgültig vorbei. Ich musste dich loslassen und mein Leben weiterleben.« Was hätte ich denn sagen sollen? Ich konnte ihm in diesem Moment nicht vorwerfen, dass er nicht gewartet und sich nicht um mich gekümmert hatte. Dazu war das Mitgefühl zu groß, das sein Anblick in mir hervorgerufen hatte. Ich konnte doch sehen, dass es ihm nicht gutging. Nichts hätte ich lieber getan, als ihn zu umarmen, an mich zu drücken und ihm die Last von den Schultern zu nehmen. So sagte ich nichts weiter dazu und drückte nur seine Hand.

Später, als wir gemeinsam auf der Straße standen, nahm er mich wieder in die Arme. Wie sehr hatte ich das vermisst. Eng umschlungen küsste er mich. Doch mir war unangenehm, dass wir vom Café aus gesehen werden konnten. Was sollten denn die Leute von uns denken!

Auch ihm war das wohl bewusst, denn er schlug vor: »Wir können hier nicht so rumstehen. Gehen wir in ein Hotelzimmer!«

Ich folgte ihm ohne Widerrede. War es nicht das, was ich wollte und wonach ich mich so lange gesehnt hatte? Kein Gedanke daran, dass er ein verheirateter Mann war. Ich dachte nicht an seine Frau, die er mit mir betrog. Das Gefühl, dass er mich brauchte und dass ich ihn nicht im Stich lassen konnte, war überwältigend. Ich fühlte, dass ich ihn aus ganzer Seele liebte. Und ich wusste: Endlich konnte ich dieses Gefühl erwidern!

Obwohl es erst Nachmittag war, checkten wir in einem Hotel in der Nähe des Alexandersplatzes ein. Wir verbrachten nicht nur den gesamten restlichen Tag zusammen, sondern auch unsere erste gemeinsame Nacht.

»Es ist wie ein Traum!«, sagte Marvin, als er mich in den Armen hielt. Mein Traum, der endlich wahr wurde, dachte ich. Denn in Marvins Armen war ich zu Hause.

Die Affäre

Ich erwachte, als Marvin sich vorsichtig aus meinen Armen löste.

»Schlaf weiter!«, flüsterte er und küsste mich.

Doch nun war ich wach und umarmte ihn, so fest ich konnte. Ich wusste, dass er noch am selben Tag fortfliegen musste, ausgerechnet nach Afrika ging seine Geschäftsreise, und es fiel mir schwer, ihn gehen zu lassen.

»Bitte, bleib ruhig im Bett liegen und schlaf noch ein wenig«, sagte er zu mir und küsste mich.

Die Augen zu schließen, das hätte ich nicht fertiggebracht. Ich genoss es, ihm zuzusehen, wie er sich anzog. Dann kam er noch einmal zu mir und umarmte mich fest.

»Ich schreibe dir!«, versprach er mir.

Ich kuschelte mich unter die Bettdecke, die nach ihm roch, schloss die Augen und stellte mir vor, dass er noch immer hier bei mir wäre. Es war wie ein Traum. Und noch während Marvin im Flieger saß, tauschten wir die ersten Liebesmails aus, meine Lust war entflammt, und ich konnte es kaum glauben, dass ich wieder mit ihm zusammen sein konnte.

Ich war mir sicher, dies war nicht die Lust der ersten Wochen nach der Rückoperation. Dies war tiefe, reine Liebe, der ich durch meinen Körper nun endlich Ausdruck verleihen konnte. Denn ich begehrte ihn, und dieses Glück, das ich empfand, war unbeschreiblich.

War er in der Stadt, traf ich mich mit ihm zum Abendessen oder gleich in unserem Hotel am Alexanderplatz, während seine Frau weit weg war, so weit weg, dass ich sie vergessen konnte, zumindest eine Zeitlang. Und er liebte mich auch, da war ich sicher, denn er hatte ein echtes Interesse an mir und meinen Gefühlen.

Nach wie vor verbrachten wir viele Stunden mit Gesprächen.

Er hatte sich verändert, hatte es gelernt, sein wahres Ich hinter einer Maske zu verbergen, um in der harten Geschäftswelt überleben zu können. In meiner Gegenwart konnte Marvin seine Maske ablegen und er selbst sein. Bei mir gelang es ihm, wieder mit seinem tiefsten Inneren in Berührung zu kommen. Ich war froh und dankbar, das für ihn tun und ihn so erleben zu können. Nach nur wenigen Minuten in meiner Gegenwart entspannte er sich, und dann kam jener idealistische Marvin zum Vorschein, den ich einst kennengelernt hatte. Und dann irgendwann genügte ein Blick von ihm, und ich war erregt. Die Tage, in denen ich nichts gefühlt hatte, waren vorbei. Ich war noch nicht bereit dazu, mit ihm zu schlafen, und Marvin respektierte meinen Wunsch, so wie er meine Wünsche immer respektiert hatte. Doch wir fanden tausend andere Arten, uns gegenseitig glücklich zu machen.

Dort in unserem Hotel tanzte ich für ihn. Wir küssten und streichelten uns stundenlang. Ich genoss es sehr, denn auch mein Körper war heil, ich war ganz, und ich war mit dem Mann zusammen, den ich liebte.

Es hätte perfekt sein können.

Doch bei aller Liebe konnten wir unsere Augen doch nicht vor der Tatsache verschließen, dass Marvin verheiratet war. Mittlerweile wusste ich, dass er seine Frau geheiratet hatte, um nicht so allein sein zu müssen. Als er keine Zukunft mehr sah mit mir, hatte er mich aufgegeben und sie kennengelernt. Er war nicht glücklich mit ihr. Und ich war überzeugt, dass es ein Fehler war, die Ehe mit ihr einzugehen. Und doch war er ein verheirateter Mann.

Der Wunsch wuchs in mir, mit ihm zu schlafen. Was mir nicht möglich war, solange wir nicht verheiratet waren. Dieses Prinzip galt für mich, aber ich war mir sicher, das war nur eine Frage der Zeit. Er würde mich eines Tages zur Frau nehmen und die Ehe mit mir vollziehen. Ach, ich gebe es zu, es war ein Traum. So einfach war die Sache nämlich nicht. Ich hatte nicht nur meine Prinzipien, sondern wusste, dass ich seine Ehe nicht zerstören durfte. Seine Frau hatte mir nichts getan. Sosehr ich sie früher gehasst hatte, so leid tat sie mir nun. Sie hatte es sicherlich nicht verdient, hintergangen zu werden. Ich liebte Marvin über alles, doch ich glaubte an das heilige Sakrament der Ehe und befand mich in einem fürchterlichen Gewissenskonflikt.

»Mein Geliebter!«, schrieb ich ihm immer und immer wieder. Niemals in meinem Leben hatte ich solche E-Mails geschrieben, so eine Leidenschaft in mir verspürt und ihr Ausdruck verliehen. Marvin war der erste und einzige Mann, in dessen Gegenwart ich mich wie eine richtige Frau fühlte. Und genau danach hatte ich mich mein Leben lang gesehnt. Mit ihm verspürte ich Verlangen, mit ihm spürte ich Lust, mit ihm spürte ich meinen Körper, und es verlangte mich danach, mit ihm zu schlafen.

So wie viele Jahre zuvor in Kenia kämpfte mein Glaube mit meinem Begehren, nur war meine Lust inzwischen die einer normalen Frau. Nicht für eine Sekunde hätte ich diese Macht über meine Gefühle, die Tiefe meines Empfindens wieder aufgeben mögen. Und doch fiel es mir schwer, wenn ich ein ums andere Mal Marvin erklären musste, dass ich ihn nicht mehr treffen dürfe. Wie oft gelobten wir, uns nicht mehr zu sehen! Und doch konnten wir voneinander nicht lassen. Und ein wenig macht es mich stolz, dass ich dem Ansturm meiner Gefühle nicht nachgegeben habe: Irgendwann kam der Punkt, an dem ich mich an meine Überzeugungen klammerte, mich ein letztes Mal von ihm verabschiedete und wusste, dies war das Ende unserer Beziehung. Und so verlor ich ihn zum zweiten Mal.

Für eine Welt ohne Beschneidung

Obwohl Marvin mir fehlte, war ich fest entschlossen, mich nicht unterkriegen zu lassen. Nie wieder würde ich mich von meinen Minderwertigkeitskomplexen unterbuttern lassen. Ich war eine erwachsene Frau, und ich besaß einen wunderschönen, heilen Körper. Daran wollte ich mich festhalten.

Da ich in der Nähe des Hotels wohnte, in dem wir uns stets getroffen hatten, suchte ich zuerst einmal Abstand. Ich machte eine Reise nach Venedig und fuhr durch Bayern und Österreich. Ich bestaunte die Alpen, wanderte und sang aus voller Kehle. Ich sang mich frei.

Zurück in Berlin, beschloss ich, jeden einzelnen meiner Tage aufs Neue zu genießen und mich von nichts und niemandem davon abbringen zu lassen. Ich gab die Ausbildung an der Schauspielschule auf und meldete mich für einen Kurs in »Physical Theater« an. Beim »Physcial Theater« werden Geschichten alleine mit dem Körper erzählt, das gefiel mir. Es wurde viel mehr Wert auf Natürlichkeit gelegt, und das war mir zu dieser Zeit sehr wichtig. Außerdem ging es dort wesentlich weniger streng zu als in der Schauspielschule.

Wenn ich morgens aufstand, dann dehnte und streckte ich mich, genoss meine Gefühle in dem Körper, der ganz mir gehörte. Ich sang und tanzte und machte mich auf den Weg zum »Physical Theater«.

Einen großen Teil meiner Freizeit widmete ich weiterhin der Kultur in Berlin. Ich besuchte die Museumsinsel, ging in die Berliner Philharmonie und sonntags zur Messe in den Berliner Dom. Ich lernte andere Künstler und Künstlerinnen kennen und arbeitete mit ihnen zusammen. Neben dem Singen fing ich auch wieder mit dem Malen an. Mein Leben war erfüllt, auch ohne Marvin. Diese Erkenntnis bedeutete mir viel. Ich hatte herausgefunden, wie ich ganz ich selbst sein konnte.

Nun hatte ich auch Zeit, an all die anderen Frauen zu denken, die eine Beschneidung durchleiden mussten, die ihren vollständigen Körper nicht mehr erleben konnten, die sich, durch mein Beispiel ermutigt, aber vielleicht doch zu einer Rückoperation durchringen könnten. Ein Heilungsprozess war möglich, das hatte ich am eigenen Leib erfahren. Ich hätte es am liebsten der ganzen Welt erzählt.

Als Tochter des Bürgermeisters von Maralal wusste ich von klein auf, wie wichtig es war, nicht nur an sich selbst zu denken, sondern im Sinne einer ganzen Gemeinschaft zu handeln. Ich strebte nicht mehr nur danach, meine furchtbaren Erlebnisse zu vergessen, sondern ich wünschte, dass alle betroffenen Frauen diese Art Heilung erfahren dürften.

Heute träume ich nicht nur von einem Kenia, in dem junge Mädchen nicht mehr verstümmelt, missbraucht und an ältere Männer verheiratet werden. Ich sehe ein Ende der Armut in Afrika vor mir, eine bessere Welt.

Ein Traum aber liegt in greifbarer Nähe, denn es ist durchaus möglich, die Kultur meines Stammes zu erhalten, ohne dass die Körper der Frauen verletzt werden.

Es gibt viele Facetten meiner Kultur, die ich schätze: Bei den Samburu und den Massai sind es vor allem die Freundlichkeit und der Respekt, den ein jeder den anderen stets entgegenbringt. Es ist auch selbstverständlich, sich umeinander zu kümmern, wenn man sich braucht. Dies sind Eigenschaften, die mir in Europa oft fehlen. Ich weiß nicht, ob das nur an meinem Blickwinkel liegt, aber ich bin mir sicher, dass naturverbundene Ethnien, wie es die Samburu und die Massai sind, über Wahrheiten verfügen, die der gesamten Menschheit von Nutzen sein können.

Doch leider hat irgendetwas die Männer dieser Ethnien dazu gebracht, die Frauen zu unterdrücken und ihre Sexualität als gefährlich zu betrachten. Und leider glauben viele Frauen selbst, dass ihre Sexualität etwas Unreines ist. Es ist nicht leicht zu verändern, was tief in den gesellschaftlichen Traditionen eines Stammes verwurzelt, was in vielen Gesellschaften verankert ist.

Doch es ist möglich und notwendig und unerlässlich, dafür zu kämpfen!

Es ist untragbar, dass Frauen schon als Kinder missbraucht, dann beschnitten und verheiratet werden, um selbst Kinder zu bekommen. Allein die Vorstellung ist schrecklich, dass viele Frauen niemals ihre Rechte kennen werden, sondern nur das sehen, was ihr Umfeld von ihnen verlangt.

Besonders tragisch finde ich es, dass sich die Samburu-Krieger an immer jüngeren Mädchen vergreifen – ob das Wort Perlenmädchen wirklich eine Auszeichnung ist, wie mir lange vorgemacht wurde, wage ich zu bezweifeln. Wie aber kann man dem abhelfen? Ich träume von Bildungsprogrammen für diese Männer, Programme, bei denen sie lernen können, dass Kindesmissbrauch nicht die Antwort auf ihre Minderwertigkeitskomplexe ist. Und ich träume davon, dass Mütter sich vor ihre Töchter stellen und sie beschützen, weil sie überzeugt sind, dass diese nicht nur gut sind, wenn sie dieselben Dinge tun, wie Frauen sie schon immer getan haben. Ein erster Schritt hinaus aus dem Teufelskreis. Ich habe ihn gewagt, habe meine Schwestern davor beschützt, an ihren Töchtern die alten Verbrechen zu begehen. Doch ich hatte den Abstand und lebe auch heute in einer anderen Kultur.

Aber ich träume jeden Tag davon, auf jene Frauen zuzugehen, die beschnitten worden sind, denn das Trauma, unter dem sie leiden, ist groß. Viele von ihnen – viele von uns – können nicht selbst darüber sprechen. Oder sie wollen es nicht. Aus Angst davor, ausgestoßen zu werden. Oft nehmen sie ihre Gesellschaft, die ihnen das angetan hat, vielleicht sogar in Schutz.

Ich träume davon, dass immer mehr Frauen den Mut finden, den Kreislauf zu durchbrechen, der so viele Frauenleben zerstört. Der uns zerstört.

Warum ich überzeugt bin, dass FGM die Opfer zerstört? Ich habe es am eigenen Leib erfahren. Ich sehe es an meiner großen Schwester Esther. Sie braucht den Alkohol, um ihren Schmerz zu ertränken.

Mittlerweile ist mir bewusst, dass die Leere, die ich in meinem Leben verspürte, genauso von anderen Frauen empfunden wird. Es ist nicht selbstverständlich, sich aus dieser Leere zu befreien, sie mit Leben zu füllen, mit Gefühlen.

Es ist mein Anliegen, allen Frauen, die Opfer von FMG wurden, Mut zuzusprechen und ihnen anhand meines eigenen Beispiels zu zeigen, dass eine Befreiung aus dem Gefängnis möglich ist.

Wenn mir jemand das früher hätte vermitteln können. Der erste Schritt hin in ein Leben in Freiheit war die Erkenntnis, dass Befreiung möglich ist! Wir können lieben und dürfen lieben. Auch wir Frauen haben dieses Recht. Unser Körper befähigt uns dazu.

Es war kein einfacher Weg, denn es gab auch in meinem Leben viele Umwege zu dieser Erkenntnis. Zum Glück fand ich den Glauben an Gott, sonst hätte ich meinem Leben bestimmt ein Ende gesetzt. Ja, ich habe ihn zunächst dazu benutzt, mein Leid zu verdrängen. Mich der Illusion hinzugeben, dass Lust etwas Schlimmes ist. Eine Sünde, von der mich die Beschneidung befreit hatte. Aber mein Weg zur Befreiung hat zum Glück nicht an diesem Punkt haltgemacht. Ein Körper, der zur Sexualität fähig ist, das ist ein Körper, der auch dem eigenen Unterbewusstsein Wege eröffnet. Erst seit der Rückoperation kann ich meine Talente erkennen. Sehe ich mich selbst, wie ich bin. Ich musste meinen Weg nicht allein gehen. Da gab es Menschen, die mir Mut gemacht haben. Mich mental vorbereitet haben, die Vergangenheit zu verarbeiten und mutig in die Zukunft zu schauen. Zahlreiche Gespräche mit Therapeuten und Therapeutinnen waren dazu nötig. Und zu meiner Geschichte gehört eben auch, dass ich eine unglückliche, eine unerwiderte Liebe zu verarbeiten hatte. Aber das ist auch Leben, ein Leben in der Freiheit der Gefühle, wie es jeder Frau ermöglicht werden sollte.

Nach der Rückoperation war es gar nicht so leicht, mit meiner Lust umzugehen, ich neigte dazu, meine Sexualität weiterhin zu unterdrücken. Doch ich bin mittlerweile davon überzeugt, dass die Menschen neben der Spiritualität genauso Sex brauchen. Diese Facette gehört zum Menschsein dazu.

Wie gerne würde ich anderen Frauen zeigen, wie sich das anfühlt, das Leben einer Beschnittenen zu führen – oder das Leben nach der Rückoperation. Doch nicht nur die körperliche Wiederherstellung ist Teil meiner Geschichte, auch meine Seele brauchte Behandlung. Durch den traumatischen Eingriff in die körperliche Integrität ist eine Frau von ihren eigenen Empfindungen abgetrennt. Es ist ein langer und mühsamer Weg, wieder zu sich zu finden. Doch ich bin überzeugt, dass es für alle in dieser Weise traumatisierten Frauen möglich ist, wenn sie sich mit einem Team von Fachleuten oder noch besser im Kreis der eigenen Familie unterstützt von Therapeuten auf den Weg machen zu sich selbst und zum eigenen Ich.

Der erste und wichtigste Schritt auf dem Weg zur psychologischen Heilung ist es, sich einzugestehen, dass eine Beschneidung falsch ist. Falsch und grausam! Ich weiß, dass nicht wenige Frauen, die in ihrer Heimat beschnitten wurden und nun hier im Westen zu dieser Überzeugung gekommen sind. Sie sehnen sich nach Hilfe.

Der nächste Schritt ist es, den Schmerz zuzulassen, der mit der Erkenntnis verbunden ist, dass einem ein großes Unrecht angetan wurde. Es ist äußerst wichtig in dieser Phase, in einer

geschützten Umgebung zu sein und professionelle Hilfe zu bekommen.

Erst wenn man durch den Schmerz hindurchgegangen ist,
wird es möglich zu verzeihen. Das ist nicht einfach. Denn da ist
diese Wut auf die eigene Mutter, die Tante, die eigene Kultur,
die einem so etwas angetan hat. Und wie verachtet werden
Menschen in unseren Herkunftskulturen auch dafür, Wut zu
zeigen, ja, Wut zu empfinden. Dabei ist es ein wichtiges Gefühl,
und es ist wichtig, mit dieser Wut umzugehen zu lernen und die
negative Energie in positive Energie zu transformieren, statt sie
in Alkohol zu ertränken und sich noch weiter abzutöten.

Das eigene Trauma anzuerkennen, die Wut in konstruktive
Bahnen zu lenken, das sind wichtige Schritte hin auf dem Weg
zu einer Persönlichkeit, die sich nicht mehr als Opfer begreift,
sondern als Handelnde. Ich bin froh, dass ich gehandelt habe
und mich habe rückoperieren lassen.

Der Tag, an dem mein Leben neu begann –
fast ein Gedicht

Es war ein langer Weg bis hierher, wo ich dasitze und tatsächlich
mein eigenes Buchmanuskript in den Händen halte. Ganz viele
Schritte haben mich hierher geführt. Und ich weiß noch jeden
einzelnen. Damit meine ich nicht die Zeit in Maralal, die mich
geprägt hat, meine Kindheit, als ich heranwuchs. Ich meine
nicht die Schritte, mit denen ich meinem Vater entgegenlief,
wenn er aus dem Rover stieg. Meine auch nicht den ersten
Schritt in die Schule. Mein wirkliches Leben begann an dem
Tag, als ich so tief gefallen war wie nie zuvor, in das dunkle
Loch meiner Seele war ich gefallen, und nur Therapiegespräche
lockten mich wieder hervor ans Licht.

Mein Leben begann erneut, als ich mein Unbewusstes zuließ, mich auf die Suche nach mir selbst machte und mich weigerte, mich aufzugeben. Mit einem Funken Hoffnung im Herzen lernte ich, mich dem Unrecht zu stellen, das mir im Namen meiner Kultur zugefügt wurde. Und mein Leben begann erst richtig, als ich anfing, mich dagegen zu wehren, dass anderen ein solches Leid zugefügt wurde. Es liest sich fast wie ein Gedicht, ich habe zusammengefasst, wann und wie oft mein Leben neu begann:

Der Tag, als mein Leben begann, war der Tag, an dem ich wieder zurückging in meine Kindheit, wo mein Ich unter einem Trauma begraben lag. Dort suchte ich nach dem Sinn meines Lebens, so wie ich es in den Jahren der Wüste in meiner Ehe und in den ersten Jahren in Berlin getan hatte.

Der Tag, als mein Leben begann, war der Tag, an dem ich den Mut fand, tief in mein eigenes Herz zu blicken, in mein Unbewusstes. Als ich den Mut fand, an jenen Ort zu gehen, an dem meine verwundete Seele lag.

Mein Leben begann, als ich lernte, mich dem Schmerz zu stellen und ihn auszuhalten. Nur so konnte ich mich wieder mit meinem Geist verbinden und Heilung für meine Seele erfahren.

Mein Leben begann, als ich mich auf die Reise der Wiederherstellung begab. Eine Reise, die niemals endet, eine Reise, die sich durch alle Ebenen meines Lebens zieht und durch meinen Körper, der heute von oben bis unten lebendig ist, was für ein Glück.

Der Tag, als mein Leben begann, war jener, als mir klarwurde, welche Kraft und Würde in meiner Sexualität und in der Wiederherstellung meiner Weiblichkeit verborgen lagen.

Der Tag, als mein Leben begann, war jener, als ich anfing, an mir zu arbeiten. Als ich mich fragte: »Können diese toten Nerven wieder leben?«, und als ich mir antwortete: »Ja, sie können es!« Ich selbst musste an mich und an die Wiederkehr meiner Sexualität glauben, damit das Wunder gelingen konnte.

Der Tag, als mein Leben begann, war der Tag, an dem ich anfing, mich einzuölen, mich mit meinem Körper zu versöhnen und mich selbst zu trösten für den Schmerz, der mir zugefügt worden war.

Ich fing nicht von selbst an zu heilen, sondern ich versuche es noch heute jeden Tag aufs Neue, so wie ein Pianist nicht von heute auf morgen perfekt Klavier spielen kann. So wie ein Pianist musste ich täglich üben, mich selbst zu spüren.

Ich lernte, mich zu entfalten, durch Schauspiel, durch Tanz, durch richtige tiefe Atmung, durch Singen, Malen und Schreiben. Ich trat mit den positiven Aspekten meiner Kultur in Verbindung. Ich entdeckte die Massai in mir.

In der Freiheit meines neuen Lebens lernte ich neu, zu gehen und täglich mit meiner inneren Stärke verbunden zu sein.

Mein Leben begann an dem Tag neu, als ich anfing zu begreifen, dass mein Glück nicht von anderen abhängt, nicht von Marvin oder von einem anderen Mann, sondern allein von mir selbst.

Es liegt an mir selbst, etwas aus meinem Leben zu machen. Ich entscheide, was ich tue und wie ich mich sehe. Ich habe das in der Hand: Will ich für immer an der Vergangenheit leiden und voller Selbstmitleid nach dem Warum fragen? Oder löse ich mich von der Vergangenheit und wirke mit an einer besseren Zukunft?

Der Tag, an dem mein Leben begann, war der Tag, an dem ich mich entschloss, den negativen Stimmen, die mir sagen wollten, wie ich zu sein hatte, nicht mehr zuzuhören, sondern stattdessen selbst die Verantwortung für mein Leben zu übernehmen. Ich selbst entscheide, ob ich mich wie der Mann auf dem Kikomba Markt von Nairobi nackt von den anderen herumschieben lasse, mich leicht angreifbar fühle, mich gemobbt und ausgelacht sehe, nur weil ich beschnitten worden bin. Ich entscheide heute, ob ich es ertragen kann, ausgelacht zu werden. Ob ich mitlache. Oder schweige und mein Trauma überwinde.

Vielleicht hat mein Leben neu begonnen an dem Tag, an dem ich begriff, dass ich richtig erwachsen geworden bin, als ich Frau sein durfte. Als ich begriff, dass man nicht alles im Leben geschenkt bekommt und dass man für manche Dinge hart arbeiten muss. Dass man nach Größe streben und einen Preis dafür bezahlen muss, wenn man seine Ziele erreichen will.

Auf der Suche nach der Heilung meiner Sexualität habe ich Talente entdeckt, die ich vergessen hatte, Talente, die mich motivieren und mir helfen, an mich selbst zu glauben. Denn ich allein kann das Beste aus mir herausholen, ungeachtet aller Hindernisse.

Der Tag, als mein Leben begann, war der Tag meiner Rückoperation, an dem meine Weiblichkeit wiederhergestellt wurde: Nach Jahren der Taubheit verspürte ich sexuelle Erregung, spürte Lust, auch die Lust auf ein Leben mit mir selbst.

Der Tag, als mein Leben begann, war jener, als ich begriff, dass die Ewigkeit in meinen Körper eingeschrieben war, dass ich alles besaß, was ich brauchte, um mich lebendig, vollständig und ganz zu fühlen.

Der Tag, als mein Leben begann, war jener, als ich lernte, mit meiner Sexualität umzugehen. Sie zu akzeptieren als ein Geschenk Gottes, das uns Menschen näher zum Himmel heben kann.

Der Tag, als mein Leben begann, war schließlich jener, als ich vor den Frauen der Selbsthilfegruppe im Krankenhaus Waldfriede sprach und als ich Walter Lutschinger kennenlernte, der mein Potenzial erkannte und mich ermutigte, ein Buch über mein Leben zu schreiben und meine Erfahrungen mit der Welt zu teilen.

Wie ich den Weg an die Öffentlichkeit fand

Eine ganze Weile nach der Rückoperation erhielt ich eines Tages eine Einladung von Dr. Cornelia Strunz. Sie wollte im Desert Flower Center im Krankenhaus Waldfriede eine Selbsthilfegruppe für Frauen gründen, die Opfer von FGM geworden waren.

Der Zeitpunkt des Treffens war nicht besonders günstig für mich. Gerade hatte ich eine wunderbare Sängerin kennengelernt, mit der ich gemeinsam arbeiten wollte. Die Ausbildung in der Physical Theater-Schule war ebenfalls ziemlich intensiv. Außerdem wusste ich nicht so recht, was mich bei einem Treffen mit Frauen erwartete, die alle Erfahrungen mit FGM gemacht hatten, jede für sich ihren Weg zu Dr. Strunz gefunden hatte. Wollte ich sie und ihr Leid überhaupt kennenlernen?

Doch Dr. Cornelia Strunz hatte mir so sehr geholfen, und ich wollte sie nicht hängenlassen. Also rief ich sie an und fragte sie, ob ich Peter mitbringen dürfe, mit dem ich damals noch befreundet war. Eigentlich war das Treffen nur für Frauen gedacht. Der einzige Mann dort würde Walter Lutschinger sein, der Geschäftsführer der Desert Flower Foundation und Manager von Waris Dirie. Dr. Strunz wusste, dass Peter mich durch den gesamten Prozess der Rekonstruktion begleitet hatte, und erlaubte ihm schließlich die Teilnahme.

Das Treffen fand in einem Konferenzraum statt, der eher für Büroangestellte geeignet schien als für Opfer von FGM, so nüchtern und kalt. In der Mitte stand ein riesiger Tisch mit vielen Stühlen, auf denen sich schließlich die anwesenden somalischen

Frauen in ihren traditionellen langen Kleidern und Hijabs niederließen. Sie schienen nicht so recht in diesen Raum zu passen mit der Farbigkeit ihrer Kleidung.

Für das Treffen einer Selbsthilfegruppe von FGM-Opfern hatte ich mir einen anderen Raum vorgestellt: warm wie in einer Wellnessoase, mit Geräuschen von fließendem Wasser, ruhiger Musik und mit einer Art Yogalehrerin, die mit sanfter Stimme Instruktionen gab. Ich war ein wenig enttäuscht über die unpersönliche Atmosphäre und die Distanz, die zwischen den anwesenden Frauen herrschte, als wären sie alle wie der Vogel Strauß bemüht, den Kopf im Sand zu lassen, damit niemand sie bemerkte.

Alle schienen angespannt, und niemand schien zu wissen, was er sagen sollte. Mir ging es ja genauso. Was mache ich eigentlich hier?, fragte ich mich. Und ich fragte mich weiter: Was ist bloß mit diesen Frauen los? Was soll das hier?

Ich spürte, dass ich etwas tun, etwas sagen musste, und mit jeder Sekunde, die verstrich, wurde mir bewusster, dass es tatsächlich an mir lag, das Eis zu brechen, unter dem wir uns alle versteckten.

Und plötzlich kamen die Worte aus meinem Mund wie Wasser aus einem Springbrunnen, die ersten noch ein wenig zögerlich, dann quollen immer mehr hervor.

»Es ist Zeit für uns aufzustehen, Frauen!«, sagte ich und fuhr mit mehr Kraft fort: »Es ist Zeit für uns, gegen FGM aufzustehen!«

Ich blickte in die Gesichter der Frauen und konnte sehen, wie sich etwas in ihnen bewegte. Zuerst war es nur eine gewisse Neugier, ein leichtes Heben der Augenbrauen, ein Blinzeln, doch mit jedem Satz mehr, den ich sagte, wurden ihre Augen größer. Plötzlich wurde mir bewusst, dass es genau das war, was ich tun wollte. Ich wollte die anderen Frauen erreichen, ich wollte nicht umsonst gelitten haben, ich wollte die Welt verändern.

»Es ist uns passiert, und es hat unser Leben ruiniert. Wir müssen den Kreislauf durchbrechen, wir müssen unsere eigenen Töchter davor bewahren. Wir müssen aufstehen und kämpfen. Wir müssen uns eingestehen, dass es unsere Kultur ist, die uns Leid angetan hat. Wir lieben unsere Kultur, wir lieben unsere Familie, wir lieben unsere Mütter und unsere Tanten. Aber wir müssen uns klarmachen, was die Beschneidung mit uns gemacht hat. Das ist der einzige Weg, wie wir die Lügen überwinden können, die unsere Sexualität und Lust versucht abzutöten. Die einzige Möglichkeit, unsere Traumata zu überwinden!«

Die Frauen hingen an meinen Lippen. Den Ärztinnen und Assistentinnen waren die Erleichterung und Freude anzusehen. Und Walter Lutschinger beobachtete mich aufmerksam, als wäre ich ein Star. Ich versuchte, ihn auszublenden, konzentrierte mich auf die Frauen und begann, von meinen persönlichen Erfahrungen zu erzählen:

»Als ich verheiratet war, pflegte ich Orgasmen vorzuspielen, um meinen Ehemann zufriedenzustellen. Ich selbst fühlte nichts. Das ging meine ganze Ehe lang so, und nach drei Jahren konnte ich es nicht mehr ertragen und verließ meinen Mann! Nein, man muss keinen Orgasmus vorspielen, nur weil man verheiratet ist!«, sagte ich und griff nach Peters Hand. Ich hoffte, dass es ihm nicht zu peinlich wäre, dass ich nun über ihn sprach, als wären wir noch zusammen:

»Peter und ich, wir sprechen darüber, wie wir uns fühlen. Wir sind Freunde. Freundet euch mit euren Männern an! Sorgt dafür, dass es ihnen gutgeht, und sie werden beginnen, euch zu verstehen. Überwindet eure Schüchternheit und entdeckt eure Sexualität. Eure eigene persönliche Sexualität!«

Niemals in meinem Leben hatte ich so voller Leidenschaft gesprochen wie in dem Moment. Es war nicht nur meine Stimme, sondern mein ganzer Körper, der mit den Frauen sprach, als wären meine Schauspiel- und meine Theatererfahrung genau hierfür gut. Meine Hände und Füße unterstrichen jedes Wort mit der richtigen Geste.

Und plötzlich fingen auch die anderen Frauen Feuer.

Der Schrecken, den sie ansonsten still erduldeten, brach aus ihnen heraus. Sie sprachen von der Infibulation und von ihren Problemen beim Urinieren und bei der Monatsblutung. Sie erzählten vom Tag ihrer Hochzeit, an dem die ganze Familie in festlicher Stimmung zusammenkam. Wie sie äußerlich geschmückt wurden wie Prinzessinnen und wie die Hölle in ihnen aussah. Wie groß ihre Angst vor der Hochzeitsnacht gewesen war, wo sie von ihrem Mann wieder aufgeschnitten wurden.

»Es ist unser Recht, wütend zu sein auf die Ungerechtigkeiten, die uns widerfahren sind. Und es ist unser Menschenrecht, unversehrt zu sein!«, sagte ich.

Meine Wut war eine gerechte Wut, denn sie ermöglichte den Frauen, ihre eigene Wut zuzulassen. Weil ich den Mund aufmachte, begannen die Sprachlosen zu sprechen und die Selbsthilfegruppe des Desert Flower Centers war geboren!

Als ich an jenem Abend wieder zu Hause war, beschlich mich ein seltsamer, aufregender und zugleich beruhigender Gedanke: »Hätte ich die Beschneidung nicht selbst erlebt, hätte ich mich nicht jahrelang davon zu befreien versucht, dann könnte ich anderen nicht bei ihrer Heilung helfen.«

Und zum ersten Mal in meinem Leben hatte ich das Gefühl, dass meine eigenen schrecklichen Erfahrungen einen Sinn bekamen: Ich konnte etwas bewirken mit meinem Leben. Es war, als hätte ich an diesem Tag ein Paar Flügel geschenkt bekommen.

Dank

Ich danke Gott aus ganzem Herzen, der mir die Leiden meines Lebens zugemutet hat, Leiden, die sich in Freude verwandelt haben. Auch meinen Eltern gilt mein Dank, sie haben mir das Leben geschenkt. Mein Vater hat in mir zudem den Willen geweckt, nicht nur an mich, sondern an die Gesellschaft und an meine Mitmenschen zu denken. Meine Mutter weckte in mir einen Sinn für Schönheit und Gedanken wie Respekt und Stärke. Sie schenkte mir ihre Liebe, die mir half, daran zu glauben, dass ich in mir mein wunderbares Kinder-Ich wiederfinden könnte. Ich danke Gott auch dafür, dass er mir diese Familie geschenkt hat, vor allem meine Geschwister Esther und Hellen, mit denen ich weite Teile der glücklichste Zeit meines Lebens verbracht habe. Später im Leben waren sie wieder eine Bereicherung für mich, als ich in Kenia bei ihnen sein konnte; sie hielten Kontakt, als ich in Europa war. Und ich danke meinen großartigen Nichten und Neffen. Natürlich gilt mein Dank auch meinen anderen Geschwistern und den Söhnen meines Vaters von meiner Stiefmutter. Danken möchte ich auch meinem Ex-Mann, der mich zum ersten Mal nach Europa eingeladen hat, um mir ein besseres Leben zu ermöglichen. Des Weiteren möchte ich mich bei Efua Dorkenoo bedanken, mit der ich meine Gedanken teilen konnte, als ich mich zum ersten Mal mit dem Thema FGM auseinandergesetzt habe. Ihre Hingabe und Liebe gaben mir die Möglichkeit, einen Blick für meine Probleme zu entwickeln und mich damit zu konfrontieren. Ich danke Gott auch für seine Hilfe und Gnade in den Jahren, die ich in Kenia verbracht habe, dass er mir Halt gab, diese schwierige Zeit durchzustehen. Ja, ich danke ihm auch für Marvin Fischer, meine einzige wahres

Liebe, der mir die Augen geöffnet hat für die Tatsache, dass ich eine Frau und fähig bin zu fühlen. Er half mir in der schwierigen Zeit, als mein Trauma mich quälte, und inspiriert mich, Heilung für meinen Körper, für meine Seele und meinen Geist zu suchen. Ein großer Dank geht an das Haus Waldfriede, dort möchte ich besonders Cornelia Strunz nennen, die mich vor, während und nach der Wiederherstellung begleitet hat. Walter Lutschinger danke ich ebenfalls besonders herzlich, denn er hat meine Talente entdeckt und mich ermutigt, mit meinem Problem an die Öffentlichkeit zu gehen; er hat mir beigestanden und half mir, mein Talent zu entfalten. Ich möchte mich bei Barbara Rieger bedanken, meiner großartigen Übersetzerin. Ohne sie hätte ich es nicht geschafft, dieses Buch zu schreiben. Dank ihrer Geduld, ihres Verständnisses und vor allem Dank ihres Könnens konnte ich selbst Liebe zum Schreiben entwickeln. Nicht zuletzt möchte ich mich beim Knaur Verlag bedanken und bei allen dort, die trotz der Hindernisse an mich geglaubt und nicht aufgegeben haben. DANKE! Worte allein reichen nicht, meinen Dank auszudrücken. Aber ich möchte an dieser Stelle auf jeden Fall meinen Freunden danken, die mir nicht nur in der Zeit des Schreibens beigestanden haben. Danke, Teen Challenge, und ein Dank allen dort, mit denen ich viele Stunden über meine Vergangenheit habe sprechen können. All den Therapeutinnen, die mir zugehört haben, sage ich: DANKE! Meine Dankbarkeit gilt auch Deutschland, meiner Wahlheimat, in der man mir ein Zuhause und den Raum gegeben hat, an meinem Trauma zu arbeiten. Und natürlich danke ich Kenia, meiner wunderschönen Heimat, meinem Stamm, den Samburu und den Massai, denn dort bin ich verwurzelt.

Ich möchte dieses Buch allen Frauen und allen Menschen auf der Welt widmen, besonders aber den Opfern von FGM.

TO GOD BE THE GLORY!

Liebe LeserInnen,

mit ihrem weltweiten Kampf gegen Genitalverstümmelung hat Waris Dirie nicht nur mir, sondern Millionen Frauen weltweit eine Stimme und Identität verliehen.
Mit ihrer Hilfe habe ich wieder zu meinem Körper und zu mir selbst gefunden.

Durch die Errichtung des Desert Flower Centers hat die Desert Flower Foundation weltweit die erste medizinische Behandlung von FGM-Opfern ermöglicht.

Heute möchte ich Waris Dirie und ihrer Desert Flower Foundation aus tiefstem Herzen danken, sie haben mich in schwierigen Zeiten aufgefangen und mir ein neues Leben geschenkt.

Mit ihrem neuen Bildungsprojekt »Desert Flower Power« schenkt Waris Dirie Kindern in Afrika ein erstes Lesebuchpaket, um der höchsten Analphabetenrate der Welt ein Ende zu setzen und Genitalverstümmelung nachhaltig zu bekämpfen.

Ich unterstütze Waris Diries neues Bildungsprojekt und bin fest davon überzeugt, dass man nur durch bessere Bildung der Genitalverstümmelung und der großen Armut in Afrika ein Ende bereiten kann.

Ich bitte Sie und euch alle, Waris Dirie und die Projekte der Desert Flower Foundation zu unterstützen, um den Millionen betroffenen Mädchen und Frauen ein besseres Leben zu ermöglichen.

www.desertflowerfoundation.org

Desert Flower Foundation Deutschland
Account:
Commerzbank, Kto. Nr: 40 55 64000
BLZ: 500 803 00
IBAN: DE25 5008 0300 0405 5640 00
BIC: COBADEFFXXX

Desert Flower Foundation International
Account:
Erste Bank, Kto. Nr: 294 698 036 00
BLZ: 20111
IBAN: AT94 2011 1294 698 036 00
BIC: GIBAATWWXXX

Desert Flower Foundation Schweiz
Account:
Raiffeisen Bank, Kto. Nr: 799407.36
IBAN: CH63 8000 5000 0799 4073 6
SWIFT: RAIFCH22